Johann Karl Rodbertus, J. H. von (Julius Hermann) Kirchmann, David Ricardo, Johann Karl Rodbertus, Moritz Wirth, Adolph Wagner, Theophil Kozak

Zur Beleuchtung der sozialen Frage

Johann Karl Rodbertus, J. H. von (Julius Hermann) Kirchmann, David Ricardo, Johann Karl Rodbertus, Moritz Wirth, Adolph Wagner, Theophil Kozak

Zur Beleuchtung der sozialen Frage

ISBN/EAN: 9783744601177

Hergestellt in Europa, USA, Kanada, Australien, Japan

Cover: Foto ©Suzi / pixelio.de

Weitere Bücher finden Sie auf **www.hansebooks.com**

Schriften

von

Dr. Carl Rodbertus-Jagetzow.

Band III.

Zur

Beleuchtung der socialen Frage.

Theil II.

Unter Mitwirkung von Dr. Th. Kozak
herausgegeben und mit einer Einleitung versehen

von

Adolph Wagner.

Neue wohlfeile Ausgabe.

BERLIN 1899.

Puttkammer & Mühlbrecht.

Buchhandlung für Staats- und Rechtswissenschaft.

Preis 4 Mark.

Einleitung und Berichterstattung

von

Ad. Wagner.

Die folgende dritte Veröffentlichung aus dem literarischen Nachlass von Rodbertus betrifft in ihrem Haupttheil, in der Abhandlung „Zur Beleuchtung der socialen
Frage“, Theil II. Heft 1 (S. 1 192 dieser Schrift) eine
Arbeit, mit deren Vorbereitung Rodbertus Jahre lang
und mit deren formellem Abschluss zur Herausgabe er
noch unmittelbar vor seinem Tode beschäftigt war, leider
ohne diesen Abschluss erreichen zu können. Das hier
Veröffentlichte ist daher im Ganzen, wie in einigen
Theilen, so in Rodbertus' eigener Vorrede (S. 9) und
am Schluss des Abschnitts III (S. 89) Bruchstück geblieben, indessen doch ein solches, das eine selbständige
Bedeutung für sich beanspruchen kann. Es fehlen auch
wohl nur auf S. 89 einige weitere abschliessende Worte,
so dass das hier Gebotene einigermaassen ein Ganzes
darstellt. Freilich weder dem Inhalte, den Hauptgedanken nach, gegenüber den früheren Schriften von
Rodbertus etwas wesentlich Neues, noch auch selbst in

grösseren Abschnitten etwas überhaupt, der Form nach,
Neues. Die Einfügung bereits bekannter und veröffent-
lichter Partien, des Antrags auf dem landwirthschaftlichen Congress von 1875 (S. 22—34 dieser Schrift) und
namentlich des im Wesentlichen unverändert hier wieder
abgedruckten „Ersten Socialen Briefs an v. Kirchmann"
(S. 93—192 dieser Schrift) erfolgte indessen nach Rodbertus' ausdrücklicher Bestimmung[1]), und gerade an den
Stellen dieser Schrift, wo es Rodbertus angeordnet hatte.
Diese Partieen fügen sich hier auch richtig ein und erst
mit ihnen zusammen betrachtete Rodbertus die jetzt
hier veröffentlichte Arbeit als ein einheitliches Ganzes.

Dem Inhalte nach wiederholt die Schrift bekannte

---

[1]) S. die Note 2 auf S. 91 und meine dortige Bemerkung. Da
mittlerweile Herr J. Zeller in der zweiten Auflage seiner Schrift
„Zur Erkenntniss unserer staatswirthschaftlichen Zustände" (Berlin,
Herm. Bahr, 1885) den Ersten socialen Brief nach der ersten Auflage (1850) wieder hat abdrucken lassen (S. 227—284), so liegt
dieser Erste Brief also jetzt in zwei neuen Ausgaben vor. Diejenige in dieser Schrift bringt jedoch die kleinen Veränderungen,
welche Rodbertus bei einer Revision des Textes der ersten Auflage behuf Wiederabdrucks vorgenommen hatte (s. Note S. 91—92).
H. Zeller äussert sich in der Vorrede zur zweiten Auflage seiner
Schrift S. IX. über den Abdruck des Ersten Briefes: er erfolge „mit
gütiger schriftlicher Genehmigung der Erbin des heimgegangenen
grossen Denkers, seiner Tochter. Frau von der Osten." Diese Darstellung ist nach den mir von Frau v. d. Osten gewordenen Mittheilungen und nach meiner eigenen Mitwirkung bei der Sache
nicht richtig. Frau v. d Osten hat danach Herrn Zeller nur geschrieben, sie habe ihrerseits nichts gegen sein Vorgehen mit dem
Wiederabdruck, doch möge er sich an mich zuvor wenden, ob ich
damit einverstanden sei. Genau der Zeitpunkt, wann diese Briefe

Hauptlehren von Rodbertus (s. unten Dr. Kozak's Vorwort), namentlich über die den Arbeitern („der Arbeit") ungünstige Vertheilung des volkswirthschaftlichen Productionsertrages oder des „Nationaleinkommens". Das Neue ist nur der Versuch, diese deductiv gewonnenen Sätze inductiv historisch-statistisch aus dem Beispiel Grossbritanniens und den dort im Laufe dieses Jahrhunderts erfolgten Veränderungen der Einkommenvertheilung unter den nach der Höhe ihres Privateinkommens unterschiedenen Volksclassen nachzuweisen. Auf diesen thatsächlichen Nachweis legte Rodbertus mit Recht das grösste Gewicht, weil erst dadurch seine Theorie die Bestättigung durch die Erfahrung erhalten konnte, —

---

zwischen Frau v. d. Osten und Herrn Zeller gewechselt sind, ist mir nicht bekannt. H. Zeller hat darauf in einem Briefe aus Mosbach, den ich am 11. Januar 1885 erhielt, in der That bei mir angefragt. Zwar nicht umgehend, da ich eine so grosse Eile der Sache aus seinem Briefe nicht entnehmen konnte, mich auch selbst erst über einen Umstand zu unterrichten hatte, aber doch schon am 25. Januar antwortete ich H. Zeller, dass er von dem Wiederabdruck Abstand nehmen möge, weil nach Rodbertus' ausdrücklicher Bestimmung der (revidirte) Text des Ersten Briefes in die gegenwärtig zur Veröffentlichung vorbereitete Schrift kommen solle. H. Zeller hat mir darauf hin nicht unmittelbar geantwortet, gleichwohl aber den Wiederabdruck vorgenommen. Erst später hat er brieflich dies gegen mich zu entschuldigen gesucht, worauf ich ihm jedoch erwidern musste, dass ich sein Vorgehen und sein ganzes Verhalten in dieser Sache für correct nicht erachten könne. Ich bemerke noch, dass die Buchhandlung Puttkammer und Mühlbrecht auch das Verlagsrecht an der früheren Schrift erworben hatte, so dass auch ihr gegenüber hier ein unrichtiges Vorgehen des H. Zeller vorliegt.

jene Theorie von dem (im heutigen Systeme der freien
Concurrenz auf der Rechtsgrundlage des Privateigenthums
an Productionsmitteln [Boden und Capital] oder mit seinen
Worten: „im sich selbst überlassenen Verkehr"), hinter
der absoluten Steigerung des Nationaleinkommens (relativ) zurückbleibenden Antheile der arbeitenden Classen
an diesem Einkommen. Die auch dem Laien einleuchtende
Beweisführung mit dem Hilfsmittel der graphischen Darstellung lag ihm daher, nach vielfachen mündlichen
und brieflichen Aeusserungen gegen verschiedene seiner
Bekannten, förmlich am Herzen. Er hat z. B. darüber
und über die Herstellung der „Pyramidentafeln" auch
mit H. v. Scheel, damals Professor in Bern, in einem
mir von diesem mitgetheilten Briefe correspondirt. Dieser
lebhafte Wunsch von Rodbertus, seine statistische Beweisführung in der Form der „Einkommen-Pyramiden" dem
Publicum vorzuführen, liess es geboten erscheinen, dies
hiermit zu thun und namentlich die „Pyramiden" und
insbesondere die „rectificirte Baxter'sche Nationaleinkommens-Figur" genau nach den von Rodbertus, bezw.
nach seinen Angaben entworfenen, dem Manuscript bei-
liegenden Zeichnungen und Farbenangaben für diese
Schrift anfertigen zu lassen.

Als Herausgeber kann ich jedoch nicht umhin,
meinen Fachgenossen gegenüber zwei Bedenken hervorzuheben, wie ich offen sage, um mein wissenschaftliches
Gewissen zu salviren. Das eine betrifft die graphische
Darstellung, wo ich, auch unter der — nicht zu-

treffenden — Voraussetzung der genügenden Brauchbar-
keit der statistischen Daten, die Richtigkeit besonders
der „rectificirten Figur" (Tafel C) nicht ohne Weiteres
zugeben möchte und mir die Tendenz in der Figur
selbst und vollends in der Färbung der einzelnen Abschnitte der aus der Pyramidenform in die „Flaschen-
form" — Wasserkopf, die Reichen, enger Hals, die
Mittelclassen, dicker Bauch, die „Handarbeiter" —
hinübergeführten Figur zu absichtlich hervorzutreten
scheint. Das wichtigere zweite Bedenken betrifft aber
die statistische Grundlage. Rodbertus hätte hier
durchaus kritischer sein müssen, schon in Bezug auf die
Baxter'schen Daten, vollends in Bezug auf die Colquhoun'schen Daten für 1812 und noch mehr auf deren
directe Vergleichbarkeit mit den späteren Baxter'schen.
Die Colquhoun'schen Daten beruhen auf den allerwill-
kürlichsten und unsichersten Schätzungen, in den Per-
sonenzahlen und gar erst in den Einkommengrössen.
Mit ihnen kann man unmöglich die Vertheilung des
britischen Nationaleinkommens für 1812 statistisch
richtig darstellen, ebenso wenig aus ihnen die in etwa
zwei Menschenaltern eingetretene Veränderung dieser Vertheilung „statistisch" beweisen wollen. Ich möchte
mich wenigstens gegen den Verdacht verwahren, als ob
ich dieses Colquhoun'sche Material für irgend brauchbar
zu einer solchen Beweisführung hielte, obgleich ich die
Rodbertus'sche Theorie im Ganzen für richtig ansehe
und es nicht für unmöglich halte, dass die wirkliche

Veränderung in der Vertheilung des britischen Nationaleinkommens einigermassen in der von Rodbertus hier
mit ganz unzuverlässigen Zahlen zu beweisen gesuchten
Richtung vor sich gegangen sein mag.[2])

Die ganze Abhandlung, welche hier jetzt veröffentlicht wird, einschliesslich des wieder abgedruckten Ersten
Socialen Briefes bildet leider selbst wieder nur einen Theil,
nach Rodbertus' eigener Bezeichnung ein „Erstes Heft"
der geplanten grösseren Arbeit „zur Beleuchtung der
socialen Frage, Theil II". Sie erledigt die erste Untersuchung, welche Rodbertus hier anstellen wollte, diejenige über „die sich selbst überlassene Entwickelung
der gegenwärtigen Volkswirthschaft". Was die weiteren
Hefte bringen sollten, ergiebt sich aus der Inhaltsüber-
sicht, welche von dem „Theil II" „zur Beleuchtung u. s. w."
von Rodbertus selbst auf dem Titelblatt gegeben ist:
Untersuchungen über „die geschichtliche und sociale
Nothwendigkeit, dieser Entwicklung, durch Fortbildung

---

[2]) Das Colquhoun'sche Werk ist in der mir vorliegenden
deutschen Bearbeitung das folgende: P. Colquhoun, über den
Wohlstand, die Macht und Hilfsquellen des britischen Reichs etc.
Aus dem Englischen von Dr. Fick. 2 Bände. Nürnberg, bei
Fr. Campe. 1815. S. hier bes. in B. I. S. 58 ff., 119, 138 die
von Rodbertus benutzten Daten. Hie und da stimmen die Ziffern
von Rodbertus mit denen von Colquhoun-Fick nicht ganz überein.
Die Willkür der Einkommenschätzungen ergiebt sich in E. beim
ersten Blick, so dass es mir völlig unverständlich ist, wie Rodbertus dies so gänzlich übersehen konnte, wie er es gethan. z. B.
in der Bemerkung über die Veränderung der „Pyramiden" in den
Briefen an Dr. R. Meyer, I. 327.

der Volkswirthschaft zu einer Staatswirthschaft, eine
veränderte Richtung zu geben", sodann über „Mittel und
Wege dazu". Jenes Titelblatt ist unten auf S. 1 genau
nach Rodbertus' Entwurf gedruckt worden.[a]) Aber
weiteres Manuscript oder auch nur einigermassen genügende, d. h. die erforderlichen fertigen Ausführungen
enthaltende Materialien zur Fortsetzung fehlen in den
mir zur Verfügung stehenden hinterlassenen Papieren.
Nur Entwürfe zu dem Inhalt des letzten Abschnitts,
über die „Mittel und Wege", mit ein paar kleinen Ausführungen haben sich vorgefunden. So fragmentarisch
auch dies Material, das die Herren Dr. Kozak, Prof. Dr.
Dietzel und Stud. Bahr sich zusammenzustellen bemühten, erscheint, so glaube ich doch den Versuch einer
Publication desselben, so wie es eben ist, wagen zu
dürfen. Die „Entwürfe" befinden sich am Schluss dieses
Bandes (S. 243 ff.). Mit dem hier Gebotenen muss ich
dann aber nothgedrungen diese Schrift „Zur Beleuchtung
der socialen Frage Theil II" als abgeschlossen bezeichnen.

Ausserdem sind in diesem Bande zwei kleine
Schriftstücke aufgenommen worden, welche sich ihrem
Inhalte nach an die grössere Abhandlung und gerade
an deren ersten Abschnitt anschliessen und in druck-
fertigen Manuscripten aus Rodbertus' eigener Hand ver-
lagen.

---

[a]) Auch das Shakespeare'sche Citat rührt natürlich von Rodbertus her und ist in der von ihm bezeichneten Weise (in Betreff
der fetten Schrift u. s. w.) gedruckt worden.

Der erste Aufsatz (S. 195–223) ist die im J. 1837
geschriebene, an die Redaction der Augsburger Allgemeinen Zeitung geschickte, von dieser aber nicht auf-
genommene kleine Abhandlung unter dem Titel: „Die
Foderungen der arbeitenden Classen": ein guter Abriss
von „Rodbertus' staatswirthschaftlichen Ideen vor fünfzig
Jahren." Er wurde neuerdings mehrfach erwähnt. Ihn
soweit das Manuscript dazu noch vorhanden war —
leider nicht vollständig — nach dem Original zum Abdruck zu bringen, erschien angezeigt, da der Abdruck
in Rud Meyer's „Briefen von Rodbertus" starke Aus-
lassungen hat. Das Weitere hinsichtlich der jetzigen
Veröffentlichung findet sich in meiner Vorbemerkung auf
S. 193—194.

Hieran reiht sich das Sendschreiben an den Londoner
Arbeitercongress (1862), S. 225—242), das, obgleich es
auch nur bekannte Gedanken von Rodbertus in einer
für den Zweck von ihm gewählten schwungvollen Form
wiederholt, doch mit Interesse gelesen werden wird.

Ueber die Behandlung der für diese ganze Publication benutzten Manuscripte und über die Beschaffenheit
der letzteren selbst geben meine Bemerkungen an betreffender Stelle den erforderlichen Aufschluss. Längere,
jetzt nicht zu beseitigende Abhaltungen und Krankheit
des H. Dr. Kozak beschränkten leider die Mitwirkung
desselben auf die Herausgabe des „Ersten Hefts". Das
Uebrige habe ich selbst allein besorgt.

Dies der Inhalt des vorliegenden dritten Bandes
der Veröffentlichungen „aus dem literarischen Nachlass
von Rodbertus": leider, wie gesagt, nur Bruchstücke und
wenig wirklich Neues. Und gleichwohl beabsichtige ich
hiermit meine Thätigkeit als Herausgeber überhaupt
abzuschliessen, mir nur vorbehaltend, die römische Steuergeschichte und vielleicht auch noch das Brauchbare aus
den „Grundlinien der Gesellschaftswissenschaft" und dazu
Gehöriges durch Andere zur Herausgabe vorbereiten zu
lassen.

Als ich im Jahre 1878 diese Herausgabe mit Herrn
Schumacher*) zusammen begann, war es von vornherein
nur meine Absicht gewesen, Einiges, das mir ge-
eignet schien, aus dem literarischen Nachlass zu veröffentlichen (s. Vorwort zu Bd. I. S. V). Mein Wunsch
beschränkte sich dabei namentlich auf die socialöko-
nomisch-theoretischen Arbeiten von Rodbertus.
Deren wenigstens annäherndes formelles Fertigsein in
einigermassen druckfähigen Manuscripten, nahm ich
damals nach den auch mir gewordenen Aeusserungen
von Rodbertus selbst, nach Mittheilungen Anderer, die es
mündlich und brieflich von Rodbertus gehört haben
wollten, und nach genommener, mir damals zunächst

---

*) Auch über den öffentlich nicht aufgeklärten Rücktritt des-
selben von der Herausgabe hat es Seitens eines Kritikers an Insinuationen nicht gefehlt. Die Gründe dieses Rücktritts, die
Niemanden als die Betheiligten etwas angehen, waren lediglich
privater Natur. Ich hatte mit diesem Ausscheiden des Herrn
Schumacher gar nichts zu thun und that es mir persönlich leid.

allein möglicher Einsicht in einige Theile des literarischen
Nachlasses — speciell in das Manuscript, das den Bänden
2 und 3 dieser „Veröffentlichungen" zu Grunde liegt,
— ebenso bestimmt an, wie es jetzt noch Seitens
einzelner schwärmerischer Anhänger von Rodbertus geschieht, welche sich neuerdings über das Stocken der
Publicationen missbilligend haben vernehmen lassen (s. u.).
Leider muss ich gestehen, dass sich meine Erwartung
nicht erfüllt hat, ausser den Manuscripten für die veröffentlichten Bände 2 und 3, einigermassen Druckfertiges,
ja überhaupt nur Druckfähiges und zu diesem Zweck
wenigstens formell Genügendes, nicht ganz Abgerissenes
gerade zu den Socialtheorien, insbesondere zur Fortsetzung der „Socialen Briefe" in denjenigen zahlreichen
Papieren zu finden, — fast lauter Manuscripten von Rodbertus' eigener Hand, hier und da auch von Schreibers
Hand — welche mir und meinen Gehilfen bei der Herausgabe von der Familie Rodbertus zur Verfügung gestellt
worden sind. Diese Papiere enthielten grossentheils
Materialien, Vorarbeiten, Entwürfe — namentlich letztere
in öftern Wiederholungen der Anfänge und Expositionen
— zu den älteren, bereits gedruckten theoretischen,
practischen, historischen Arbeiten und auch zu den jetzt
in Band 2 und 3 veröffentlichten Fortsetzungen der
socialtheoretischen Abhandlungen, sowie zur Fortsetzung
der römischen Steuergeschichte. Ausserdem fanden sich
verschiedene kleinere Aufsatzmanuscripte zu Kritiken,
zur Erörterung von Einzelfragen philosophischer, ökono-

mischer, socialer, politischer Art, aber auch manche
Blätter und ganze Convolute zu grösseren Arbeiten, z. B.
zu „Philosophischen Grundlinien der Gesellschaftswissenschaft", Bruchstücke eines „neuen oder anthropokratischen
Systems der Staatswirthschaft", eine Duplik von Rodbertus in Form von Randglossen zu einer umfassenden
handschriftlichen Replik von Kirchmann's auf Rodbertus'
Dritten Socialen Brief u. A. m. Eine Uebersicht dieser
Manuscripte folgt weiter unten (S. XXXII). Aber inhalt-
lich wiederholten sich hier meistens nur in etwas
anderer Form, mitunter fast gleichförmig, die aus den gedruckten Werken von Rodbertus, auch aus seinen vielen
aufsätz- ja buchartigen Briefen hinlänglich bekannten
social-theoretischen und geschichtsphilosophischen Gedankengänge, ohne eine neue Weiterführung oder Vertiefung. Und formell waren diese Manuscripte gewöhnlich
in ganz unfertigem Zustande, mitten in den Gedanken auf-
hörend, oft kaum leserlich durcheinander geschrieben,
Vieles ausgestrichen und nicht ordentlich ersetzt, dabei
eine Menge kleine Zettel und einzelne Blätter mit rasch
hingeworfenen, nicht durchgeführten Gedanken ent-
haltend, öfters Bleistiftentwürfe, zu deren Entzifferung
schon ein besonders bewaffnetes Auge nothwendig war,
wie denn auch in dieser Beziehung sich Herr Dr. Kozak
mit der Sortirung und Durchmusterung der Papiere
grosse Mühe gegeben hat, ohne auch seinerseits etwas
für den Druck Abschliessbares gewinnen zu können.
Indessen mag sich dies und das wohl noch heraussuchen

und zu einer weiteren Veröffentlichung zusammenstellen
lassen, so aus den genannten theoretischen und philosophischen, auch aus den Manuscripten zur römischen
Steuergeschichte. Mein Bestreben ist niemals darauf
hinausgegangen, alles irgend Benutzbare aus Rodbertus'
literarischem Nachlass herauszugeben, wie sehr willkürlich von anderer Seite als meine gewissermassen selbstverständliche „Pflicht" hingestellt worden ist. Ich
wollte mich, wie gesagt, wesentlich auf die mit den
„Socialen Briefen" in näherer Verbindung stehenden,
deren formelle „Fortsetzung" bildenden oder doch Nächst-
Verwandtes behandelnden Theile des literarischen Nachlasses beschränken. Davon habe ich Geeignetes nichts
weiter gefunden, ich weder selbst, noch meine Gehilfen
bei der Durchsicht der Papiere.

Deswegen kann ich gleichwohl nicht absolut bestimmt versichern, dass Rodbertus überhaupt nichts
Weiteres in dieser Richtung, speciell zur Fortsetzung
der Socialen Briefe, geschrieben, vielleicht selbst vollendet,
dass dies bei seinem Tode nicht vorhanden gewesen,
dass möglicher Weise nicht auch jetzt noch, in Jagetzow
oder sonstwo, sich betreffende Manuscripte finden könnten.
Erklärlich würde es mir allerdings kaum sein, dass sowohl Herrn Schumacher, als Herrn Dr. Kozak und mir
selbst bei unseren Besuchen in Jagetzow nicht alles Be-
achtenswerthe vor Augen gekommen sein und in den
mir von dort gemachten, meiner Meinung nach alles in
Betracht Kommende von Manussripten umfassenden Zu-

sendungen enthalten gewesen sein sollte. Eine nochmalige Revision in Jagetzow, welche im Laufe dieses Jahres geplant und durch meine Arbeitsgehilfen hatte vorgenommen werden sollen, ist äusserer Hindernisse wegen nicht zu Stande gekommen. Eine noch längere Verzögerung der Veröffentlichung dieses dritten Bandes, die ich gleich manchem Anderen ohnehin beklage, wollte ich deswegen aber nicht wieder eintreten lassen. Nach dem, was ich von den Nächstbetheiligten vernommen, ist es zwar nicht als völlig unmöglich anzusehen, dass gerade in den ersten Jahren nach dem Tode von Rodbertus Manuscripte verloren gegangen sein sollten, aber im höchsten Grade unwahrscheinlich. Herrn Schumacher's und meine Uebernahme von Papieren aus dem Nachlass hat erst mehr als zwei Jahre nach Rodbertus' Tode begonnen. Dass von Rodbertus selbst Manuscripte verliehen oder anderswo als in Jagetzow aufbewahrt sein sollten, gilt nach den mir gewordenen Mittheilungen als ausgeschlossen.

So kann ich zu meinem Bedauern nur annehmen, dass Rodbertus zu einer weiteren Fortsetzung und zum Abschluss der „Socialen Briefe" in einigermaassen fertigen Manuscripten, abgesehen von denjenigen, welche den Bänden II und III dieser „Veröffentlichungen" zu Grunde liegen, doch nicht gekommen ist. Der Widerspruch, der alsdann zwischen dieser Thatsache und wiederholten Aeusserungen von Rodbertus über das Fertigsein weiterer Haupttheile der in den Socialen Briefen entwickelten Er-

örterungen besteht, ist auch für mich kein völlig lösbarer.
Ich habe nur zwei Vermuthungen, einmal, dass Rodbertus
den Ausdruck „Fertigsein" (oder ähnliche, wie z. B. in
der Schrift „Zur Beleuchtung der socialen Frage 1",
1875 Vorwort) auf die genannten, in B. II und III veröffentlichten Particen bezogen hat; sodann, dass er, wie
es manchem Autor ergeht, und Rodbertus — wofür ich
auch sonstige Beispiele habe — nicht am Wenigsten,
eben doch im Bewusstsein, manche Gedanken auf's Papier
geworfen, Einiges davon ausgeführt und im Kopfe sein
„System" einigermassen fertig zu haben, über das, was
zum formellen Abschluss noch fehlte und über
die Zeit, die dieser Abschluss noch erfordern würde,
sich etwas zu optimistisch selbst getäuscht hat. Ein
Beleg für diesen Optimismus von Rodbertus liegt für
mich u. A. in der auch gegen mich brieflich noch kurz
vor seinem Tode geäusserten Hoffnung, „in wenigen
Wochen" des November und der ersten Hälfte des December 1875 den Theil II „zur Beleuchtung der Socialen
Frage" fertig stellen zu können. Nach dem, was bei
seinem Tode — nach kurzer Krankheit — noch fehlte
und nach Rodbertus' Arbeitsweise hätten dazu noch viele
Monate gehört.

Ich kann nicht beanspruchen, dass diese Erklärung
des genannten Widerspruchs allgemein für zureichend
gehalten werden wird. ich kann sogar von mir persönlich
sagen, sie befriedigt auch mich nicht völlig, aber ich
muss hinzufügen, es ist doch die einzige, welche ich

nach meiner Kenntniss der Dinge und Personen mir
selbst bilden konnte. Niemand wird sich mehr freuen,
als ich, wenn ich mich irre, wenn dennoch eine weitere
Fortsetzung, vollends der Abschluss der Socialen Briefe
vorhanden sein und brauchbare Manuscripte dazu sich
noch finden sollten. Ich muss es leider bezweifeln,
jedenfalls bin ich aber nicht im Stande, mehr zu geben,
als ich habe. — Anforderungen, wie sie trotzdem in
dieser Hinsicht an mich gestellt und Beschuldigungen,
wie sie deshalb gegen mich erhoben worden sind, muss
ich daher für ebenso unrichtig als ungerecht bezeichnen,
worin mir, wie ich hoffe, unbefangene und nüchterne
Beurtheiler nach dieser Darstellung des Sachverhalts
Recht geben werden. Welcher auch nur denkbare Grund
sollte denn bestehen, etwas zurückzuhalten oder eine
Nachforschung zu vernachlässigen, deren Ergebniss, die
Auffindung weiterer brauchbarer Manuscripte zu den
„Socialen Briefen", doch mich persönlich, der ich seit
Jahren für Rodbertus' Ideen wirkte, nur ebenso erfreuen
könnte als irgend einen Verehrer des scharfsinnigen
Denkers?!

Gelegentlich ist mir auch von befreundeter Seite,
wo man sich für Alles interessirte, was von Rodbertus
herrührte, wohl der Wunsch ausgesprochen worden: ich
sollte doch ohne Weiteres „einfach alles an Manuscripten
Vorhandene" zur Veröffentlichung bringen: wenn auch viel
Unfertiges, viel blosse Wiederholungen, viel Spreu darunter
sein möge, so werde sich doch auch immer dies und das

b*

Werthvolle, Neue, grade in Rodbertus' hinterlassenen
wissenschaftlichen Papieren sicher immer finden. Letzteres
bezweifle ich durchaus nicht völlig, gerade auch in Betreff Rodbertus' Papieren nicht, so wenig ich die heutige
Sucht, jedes Papierschnitzelchen eines bedeutenden Schrift-
stellers nach dessen Tode zu veröffentlichen, für richtig
und für im Interesse der Wissenschaft und des Rufes des
betreffenden Autors selbst gelegen halte. Wer aber in
Bezug auf die Rodbertus'schen Papiere ein solches Verlangen stellt, der hat niemals einen Blick in oder nur
auf dieselben geworfen. Der Zustand der meisten derselben gestattet eben ein solches „einfaches Abdrucken"
schlechterdings beim besten Willen dazu nicht, weil Alles
durcheinander geschrieben, Vieles ausgestrichen, ganz,
halb, gar nicht ersetzt ist; kurz, eben die einfachste
formelle Voraussetzung für ein solches Vorgehen fehlt.
Soweit es mir möglich war, — nachdem sich namentlich
Hr. Dr. Kozak der grossen Mühe unterzogen hatte, das
mir im chaotischen Zustande überlieferte handschriftliche
Material zu ordnen, zu sortiren, zu sichten, wobei mit
der peinlichsten Sorgfalt jedes beschriebene Papierfetzchen
untergebracht und aufbewahrt wurde, — einen Ueberblick
über den Inhalt der Papiere zu erlangen, bin ich allerdings zu der Ansicht gekommen, dass Rodbertus das
Beste und Gereifteste, das ihm zu leisten beschieden war, schon bei Lebzeiten selbst in
seinen veröffentlichten Schriften und in den
Manuscripten zu den Bänden II und III dieser

Publicationen gegeben hat. Dabei stehen diese beiden
Bände, bei allem hohen Werth, den sie beanspruchen
dürfen, wohl schon hinter den bei Lebzeiten herausge-
kommenen Schriften immerhin an Bedeutung — besonders
was den Inhalt, die Neuheit und Schärfe der Gedanken, weniger was die zum Theil gerade in diesen
Arbeiten besonders ausgezeichnete Form anlangt — m.
E. nicht unerheblich zurück. Rodbertus hatte, begreiflich
genug nach seinem Alter, seiner Kränklichkeit und den
für eine literarische Thätigkeit doch auch nicht immer
ganz geeigneten Lebensverhältnissen des Gutsbesitzers
und practischen Landwirths, doch eben wohl seinen Höhe-
punkt als Schriftsteller bereits hinter sich.

Indessen steht ja nichts im Wege und ist es im
Interesse der Sache nur erwünscht, wenn Andere noch
eine vielleicht erfolgreiche Nachlese halten. Mein
Wunsch ging, wie gesagt, nur auf die Herausgabe der
„Socialen Briefe" und des damit Zusammenhängenden.
Auf alles Weitere müsste ich jetzt auch aus persönlichen
Gründen verzichten, namentlich weil mir schlechterdings
die Musse fehlt, mich dieser Herausgeber-Arbeit zu
widmen, auch wenn ich nicht ohnehin bezweifelte, dass
die aufzuwendende Mühe durch den Erfolg nicht recht
mehr belohnt werden wird. Denn durch die fernere
Herausgabe dieses oder jenes kleinen, selbst an sich
werthvollen Bruchstückes und sogar grösserer Particen,
z. B. der rechtsphilosophischen Manuscripte (Grundlinien
der Gesellschaftswissenschaft u. a. m.) wird m. E. weder

der Wissenschaft noch dem mir, gewiss wie Einem hoch-
stehenden Andenken des bahnbrechenden socialökonomischen Denkers ein besonderer Dienst erwiesen. Dazu
sind die Manuscripte formell zu wenig abgerundet und
fertig, aber doch auch dem Inhalte, den Gedanken nach
zu überwiegend Wiederholung bereits von Rodbertus bekannter Ideen Es ist ja nicht zu vergessen, dass Rodbertus so gern und so oft vortreffliche Excurse gerade
über Principienfragen, geschichtsphilosophische Aperçus
und kleinere Ausführungen, vom höchsten Standpunkte
aus gefasste historische Retrospectiven und seherartige
Prospectiven in allen seinen Arbeiten, auch den römisch-
historischen, den practischen (Rentenprincip) einge-
flochten hat, in langen Noten u. dgl., ebenso sehr zum
Schaden der Lesbarkeit und Popularität seiner Schriften,
wie zur Vermehrung des hohen sachlichen Werths derselben. Durch diese oft nicht streng unmittelbar zur
Sache, d. h. zu dem grade behandelten Gegenstande gehörigen Excurse u. dgl. sind Rodbertus' Schriften eben
für denkende Leser eine so reiche Quelle der Anregung
geworden, wie wenige Schriften anderer Autoren auf
diesen Gebieten. Rodbertus ist mit diesem Reichthum
an Ideen und grossartigen Rück- und Fernblicken zum
Vortheil seiner Leser nicht haushälterisch umgegangen.
Aber es ist eben deshalb auch nicht zu verwundern, dass
in den hinterlassenen Papieren nun auch meist nur die
älteren, bereits bekannten Gedanken begegnen, oft selbst
in derselben oder ganz ähnlicher Form. Auch der

grösste, nur eben seine Kritik behaltende Verehrer von
Rodbertus kann das nicht leugnen und wird sich einge-
stehen: „meist Wiederholungen“, selbst in solchen Arbeiten, die dem Titel nach etwas Anderes behandeln.
Dies ist wenigstens durchaus der Eindruck, den ich aus
der Durchsicht der Manuscripte gewann und den Rodbertus ebenso wie ich verehrende, aber nicht blind be-
fangene Fachgenossen, die ebenfalls unmittelbar Einblick
nahmen, wie sie mir bestättigten, stets grade so erhielten.
Ich glaube durch diese Bemerkungen wahrlich der Bedeutung von Rodbertus nicht zu nahe zu treten. Was
von ihm geleistet ward, steht gross genug da, auch wenn
man sagt, es beschränkt sich im Wesentlichen auf das
bisher bereits von ihm Bekannte. Die zahlreichen Privat-
briefe an Rud. Meyer, Zeller, Peters, v. Scheel, Schmoller,
mich u. A. m., die jetzt immer mehr bekannt werden,
bestätigen meine Ansicht gleichfalls. Denn in allen
wiederholen sich eben die bekannten, im Grunde genommen schon in dem Aufsatz für die Allgemeine Zeitung
(1837) und in der Schrift von 1842 in der Hauptsache
enthaltenen kritischen wie positiven Gedanken.

Speciell die oft Rodbertus abverlangten practischen
Vorschläge „zur Lösung der socialen Frage“ betreffend,
so zeigt sich denn auch immer bestimmter, dass sie sich
auf die Idee einer Lohnregulirung nach Maassgabe der
Gesichtspunkte im „Normal-Werk-Arbeitstag“, eines „Arbeitsgeldes“ u. dgl. von Anfang an und noch bis zuletzt
beschränkt haben. Es ist dabei freilich nicht zu ver-

gessen, dass Rodbertus die sonst sehr bedenkliche Phrase
von der „Lösung" der socialen Frage eher als die meisten
Andern in den Mund nehmen durfte, da er eben unter
„socialer Frage" ausdrücklich nur die Frage vom Antheilsverhältniss der arbeitenden Classen am gesammten nationalen Productionsertrag verstand.
Er wollte sich daher in allen seinen Ideen und Vorschlägen darauf beschränken, dies Antheilsverhältniss, das er bei steigender Productivität der nationalen
Arbeit im „freien Verkehr" für relativ zurückgehend
annahm, mindestens entsprechend dieser Steigerung
der Productivität selbst mit steigen zu lassen. Für
diese seine Auffassung sind u. A. die „Fragmente" in
diesem Bande beachtenswerth.

Ob diese Auffassung der „socialen Frage" eine
völlig richtige und ausreichende ist, steht hier nicht
zur Erörterung. Mir persönlich erscheint sie zu eng
und der praktische Vorschlag zur „Lösung", abgesehen
von der Möglichkeit seiner Ausführung, nicht umfassend
und tiefgreifend genug. Die in einem der Fragmente am
Schluss dieses Bandes Rodbertus entschlüpfenden Worte,
wie eben doch Alles schliesslich zum blossen „Einkommenseigenthum" dränge, womit man nicht hinter dem Berge
zurückhalten könne, sind im Grunde auch ein Verdict
über das ganze Prinzip seines Lösungsversuchs. Denn
bei diesem soll ja das bestehende Privateigenthum an
Boden und Capital ferner erhalten werden und seine
Renten behalten, nur nicht mehr allein den Zuwachs,

welchen die steigende Productivität der nationalen Arbeit
mit sich führt, für sich in Anspruch nehmen. Indessen,
Rodbertus beschränkt nun einmal den Begriff der
„socialen Frage" so, und nur für diese also aufgefasste
sociale Frage ist sein Lösungsvorschlag zu prüfen.

Sollte derselbe aber auch, wie ich annehme, diese
Prüfung nicht ertragen, so bleibt meines Erachtens das
Verdienst von Rodbertus gleichwohl hier wie in seinen
andern theoretischen Lehren und praktischen Postulaten
ein sehr grosses. Wohl mit den meisten Fachgenossen halte
auch ich viele, ja die Mehrzahl der theoretischen Hauptlehren von Rodbertus für falsch, so besonders seine Lehre
vom Werth, von der Rente und (Privat-) Capitalentstehung,
von der Bevölkerung (einseitig anti-malthusianisch!),
von den Krisen, wo das entscheidende Moment der
„Regellosigkeit der Production" so wenig beachtet und
in völlig unzulänglicher Weise — auch mit unrichtiger
Behandlung und Erklärung der concreten Wirthschafts-
erscheinungen — die Krisen aus dem Zurückbleiben des
Antheils der Arbeiter am steigenden Productionsertrag
abgeleitet werden sollen, auch die Lehre vom Gelde, von
den Zettelbanken und deren sehr übertrieben an-
genommenem Einfluss auf das Wirthschaftsleben — in
der Weise der britischen „Currency-Theoretiker" — und
anderes mehr. Und trotzdem glaube ich, dass Rodbertus
sich auch hier wie in seinen anderen Lehren als höchst
scharfsinnig und anregend wie Wenige zeigt, in der That
ein „Ricardo des ökonomischen Socialismus" zu heissen

verdient, z. B. durch seine scharfe Unterscheidung der
rein ökonomischen, logischen und der historisch-recht-
lichen Kategorien der Grundbegriffe geradezu fundamental
gewirkt hat. Nicht das Mass der Zustimmung zu den
Theorieen eines Denkers und Autors, sondern das Mass
der Anregung zum Fortschritt, welches die Wissenschaft überhaupt und jeder ihrer Jünger von einem
solchen Manne erfahren hat, bestimmt die Anerkennung,
welche demselben ein kritischer Verehrer entgegen-
bringt. So wird Rodbertus z. B. in der scharfen (und
richtigen) Kritik von Knies hochgestellt: ein grösserer
Ruhm für ihn als die blinde kritiklose Panegyrik, wie
sie sich bei einigen jüngeren schwärmerischen Anhängern
von Rodbertus neuerdings gezeigt hat. Gerade dieser
Richtung gegenüber — welche einen, dann gewiss wieder
zu weitgehenden Rückschlag in der Rodbertus mit Recht
gewordenen, immer grösseren Anerkennung als eines
socialökonomischen Denkers ersten Ranges durch ihre
geschmacklosen Uebertreibungen förmlich provocirt —
habe ich mit diesen Bemerkungen meine persönliche
Stellung zu Rodbertus' Theorien auch in meiner Eigen-
schaft als Herausgeber eines Theils seines literarischen
Nachlasses nicht zurückhalten wollen. Der Beistimmung
urtheilsfähiger Fachgenossen bin ich mir dabei bewusst,
sie ist mir mündlich und schriftlich schon öfters geworden, auch nach den unten gekennzeichneten Angriffen
gegen mich.

Bei dieser Gelegenheit will ich auch einen jüngst
lebhafter gewordenen Streit über die Beziehungen
von Rodbertus und Marx zu einander hier nicht
mit Stillschweigen übergehen, weil dies falsch gedeutet
werden könnte. Rodbertus hat Werth auf die Priorität
gewisser kritischer und positiver Gedanken seiner Social-
theorie gerade auch Marx und anderen socialistischen
Schriftstellern gegenüber gelegt. Ich glaube, diese Priorität kann ihm in der That nicht bestritten werden. sie
wird u. A. schon durch den in diesem Bande befindlichen
Aufsatz für die Allgemeine Zeitung aus 1837, durch die
Schrift „Zur Erkenntniss unserer staatswirthschaftlichen
Zustände" von 1842, auch durch Ausführungen in den
„Socialen Briefen" (1850) unwiderleglich erwiesen,
namentlich Marx gegenüber. Durch den Nachweis. dass
sich Rodbertus' und Marx' Lehren anderseits mehrfach
unterscheiden und dass überhaupt schon ältere englische
und französische Socialisten mitunter ähnlich wie Rodbertus kritisirt und argumentirt haben, wird diese Priorität von Rodbertus gerade in Bezug auf ökonomische
Grundlehren (Werth u. A. m.) meines Erachtens nicht
widerlegt. Ich bin in dieser Hinsicht wenigstens durch
die neuere Polemik von Fr. Engels nicht überzeugt
worden.

Allein aus dieser Priorität darf man nicht ohne
Weiteres, wie es theils von Rodbertus selbst, theils von
Anhängern desselben geschehen ist, zweierlei ableiten
und durch die Priorität als begründet ansehen wollen:

einmal, dass Rodbertus bloss deshalb schon auch
überhaupt eigentlich allein originell und bedeuten-
der als Marx sei, sodann gar, dass Marx direkt aus
ihm, Rodbertus geschöpft haben müsse und, da er das
nicht erwähnt, ein „Plagiat" an ihm begangen habe.
Was die „Originalität" anlangt, so ist hier, wie gar
nicht selten, gewiss anzunehmen, dass ausser Rodbertus
manche Nationalökonomen, unter gemeinsam gegebenen
Lebensverhältnissen beobachtend, kritisirend und ihre
eigenen Theorieen bildend, auf ganz ähnliche, ja im Kerne
gleiche Ansichten gekommen sind, ohne von Rodbertus
selbst etwas zu wissen oder doch seine Ausführungen
zu kennen. Das liegt in der Natur der Dinge und
speciell des wissenschaftlichen Denkens und Arbeitens
des Nationalökonomen. Für die socialistische Werth-
lehre bildet eben Ricardo den Ausgangspunkt. Es lag
sehr nahe, aus ihr so zu deduciren, wie Rodbertus, Marx
und viele Andere es gethan haben. Eben deshalb sind
solche Prioritätsstreitigkeiten im Grunde recht müssig
und ist das „Verdienst" der Priorität im einzelnen Fall
doch nur ein beschränktes. Ich kann z. B von mir
selbst versichern, dass ich auf ähnliche Ansichten wie
Rodbertus in manchem wichtigen Punkte ganz unabhängig
von ihm gekommen bin, mich hinterher aber freute, oft
klarer und schärfer bei Rodbertus dasselbe zu finden,
wo ich dann gern seine Priorität anerkannt habe.
Aehnlich geht es sicher jedem Fachmann. Der Vorwurf einer „Plünderung", ohne ihn zu nennen, den Rod-

bertus u. A. auch gegen Schäffle erhebt (Briefe an
Rud. Meyer, I, 134), ist sicher gleichfalls vollständig
unbegründet. Es liegen eben in bestimmter Zeit und in
bestimmten Ländern gewisse Theorieen „in der Luft".

Marx gegenüber scheint mir nun auch nur die
Priorität gewisser Gedankengänge für Rodbertus
zu vindiciren zu sein, nicht aber unbedingt die alleinige
Originalität der Lehren, auf welche letztere Marx
sehr wohl unabhängig von Rodbertus gekommen sein
kann. Ich habe mich meines Wissens in Betreff dieses
Punktes selbst immer vorsichtig geäussert und würde
bedauern, wenn ich einmal versehentlich hier Marx zu nahe
getreten sein sollte.[5]) Nachdem nun Herr Engels jüngst

---

[5]) S. meinen Aufsatz „Einiges von und über Rodbertus" in
der Tüb. Zeitschr. für Staatswissenschaft 34 (1878) S. 202, 205, wo
es heisst: „Rodbertus steht neben und über Lassalle, Marx und
Engels und hat früher als einer dieser Männer gewisse Kern-
punkte des wissenschaftlichen Socialismus formulirt." Dann S. 205
über Rodbertus' Priorität und Originalität, wo auch ein Brief von
Rodbertus an mich vom 8. Juli 1872 citirt ist, in dem sich Rodbertus Marx gegenüber vorsichtiger als in anderen Fällen äussert:
„Sie werden sehen, dass ich seit 1842, wo ich die erste grössere
Schrift drucken liess, unwandelbar denselben Grundgedanken —
auch in der socialen Frage — verfolge und dass Andere, z. B.
Marx, auf manches verfallen sind, was ich früher habe
drucken lassen." S. auch meine Einleitung zu Lassalle's Briefen
S. 7 ff., Ebenso sage ich in meiner „Grundlegung" 1. 2. Aufl.
S. 590—591 (wörtlich ebenso schon in der 1. Aufl. S. 511): „Es lässt
sich leicht nachweisen, dass die Priorität der besten kritischen
und positiven Gedanken eines Lassalle und Marx Rodbertus
gebührt. Lassalle ist eingestandenermassen von Rodbertus direct
sehr beeinflusst worden. Aus den genannten Briefen (Lassalle's
an Rodbertus) ergiebt sich dies noch genauer, und die offene An-

eingehend dargelegt hat, dass Marx in der That aus
Rodbertus factisch nicht geschöpft hat und nicht schöpfen
konnte, darf mit dem Eingeständniss nicht zurückgehalten
werden, dass hier wirklich eine ebensolche Originalität
von Marx wie von Rodbertus vorliegt und dass vollends
der Vorwurf des „Plagiats" oder ein ähnlicher, wie ihn
Rodbertus gegen Marx erhoben hatte, ungerechtfertigt
ist. Hier gilt es offen der Wahrheit die Ehre zu geben,
dass Rodbertus sich im Irrthum befunden oder eine
Uebereilung begangen hat.[5])

Im Vorausgehenden habe ich den früher ver-
sprochenen Bericht über den Zustand, in welchem sich

---

erkennung, die ein Mann von Lassalle's geistiger Bedeutung und
Selbstbewusstsein Rodbertus gewährt, ist ein rühmliches Denkmal
für beide Männer (s. die Briefe z. B. S. 38, 81, 89). Ob Marx
direct aus Rodbertus geschöpft hat oder von diesem wenigstens
angeregt worden ist, das wage ich nicht bestimmt zu behaupten. Jedenfalls aber ist seine Lehre nicht nur im Keim,
sondern in ihrem wesentlichen Kern und zum Theil in ganz
ähnlicher Weise ausgeführt schon in den älteren Schriften von
Rodbertus enthalten. Die älteste von 1842 (der Brief aus 1837 an
die Allg. Ztg. war mir damals noch nicht bekannt) enthält in nuce
die Kritik und das Programm des Socialismus und ist älter als
meines Wissens irgend etwas Einschlagendes von Marx oder Engels."
Ich glaube diese Auffassung wird auch durch die neuesten Dar-
legungen von Engels nicht umgestossen. S. übrigens auch, eher
zu Gunsten der Marx'schen Priorität, Ad. Held, Socialismus, Soc.
Demokr. etc., Lpz. 1878, Note S. 60—65, woraus Engels auch ersehen
kann, dass u. A. Held die frühere Literatur kannte.

[5]) S. K. Marx, das Capital, Bd. II. Hamb. 1885, Vorwort von
Engels S. VIII ff., auch die Vorrede zur deutschen Ausgabe der

der literarische Nachlass von Rodbertus befand, als er
in meine Hände kam, erstattet (s. mein Vorwort zu
Bd. II der Public. S. VII). Was im Einzelnen in diesem
Nachlass sich ausser den Publicationen in den drei
Bänden befindet, ergiebt sich aus folgender Uebersicht,
welche Herr Dr. Kozak bei seiner Sortirung des Materials
angefertigt hat und von mir noch in jüngster Zeit ver-
vollständigt und durch nochmalige Durchsicht alles
Materials controlirt worden ist. Ich füge dabei die Zahlen
der Seiten oder Blätter hinzu, welche Dr. Kozak für
jede Abtheilung ermittelt hat, um den ungefähren
äusseren Umfang des Materials ersichtlich zu machen.
Da die Formate des Papiers indessen verschieden, manche

Marx'schen Schrift „das Elend der Philosophie", Stuttg. 1885. Der
Hieb an der ersten Stelle gegen Dr. Kozak, weil dieser in der
Einleitung zu Rodbertus' „Capital" S. XV Rodbertus' Bemerkung
über Marx' „Benutzung" seiner Schrift von 1842 citirt hat, ist
doch kaum gerechtfertigt. Die weiteren Aeusserungen von Rodbertus, über welche Engels Beschwerde führt, sind in der erst-
genannten Schrift hervorgehoben. Auch ein Wort von Rud. Meyer,
im Emancipationskampf d. 4. Standes I, 43, wird von Engels hier
citirt: „Aus diesen (älteren Publicationen von Rodbertus) hat
nachweisbar Marx den grössten Theil seiner Kritik geschöpft."
Engels erwidert: „ich darf bis auf weiteren Nachweis wohl annehmen, dass die ganze „Nachweisbarkeit" dieser Behauptung
darin besteht, dass Rodbertus dies Herrn Meyer versichert hat."
Das mag einerseits der Fall sein, andererseits hat Herr Rud. Meyer
seiner Gewohnheit gemäss ohne die geringste eigene Untersuchung
des Sachverhaltes mit der ihm in Dingen, von denen er nichts
Genaueres weiss, eigenen Sicherheit diese Behauptung wohl auf
seine eigene Verantwortung hin gemacht, da dies eben damals ihm
gerade so passte.

Bogen und Seiten ganz voll, andere nur wenig beschrieben
sind, viele Wiederholungen in Entwürfen, Concepten,
Theilen von Reinschriften und ganze Partieen von Materialien für bereits Veröffentlichtes sich dabei befinden, so
kann eben nur ganz ungefähr selbst bloss dieser äussere
Umfang des Einzelnen aus den Zahlenangaben entnommen
werden.

1. Materialien zur römischen Steuergeschichte (auch zu Fortsetzung und Schluss, nur partienweise druckfertig und überhaupt
in Reinschrift)[1], nebst Blättern zur Gewerbe- und Steuergeschichte
unter den späteren römischen Kaisern. (230 Blätter). Ausserdem
weitere Materialien, Concepte u. dergl. zu verwandten Gegen-
ständen, insbesondere zur „Bevölkerung Roms", zur „Aurelia-
nischen Mauer", Specielles über die römische jugatio und capitatio. (8 Bl.)

2. Abhandlung: ein Versuch, die Höhe des antiken Zinsfusses zu erklären. (Abgedruckt in Conrad's Jahrbüchern 1884.)
Nebst Concepten.

3. Concept zu Bemerkungen über die Entwicklung der Staatswirthschaft und über die socialen Grundlagen des antiken Staats.
(13 Bl.)

4. Die Forderungen der arbeitenden Classen: Original-
manuscr. des Aufs. für die Allg. Ztg., 12 S. Quart (weitere
fehlen, s. in diesem Werk S. 191).

5. Philosophische Grundlinien der Gesellschaftswissenschaft.
Grosses Convolut von 371 Blättern, vielerlei Concepte, theilweise

---

[1] Auch dies Manuscript ist von Rodbertus, im Widerspruch
mit der Thatsache, kurzweg als „druckfertig" noch im Frühjahr
1875 bezeichnet worden (s. Brief an Zeller, Tüb. Ztschr. 1879 S. 221).
Es wäre dann auch nicht verständlich, warum der Schluss der
röm. Steuergeschichte nicht von Rodbertus selbst in Hildebrand's
Zeitschr. schon veröffentlicht wäre. — Durch Vermittelung eines
geschätzten Collegen beabsichtige ich diese Arbeit von einem
tüchtigen Specialisten dieses Gebietes zur Herausgabe bringen zu
lassen.

Ausarbeitungen, nur Einiges in einer Art abgeschlossener Reinschrift.

6. Bruchstücke eines neuen oder anthropokratischen Systems
der Staatswirthschaft (71 Bl.), meist nur Concepte.

7. v. Kirchmann's Antwort auf den dritten Socialen Brief;
mit zahlreichen, eine Duplik bildenden Randglossen von Rodbertus. (153 Bl.)

8. Erwiderungen v. Kirchmann's auf diese Bemerkungen von
Rodbertus. (36 Bl.)

9. Aphorismen etc. zur socialen Frage. (39 Bl.)

10. Abgerissene Bemerkungen über Einigungsämter. (3 Bl.)

11. Bruchstück einer Abhandlung über den gegenseitigen
Einfluss von Brodpreis und Arbeitslohn. (12 Bl.)

12. Stück einer älteren Abhandlung vom natürlichen Princip
des Eigenthums in Bezug auf die heutigen Eigenthumsverhältnisse.
(8 Bl., formell fertig.)

13. Einige aphoristische Bemerkungen über die individua-
listische Demokratie. (4 Bl., ganz unfertig.)

14. Bemerkungen über das Mercantilsystem. (Unvollständig,
8 Bl.)

15. Bemerkungen gegen v. Treitschke. (5 Bl.)

16. Desgl. gegen Menger. (2 Bl.)

17. Desgl. zu Strauss und Rothe. (4 Bl.)

18. Desgl. zu Stahr's preuss. Revolutionen. (4 Bl.)

19. Desgl. gegen die Auffassung der socialen Frage auf der
Eisenacher (kathedersocialistischen) Versammlung, gegen Gewerk-
vereine u. s. w. (4 Bl., unfertig.)

20. Sendschreiben an den Arbeitercongress zu London 1862.
(In diesem Bande abgedruckt.)

21. Unvollständige Concepte zu einem socialpolitischen Brief
an Hasenclever. (13 Bl.)

22. Aphorismen und einzelne Ausführungen über Arbeitslohn, verhältnissmässigen Arbeitslohn u. s. w. (32 Bl.)

23. Bemerkungen über Capital und Rente. (40 Bl.)

24. Aphoristisches zur Fortsetzung von Heft 2 und 3 der
Schrift von 1842 „Zur Erkenntniss u. s. w.". (3 Bl., völlig unfertig.)

25. Zu Chevalier und Bastiat, über die Vertheilung des
Nationalproducts. (6 Bl.)

XXXIV

26. Citate aus deutschen und fremden Autoren über Grundrente. (7 Bl.)

27. Politische Aphorismen. (7 Bl.)

28. Diverse weitere Citate, Aphorismen u. s. w. über einzelne Punkte von Rodbertus' Theorie auf zerstreuten Blättern.

29. Aus v. Schröder's fürstl. Schatz- und Rentkammer (1721). (23 Bl.)

30. Ueber Rentenprincip und Grundwerth. (19 Bl., Reinschrift, ausserdem etwas Concept.)

31. Concept zum 4. Socialen Brief, u. d. T. das Problem. (c. 60 Seiten, nebst Materialien.)

———

In den letzten Jahren sind einige Kundgebungen an die Oeffentlichkeit getreten, welche sich theils über die Verzögerung weiterer Publicationen aus Rodbertus' literarischem Nachlass beklagten, weil seit 1878, wo Lassalle's Briefe erschienen waren, eine längere Pause eingetreten war, theils sich überhaupt über meine und auch Dr. Kozak's Herausgeberthätigkeit missbilligend äusserten. Letzteres besonders nach dem Erscheinen des Bandes II (des „Capital"), wo sich eine Enttäuschung über dieses Werk und über den Mangel weiterer Fortsetzungen der Socialen Briefe gerade unter manchen begeisterten Verehrern von Rodbertus offenbarte, — mir ganz begreiflich, denn ich habe eine ähnliche Enttäuschung schon vorher empfunden und vorausgesehen, dass Andere sie nunmehr ebenso fühlen würden.

Ueber die anfängliche Verzögerung, welche in und nach 1878 eintrat, habe ich mich für verständige Leute im Vorwort zum 2. Bande der Publicationen (S. V) ge-

nügend deutlich geäussert. Dass mir diese Aeusserung
eine der hämischen und albernen Insinuationen des unten
genannten Herrn Moritz Wirth eingetragen, thut nichts
weiter zur Sache. Es wird für jeden Unbefangenen
keines Beweises bedürfen, dass es damals nicht persönliche Rücksichten, auch nicht einmal Rücksichten, die in
erster Linie von mir ausgingen, sondern Erwägungen
unter allen Betheiligten gewesen sind, welche eine vor-
läufige Sistirung der weiteren Veröffentlichungen, insbesondere der damals mit zunächst geplanten, des vorliegenden dritten Bandes, damals zweckmässig erscheinen
liessen. Mir, der hier persönlich bei einer Schrift eines
Dritten, Rodbertus, gar nicht einmal in Betracht kam,
„Furcht vor dem Socialistengesetz" als Motiv zu in-
sinuiren, ist eine der logischen Leistungen, an denen
das unten genannte Pamphlet des H. Moritz Wirth trotz
der „philologischen Akribie", deren sich dieser Herr
rühmt, überhaupt nicht arm ist.

Auch später waren es noch längere Zeit äussere
Umstände und manche rein private, — übrigens nicht
mich betreffende — Verhältnisse, auch der Umstand, dass
sich ein Verkehr mit und ein Verweilen in Jagetzow
weder unserer-, der Herausgeber, Seits, noch Seitens der
Familie Rodbertus stets zu der dem einen oder andren
Theil hierzu verfügbaren Zeit bewerkstelligen liess, wodurch sich die Fortsetzung der Herausgabe verzögerte.
Es bestanden in Jagetzow Jahre lang Hindernisse einer
umfassenden Durchsicht alles handschriftlichen Materials,

c*

welche für uns Herausgeber einfach hinzunehmende
Thatsachen waren, übrigens auch uns oder andere
Dritte gar nichts angingen.

Seit 1881 bin ich aber, wie ich nicht leugnen kann
und will, vornemlich an der Verzögerung selbst schuld,
da es mir meine vielfache Theilnahme am politischen
Leben neben meinem Lehramt und anderen unausweich-
lichen Ansprüchen an meine Zeit schlechterdings nicht
möglich gemacht hat, mich der Herausgabe mehr zu
widmen. Ich bedauere das, kann aber hinzufügen, dass
ich meine eigenen grösseren literarischen Arbeiten unter
diesen Verhältnissen ebenso wenig weiter zu fördern im
Stande war. Wiederholte Versuche, durch mir nahe
stehende jüngere Fachgenossen die Arbeit der Herausgabe ausführen zu lassen, misslangen, namentlich weil
die Betreffenden selten so lange hier anwesend blieben
und sich der Sache nicht andauernd widmen konnten
In Herrn Dr. Kozak fand ich dann einen emsigen und
pflichttreuen Gehilfen, aber die eigene Amtsthätigkeit
und gerade auch neuerdings wiederholte Krankheit und
andere Abhaltungen liessen denselben zu seinem wie
meinem Bedauern doch nicht zu so erfolgreicher Thätigkeit an dem literarischen Nachlass kommen, als wir
beide gehofft hatten. Die Wahrnehmung, dass das Haupt-
werk, um das es auch uns vor Allem ankam, Fortsetzung
und Schluss der Socialen Briefe, eben nur in Bruchstücken sich in dem Nachlasse vorfand und dass die
übrigen Manuscripte doch überwiegend sich als Hilfs-

materialien, Vorarbeiten, unfertige Entwürfe und Wiederholungen erwiesen, hat freilich wohl den Eifer auch
etwas erlahmen lassen.

Dies die einfache Erklärung der Verzögerung. Die
Erklärung dafür, dass ich nicht mehr als die drei veröffentlichten Bände bieten kann und dass ich auf die
Herausgabe weiterer Theile des Nachlasses, von den
beiden früher erwähnten Vorbehalten abgesehen, ver-
zichte, habe ich oben bereits gegeben.

In Betreff meiner weiteren Herausgeberthätigkeit
bin ich nun meines Erachtens Niemandem im Publicum
Rechenschaft schuldig. Auch gegenwärtig bin ich nicht
gesonnen, die hier in Betracht kommenden Herren einer
eingehenden Antwort auf ihre zahlreichen einzelnen Insinuationen und Insulten zu würdigen, und etwa dem
Matador darunter, einem Herrn Moritz Wirth in Leipzig,
auf sein Pamphlet gegen mich eine specielle Erwiderung
Punkt für Punkt zu Theil werden zu lassen. Ich habe
bisher Stillschweigen geübt, in Uebereinstimmung mit unbefangenen Fachgenossen, welche meinten, ich würde mir
durch eine besondere Antwort an diese Herren und durch
eine Vertheidigung wider ihre ebenso beleidigenden als
thörichten Anschuldigungen etwas vergeben. Alle „An-
bohrungen" in der Presse, welchen ich mich auch dieses
Schweigens willen wiederholt von Neuem ausgesetzt sah,
haben mich bisher zum Verdruss dieser Herren nicht
bewogen, aus dieser Passivität herauszutreten. Wenn
ich jetzt gerade an dieser Stelle diese Angriffe und

deren Urheber ein wenig näher charakterisire, so geschieht es nicht um meiner Selbstvertheidigung und um dieser Herren willen, sondern zur Orientirung des Publicums und speciell objectiver und nüchterner Leser dieses Buches. Ich glaube mich im Voraus nicht zu täuschen, dass insbesondere Herr Moritz Wirth nach Erscheinen dieses Bandes eine neue Lanze gegen mich stechen und eine neue Reclame-Broschüre, etwa unter dem Titel: „der erfolgte Untergang des literarischen Nachlasses von Rodbertus" in die Welt senden wird. Nun, habeat sibi. Es liegt mir an seinem und der Seinen Geschrei herzlich wenig. Auch auf die Gefahr hin, sie Alle abermals über mein übertriebenes „Selbstgefühl" lamentiren zu hören, weil ich mich auf ihre Anzapfungen nicht weiter einlasse, beschränke ich mich auf folgende Bemerkungen zur Orientirung derjenigen Leser, welche trotz alles Lärms, den die Herren in der Presse, u. A. auch in Studentenzeitungen, zu machen wussten, von diesen Angriffen wider Dr. Kozak und mich nichts erfahren haben sollten, und füge dem nur einige erläuternde und abweisende Worte zu dem Zwecke, unbefangenen und sachverständigen Lesern ein Urtheil zu ermöglichen, hinzu.

Es handelt sich hier um eine Reihe von Herren. Drei davon jüngere „Socialschriftsteller", mit welchen ich an und für sich durch die Hochachtung vor Rodbertus verbunden bin. Wenn sie es auch neuerdings fast so darstellen, als sei gerade ich bestrebt, Rodbertus' Ruhm zu schmälern (!), so kann ich mich wohl auf das Zeugniss meiner competenten Fachgenossen berufen, die mir in dieser Beziehung nicht selten das Bedenken entgegengehalten haben, ich überschätzte die socialwissenschaftliche Bedeutung von Rodbertus, aber mich übereinstimmend als denjenigen wissenschaftlichen National-ökonomen Deutschlands betrachten, der am Frühesten, am Energischsten und am Anhaltendsten Rodbertus' hohe Verdienste als die eines bahnbrechenden Denkers gerade auf dem Gebiete der höheren und feineren social-ökonomischen Theorie anerkannt und in der Wissenschaft zur Anerkennung zu bringen gesucht habe. Dieses Urtheil wird durch meine Kritik an Rodbertus' Grundlehren, welche ich, wie schon oben bemerkt, grössten-theils für irrig und mindestens für sehr einseitig halte, von Sachverständigen gewiss nicht Lügen gestraft. Es wird u. A. durch ein hier wohl unverdächtiges Zeugniss bestättigt, das des Herrn Moritz Wirth selbst, der mir in einem längeren Briefe vom 22. Juli 1881 u. A. schrieb: „Der vorzügliche Antheil, welchen Sie an dem Bekanntwerden und an der beginnenden Schätzung von Rodbertus in der wissenschaftlichen Welt haben, und die Theilnahme, welche Sie noch vor Kurzem den bescheidenen Bestrebungen der kleinen Gemeinde hiesiger (Leipziger) Rodbertus-Verehrer bewiesen," gebe ihm den Muth, sich in der und der Sache an mich zu wenden u. s. w. An einer anderen Stelle dieses Briefes werde ich nochmals als der bezeichnet, „der durch sein entschiedenes Auf-

treten bisher am Meisten für das Bekanntwerden der
Rodbertus'schen Lehren gethan habe" (weshalb ich u.
A. die Initiative zu einer Gesammtausgabe von Rodbertus
ergreifen solle). Diesem Urtheil gegenüber, dem ähnliche vor anderen Rodbertusianern zur Seite zu stellen
wären. kann ich mich wohl über die gehässigen und
thörichten neuesten Verdächtigungen dieser Herren
M. Wirth und Genossen hinwegsetzen.

Es handelt sich hier nun speciell um Herrn Dr.
Rudolf Meyer, Verfasser des „Emancipationskampfs
des 4. Stands", Herausgeber der „Briefe und socialpolitischen Aufsätze von Rodbertus" u. A. m., dann eben
Herrn Moritz Wirth, Verfasser eines ziemlich abge-
schmackten Buches unter dem Reclametitel „Bismarck,
Wagner und Rodbertus", Herrn Dr. Quarck und Herrn
Max Schippel, letzterer (in der Allgem. Zeitung, in
der Tüb. Ztschr. f. Staatswiss.), wie ich bemerke in vor-
sichtigeren und der Form nach nicht verletzenden Bemerkungen sich zur Frage äussernd.

Meine einzige Antwort, deren ich Herrn Dr. Rud.
Meyer auf alle seine zahlreichen Insinuationen und In-
vectiven in seinen neueren Schriften und Zeitungsartikeln
gegen mich hier würdige, ist: ich habe mich zur
Herausgabe des literarischen Nachlasses von
Rodbertus nicht gedrängt und Niemanden Anderes, dem die Hinterbliebenen von Rodbertus
diese Herausgabe etwa hatten übertragen wollen,
verdrängt, auch Herrn Dr. Rud. Meyer nicht.

Wenn diese Aufgabe, ohne Einflussnahme meinerseits,
dem Herrn Dr Rud. Meyer von den Nächstbetheiligten
weder von vornherein, noch auf dessen wiederholte
Wünsche und Klagen, die doch nur die Familie Rodbertus betreffen könnten, übertragen worden ist, so sind
mir zwar die hier mitwirkenden Erwägungen nicht un-
bekannt, aber ich habe keinen Anlass, mich darüber hier
auszulassen. Herr Dr. Rud. Meyer konnte sich diese
Gründe, wenn er etwas Selbsterkenntniss besässe, übrigens
leicht denken. Obwohl er in der That Jahre hindurch
Rodbertus durch persönlichen und literarischen Verkehr
und steten Briefwechsel besonders nahe gestanden hat
— viel länger und näher als ich — und so in einer
Beziehung sich gewiss zum Herausgeber besonders ge-
eignet hätte, so waren es eben offenbar andere, m. E.
zutreffende Erwägungen, welche dazu geführt haben,
gerade ihn hier auszuschliessen Ich will dabei meine
rein persönliche Ansicht nicht verhehlen, ich bedauere
überhaupt, dass Rodbertus in Folge seiner Isolirung auf
seinem Gute gerade mit Herrn Dr. Rud Meyer in so
andauernde, nahe, zwar öfters gestörte, aber wieder auf-
genommene persönliche Beziehungen gerathen ist. Auch
auf Rodbertus hat dies nicht günstig eingewirkt, indem
er durch Herrn Dr. Rud. Meyer vielfach falsch, meistens
schief und einseitig über Personen und Dinge in Berlin
unterrichtet wurde und nicht immer Gelegenheit fand,
diese Meyer'schen Berichte und Urtheile zu berichtigen.
Wie nothwendig dies war, hatte ich selbst einmal nicht

lange vor Rodbertus' Tode die Möglichkeit in einem sehr
charakteristischen Beispiel mich zu überzeugen, wo Rodbertus' Urtheil durch Herrn Rud. Meyer getrübt war. Erst
das unqualificirbare Auftreten des Herrn Dr. Meyer auf dem
Eisenacher Congress im Herbst 1875 scheint Rodbertus,
auch nach einem Briefe an mich zu schliessen, über die
Persönlichkeit des Herrn Dr. Meyer als eines nicht geeigneten Vertreters der Rodbertus'schen Bestrebungen
die Augen endgiltig geöffnet zu haben, leider als es zu
spät war, ganz kurz vor seinem Tode. Die Tactlosig-
keiten, welche Herr Rud. Meyer darauf später in der
wörtlichen Herausgabe vielfach ganz vertraulicher Briefe
von Rodbertus beging, von seinen meist unnöthigen,
albernen und nur der Befriedigung seiner persönlichen
Rancüne dienenden Glossen dazu ganz abgesehen, haben
dann wohl die Ausschliessung des Herrn Meyer von der
Herausgabe des sonstigen Nachlasses noch nachträglich
besonders gerechtfertigt erscheinen lassen. Es hat wohl
seinen guten Grund, dass Herr Dr. Meyer durchaus
wieder in den Besitz seiner, noch zahlreich vorhandenen
Briefe an Rodbertus kommen möchte und sich hoch und
theuer verwahrt und mit Processen droht, wenn diese
Briefe ganz oder theilweise ohne seinen Willen sollten
veröffentlicht werden. Ich glaube Herrn Dr. Meyer die
Versicherung geben zu können, dass Niemand an eine
solche Veröffentlichung denkt, deren diese Briefe auch
kaum werth wären. Nach der Einsicht, die ich theilweise davon nehmen konnte, würden sie allerdings den

Beweis für mein obiges Urtheil liefern, dass Rodbertus in den Briefen des ebenso eingebildeten. renommirenden, wie zu jedem unbefangenen Urtheil über ihm seiner Meinung nach gegnerische Personen und Ansichten unfähigen Dr. R. Meyer leider eine vielfach trübe Informationsquelle in Berlin besessen hat Die Angst des Herrn Meyer, seine Briefe bekannt werden zu sehen, ist mir daher durchaus verständlich. Aber, wie gesagt, meines Wissens kann er ganz ruhig sein.

Die „Autorität" des Herrn Meyer, zum Beweis dessen, was von Rodbertus' Arbeiten, insbesondere von den Socialen Briefen, geschrieben, fertig und sogar „druckfertig" war. ist nun auch wiederholt und speciell in der unten genannten Schrift des Hrn. Moritz Wirth gegen mich ausgespielt worden. Meine persönliche Kenntniss des Herrn Meyer und seiner „Arbeitsweise" ist mir zwar genügend, um auf ein solches Urtheil oder irgend welche bezügliche Aeusserungen nicht eben sonderlichen Werth zu legen, da ich seine völlige Flüchtigkeit ausreichend kenne und es sich hier gar um die Bestättigung von Thatsachen handelt, welche beinahe zehn Jahre zurückliegen. Indessen hat sich Herr Dr. Rud. Meyer hier sogar wider seine Gewohnheit einmal etwas vorsichtiger geäussert. Sein Brief aus 1884 an Herrn M. Wirth (in dessen Pamphlet S. 34) bestättigt nicht einmal das, was nach einer unzutreffenden Behauptung des Hrn. Wirth (S. 33) dadurch unzweifelhaft bestättigt würde: dass nämlich Rodbertus „Capital" wirklich fertig im

Sommer 1875 gewesen sei. Hr. Meyer gesteht einmal
selbst, er habe das betreffende Manuscript nur durchblättert, aber nicht ganz gelesen, — was mir von ihm
im Voraus sicher war. Derselbe Herr, — der meinen
ihm gemachten Vorschlag, er solle statt seines „Arbeitens"
mit der Papierscheere, wie grossentheils im „Emancipationskampf" einmal eine streng wissenschaftliche Arbeit
z. B. über die Ricardo'sche Grundrentenlehre u. dgl. m.,
machen, für Ernst, statt, wie er ihm gegenüber natürlich
gemeint war, für Ironie hielt, — wäre auch ein sehr
wenig competenter Zeuge über den Inhalt jenes von
ihm „durchblätterten" Manuscripts. Dass das in B. II
veröffentlichte „Capital" nicht annähernd jenes Material
erschöpfe, das er, Meyer, damals durchblättert, glaube
ich gern. Denn es waren eben neben den „druck-
fertigen" Particeen (auch solche für Band III) sicher damals
dieselben „riesigen Manuscript-Convolute" dabei von Herrn
Meyer erblickt worden, welche auch wir später gefunden
haben. Diese bezogen sich aber grösstentheils auf Vorarbeiten, Entwürfe und Anderes mehr. Herr Meyer hat
daher auch Recht, wenn er sich vorsichtig dahin äussert,
das Rodbertus'sche „Capital" müsse an Umfang dem
Marx'schen Capital (B. I) wohl gleichkommen, „wenn
er anders das Manuscript richtig calculirte." Das Letztere
hat er eben nicht gethan.[5]

---

[5] Herr Dr. Rud. Meyer hat sich bemüssigt gesehen, in seinen
neueren Schriften vielfache Ausfälle gegen meine Person und meine
wissenschaftlichen Leistungen zu machen. Darauf zu antworten

Herr Moritz Wirth ist nach dem Erscheinen des
Rodbertus'schen „Capital" mit einer geharnischten

ist hier nicht der Platz, und es anderswo zu thun, ist mir nicht
der Mühe werth. Herr Dr. Meyer ist nach seiner nationalökonomischen Fachbildung zu einem Urtheil über andere Fachmänner
nicht eben befähigt, nach seinem Charakter dazu völlig unfähig.
Nur soweit es gerade mit meiner Uebernahme der Herausgabe
von Rodbertus zusammenhängt, bemerke ich zur Charakteristik
dieser Art Gegner Folgendes. Die ganze Rancüne des Hrn. Meyer
gegen mich ist aus zwei Umständen hervorgegangen, einmal weil
ich, nicht er, diese Herausgabe in die Hände nahm — darüber
habe ich mich bereits geäussert —, sodann weil ich mich seit Rodbertus' Tode auch äusserlich mehr und mehr von Herrn Meyer
zurückgezogen habe, indem von da an die Rücksichten auf Rodbertus fortgefallen waren. Ich bin im Beginn der siebziger Jahre
auf den landwirthschaftlichen Congressen mit Herrn Meyer bekannt
geworden. Unsere Beziehungen zu und unser Interesse für Rodbertus, sowie die Verfolgung mancher gemeinsamer Ziele in der
practischen Socialpolitik führten damals zu einem zwar nicht eben
häufigen und nahen, aber doch mehrmaligen Verkehr zwischen
uns. So sehr mich die Persönlichkeit von vornherein innerlich
abstiess, habe ich doch Herrn Meyer's Kenntniss der Arbeiterbe-
wegung und ihrer Presse gewürdigt, darüber Manches von ihm
gelernt, und daher den ersten Band seines „Emancipationskampfes"
meiner noch heute bestehenden Ueberzeugung nach mit Recht
einmal günstig recensirt, im Uebrigen den Verkehr gerade um
Rodbertus' willen nicht ganz abgebrochen. Ein zweitägiges Zu-
sammensein mit Herrn Meyer in Jagetzow im Sommer 1875 diente
indessen dazu, mir die allmälige Lösung unserer ohnehin nur
lockeren Beziehungen aus Gründen und nach Wahrnehmungen,
die ich hier nicht mitzutheilen brauche, noch wünschenswerther
als bisher zu machen. Eine Aufforderung, einen Antrag Meyer's
im Herbst 1875 auf dem Eisenacher Congress zu unterzeichnen,
lehnte ich denn auch ab, um so mehr, als ich mich damals weit
entfernt auf Reisen (in Rom) befand und keine Lust hatte, mich
ohne Weiteres durch Herrn Meyer vertreten zu lassen. Herr Meyer
war mittlerweile eine Zeitlang voll selbst für ihn ungewöhnlicher

Polemik gegen Herrn Dr. Kozak und mich hervorgerückt,
welche den Titel führt: „Der drohende Untergang

–

Aufgeblasenheit und Eingebildetheit geworden, seine Bekannten
amüsirten sich über ihn, sahen ihn aber auch immer mehr als
eine etwas komische Figur an, weil er in der Regel so that, als
ob er mindestens ein paar Portefeuilles in der Tasche habe. Als
sich seine Hoffnungen leider nicht erfüllten, wenigstens eines davon
für sich heraus zu nehmen, ging er bekanntlich ins anti-bismarck'sche
Lager über, stand in Verbindung mit Herrn Gehlsen von der Reichs-
glocke und beging, so pfiffig und weltklug er sonst in manchen
Dingen war, — ich will es von seinem Standpunkte aus nur
nennen: die Thorheit, — die richtige Bezeichnung wäre noch
eine andere — nicht nur allen möglichen Klatsch über den Reichs-
kanzler in gewissen, diesem persöulich feindlichen Kreisen anzuhören
und mündlich weiter zu verbreiten, sondern auch in die Presse zu
lanciren. Es kam zu den bekannten Processen, wo natürlich Niemand
etwas von jenem Klatsch gehört haben wollte, sich nichts davon
aufrecht erhalten liess und — Herr Rud. Meyer zu einigen Monaten
Haft (oder Gefängniss? ich weiss nicht mehr genau) verdientester
Massen verurtheilt wurde. Herr Meyer, dem die Verbüssung dieser
leichten Strafe vielleicht auch einmal Musse zu ordentlichem Arbeiten,
anders als in seiner saloppen Weise, gegeben hätte, entzog sich,
irre ich nicht unter Preisgebung einer Caution, durch die —
Flucht dieser Strafe und spielt sich nun seitdem als „Flüchtling" und „Märtyrer" des „verbismarckten Deutschland" auf,
renommirt mit dem vielseitigsten Verkehr, bald mit Carl Marx, bald
mit ungarischen Aristokraten, bald mit Cardinälen, ergeht sich
in Verunglimpfungen zahlreicher ehrenwerther Männer, deren Jeder
ihm an Charakter und Viele an Talent und Leistungen weit über-
legen sind und prophezeit Deutschland das düsterste Schicksal,
Coalitionen der halben oder ganzen Welt gegen dasselbe u. dgl. m.
Ein neuer Coriolan? Warum? Weil es einem politischen Stümper,
wie Bismarck in Herrn Meyer's Augen einer ist, folgt und nicht
einem Rudolf Meyer, den es sogar ins Exil getrieben hat. Und
diese doch nicht mehr ernst — oder anderseits sehr ernst! — zu
nehmende Persönlichkeit dient diesem Herrn Moritz Wirth, dem
Verfasser von „Bismarck, Wagner und Rodbertus", und seinen Ge-

des Nachlasses von Rodbertus-Jagetzow. Zur
Beleuchtung der Herausgeberthätigkeit der Herren Prof.

—

nossen zum Gewährsmann, der ihnen „die Ehre einer brieflichen
Zusendung erweist"! Und diese selbe Persönlichkeit solch aus-
nehmend kläglichen Benehmens, wie in den und nach den genannten Processen, eine Persönlichkeit, mit der ich Jahre lang,
als sie noch in Berlin weilte, schon so gut wie jeden Verkehr abgebrochen, hat die Dreistigkeit, mich bei jeder Gelegenheit neuerdings mit Schmutz zu bewerfen, weil ich — eben nichts von ihr
wissen will. So gleichgiltig diese seine Urtheile mir sind — dass
sie von fortschrittlichen Organen in den letzten Jahren politischer
Kämpfe gegen mich nachgedruckt wurden, ist eine ehrenvolle Aus-
zeichnung, die ich Herrn Dr. Rud. Meyer gönne — so sei wenigstens
zur Charakteristik dieses Herrn erwähnt, dass sie in schneidendem
Widerspruch zu Briefen Herrn Meyer's an mich, zu mehrfachen
Aeusserungen in seinen früheren Schriften, u. A. der 1. Auflage
seines „Emancipationskampfes" stehen und, damit der Herr sich,
wie ich ihm zutraue, etwa nicht darauf beruft, das seien eben
Heucheleien und Schmeicheleien von ihm gewesen, um mich zu
kirren, auch in Widerspruch mit seinen eigenen Briefen
an Rodbertus. Einer derselben, aus dem Herbst 1875, weiss
z. B. Rodbertus gegenüber über meine volkswirthschaftliche
„Grundlegung" nicht sich anerkennend, ja bewundernd genug zu
äussern. Jetzt glaubt dagegen der Herr mir einen besonderen
Possen zu spielen, dass er eine Kritik von Rodbertus über dies
Buch in einem Briefe an Meyer mit den höhnischen Worten „wie
Herrn Ad. Wagner diese Kritik gefallen wird, weiss ich nicht" in
seinem saloppen Werke der „Rodbertusbriefe" abdruckt (II. 412).
Ich habe ihm darauf schon an anderer Stelle erwidert: recht gut.
Einen Rodbertus'schen Brief ganz ähnlichen Inhalts zur Kritik
meines Buches habe ich selbst schon lange vor Herrn Meyer ver-
öffentlicht, also doch gewiss diese Kritik, die mir ebenso er-
wünscht als ehrenvoll war, nie vor Niemandem verbergen wollen.
(Tüb. Ztschr. f. Staatswiss. B. 34 (1878) S. 220 fl.). Dieser selbe
Herr Dr. Rud. Meyer erlaubt sich in seinen ihn verfolgenden
Wahnvorstellungen in dem gen. Buche (I. 41. Note 4) auch noch
die Insinuation: seit er, Meyer, ein Flüchtling geworden, unter-

Ad. Wagner und Dr. Th. Kozak. Von Moritz Wirth,
Verf. von Bismarck, Wagner und Rodbertus." Leipzig,
Verlag v. G. Fock, 1884, in Octav, 76 Seiten, wovon die
letzten Seiten einige Reclamen mit Pressurtheilen über die
Schrift „Bismarck etc." bringen, so dass denn auch eine
zweite (Titel-) Ausgabe dieser bedeutungsvollen Schrift
nothwendig geworden sein soll. Der „drohende Untergang", für den „alle Rechte vorbehalten" sind, also wohl

---

drückte ich bei der Herausgabe der Schriften von Rodbertus
seinen Namen, wo ich irgend könne. (?) lasse aber Rodbertus-
sche Artikel aus der Berl. Revue nachdrucken, obschon er mir
dafür jeden Augenblick einen Nachdrucksprocess machen könne;
es genüge ihm jedoch, diesen „Freund" hier festgenagelt zu haben.
Wo sich eine Nothwendigkeit oder auch nur Gelegenheit fand,
Herrn Meyer's Namen zu erwähnen, ist das nach wie vor in den
Bänden der Rodbertus'schen Schriften wie in meinen eigenen
Schriften geschehen. Der in der obscuren Berliner Revue ver-
grabene und auch in einer älteren Separatausgabe wenig verbreitete Aufsatz von Rodbertus über den Normalarbeitstag ist von
mir nach ausdrücklicher Besprechung mit den Rodbertus'schen
Hinterbliebenen allerdings in der Tüb. Zeitschr. für Staatswissenschaft (1878. S. 324) wieder abgedruckt und das Honorar dafür an die
Familie Rodbertus abgeführt worden, im Interesse der Verbreitung
dieses Aufsatzes, was Herrn Meyer, wenn es ihm irgend auf die
Sache ankäme, nur lieb sein müsste. Das Drohen mit einem
„Nachdrucksprocesse" beweist mir wieder, dass Herr Dr. Meyer
von den betreffenden Rechtssätzen nicht unterrichtet ist. Wenn
er mich aber durch das Anführungszeichen bei „Freund" gewisser-
maassen der Untreue gegen einen Freund beschuldigt, so weiss
ich nicht, was ihn dazu berechtigt, mich jemals in einem auch
nur ein wenig ernsten Sinne als seinen „Freund" angesehen zu
haben — ich war weder je sein Freund noch sein Feind, sondern
nie mehr als ein Bekannter —, jedenfalls habe ich ihm niemals
Anlass gegeben, mich für seinen „Freund" zu halten, noch jemals

das Recht der Uebersetzung „in alle Cultursprachen", verurtheilt meine Wenigkeit schon in dem Jean Paul'schen Motto auf dem Titelblatt: „Wen die Sonnennähe eines grossen Mannes nicht in Flammen und ausser sich bringt, der ist nichts werth."

Trotz des gleich zu beleuchtenden Charakters dieser Schrift bin ich unbefangen und ruhig genug, zweierlei gern anzuerkennen. Die Schrift des Herrn Wirth ist

---

ihm im Ernst die Ehre erzeigt, ihn so zu nennen. Irgend Ursache aber, sich über mein Verhalten oder Benehmen gegen ihn zu beschwerden, habe ich ihm auch bisher niemals gegeben. Wenn ich mich jetzt einmal so öffentlich über diesen Herrn äussere, der mit seinen Lamentationen immer wieder lächerlicher Weise von seinem „Martyrium" reden machen will, so hat es sich der Herr selbst zuzuschreiben. Er sieht, dass ich eine offene Sprache gegen ihn nicht im Mindesten zu scheuen Anlass habe oder scheue. Seinen Wunsch, seinen Namen in den Rodbertus-Publicationen nicht zu unterdrücken, habe ich hiermit erfüllt, nicht meinet-, auch nicht seinetwegen, sondern zur Aufklärung des Publicums. Seine vielen weiteren Ausfälle gegen mich übergehe ich mit stillschweigender Verachtung. Sie sind alle nicht besser begründet, als der, dass ich „jedesmal vor Bismarck knixe" (Briefe I. 42), was Herr Meyer einmal wieder mit der ihm eigenen Unverfrorenheit zur Freude meiner fortschrittlichen Gegner sagt, die ihn jedesmal auszeichnet, wenn er zur Stillung seines Ingrimms sich über Dinge und Personen ohne jedes eigene Wissen oder wider besseres Wissen boshaft und hämisch äussert. Meine offenkundige politische Thätigkeit zeigte und zeigt, wo und wie-weit — Gottlob in Vielem ich mit Bismarck gehe, aber auch in wie Vielem ich — leider! — nicht „vor Bismarck knixen kann". Freilich, auch bei abweichenden Meinungen: lieber vor Bismarck knixen, als vor dessen „Rivalen", Herrn Rudolf Meyer. Und das werden ausser mir doch noch einige andere Leute begreifen, vielleicht in einem heilen Moment auch noch einmal Herr Meyer selbst.

das Zeugniss eines redlichen begeisterten Anhängers von
Rodbertus, dem nur leider, gleich einigen anderen
jüngeren Männern, die Ideen von Rodbertus zu sehr zu
Kopf gestiegen sind und dem jede Fähigkeit zur Kritik,
gerade auch seinem Herrn und Meister gegenüber, dadurch aber die erste Bedingung zu eigenem objectiven
Urtheil verloren gegangen ist. Die Schrift des Herrn
Wirth hat das fernere Verdienst, eine Reihe von Conjecturen über den Plan der Rodbertus'schen Socialen
Briefe aufgestellt zu haben, die, auch wenn man dem
Verfasser nicht überall beistimmt, doch beachtenswerth
sind. Wie weit oder wenig weit diese Conjecturen z. B.
hinsichtlich der Annahme, der „Fünfte Sociale Brief"
sei -= „Beleuchtung II" richtig sind, ergiebt sich aus
diesem Bande. Die intensive Beschäftigung des Herrn
M. Wirth mit Rodbertus' Schriften und die Vertiefung
in dessen Gedanken gehen aus diesen und anderen
Theilen seiner Schrift gewiss hervor. Gern erkenne ich
das an, und wenn Herr M Wirth mir das nicht durch
seine Schrift gerade unmöglich gemacht hätte, würde
ich mich auch auf eine sachliche Auseinandersetzung
über Rodbertus' Programm zu den weiteren „Socialen
Briefen" mit ihm wohl einlassen.

Leider aber muss ich auf die erwähnten Punkte
meine Anerkennung beschränken und im Uebrigen die
Schrift des Herrn M. Wirth als ein gewöhnliches
Pamphlet bezeichnen, das in ebenso leichtfertiger als
ungerechter und verletzender Weise und mit einer wahr-

haft colossalen persönlichen Wichtigthuerei des Herrn
Wirth sowohl Herrn Dr. Kozak als mich möglichst ver-
unglimpft. Warum? Dem Vorwand nach, weil wir
Fehler und Nachlässigkeiten bei der Herausgabe des
Nachlasses, speciell des Bandes II, auch in den Ein-
leitungen dazu begangen, über den Zustand des Nachlasses und besonders der Manuscripte zu den „Socialen
Briefen" nicht genügende und nicht richtige Mittheilungen
gemacht und uns nicht hinlängliche Mühe zur Beschaffung
des zunächst Fehlenden, „sicher aber Vorhandenen" gegeben. Der Sache nach aus mir ganz begreiflicher
und verzeihlicher Enttäuschung über den Band II (das
„Capital"), was uns, Herrn Dr. Kozak und mich entgelten
zu lassen, nur ebenso ungerecht als thöricht war, dann
aber, wie ich Herrn M. Wirth und seinen Genossen auf
den Kopf zusage. weil sie sich darüber ärgerten, dass
ich als Bearbeiter Herrn Dr. Kozak und nicht sie, die
zu diesem Behuf mir unzweideutige Eröffnungen hatten
machen lassen, hinzu gezogen habe. Hierzu hatte ich
um so weniger Veranlassung. da Hr. M. Wirth (wie auch
Hr. Dr. Quarck), mir persönlich gar nicht, auch bis
zu ihren Briefen an mich nicht dem Namen nach, und
Hr. M. Schippel auch nur ganz flüchtig persönlich bekannt waren, während mir Hr. Dr. Kozak, ohne mein
eigentlicher Schüler im engeren Sinne des Wortes zu
sein, — er hat im Sommer 1878 bei mir gehört, wo er
im Wesentlichen sein Studium bereits beendet hatte —
persönlich gut und als genauer Kenner von Rodbertus

d

bekannt war und sich mir dadurch als der geeignetste
Gehilfe darbot. Auch andere Fachcollegen, die ihn
kannten, beurtheilten ihn ebenso. Hätte ich aber etwa
statt seiner an Herrn M. Wirth gedacht, dessen Eifer
für Rodbertus mich zunächst nur günstig für ihn stimmte,
so würden mich gelegentliche Mittheilungen über ihn und
sein Wesen, die mir aus Leipzig zukamen, doch be-
denklich gemacht haben. Blosser Eifer und Verehrungs-
sinn, gepaart mit Ueberspanntheit und völliger Kritik-
losigkeit dem bewunderten Object, hier Rodbertus, gegenüber, bot mir nicht die Garantie, die ich in Herrn
Dr. Kozak fand. Und die Schriften des Herrn M. Wirth
haben mir das nur bestättigt. Einen schlechteren Dienst
kann man meines Erachtens der Wissenschaft und dem
mit Recht hochangesehenen Namen von Rodbertus nicht
leisten, als wenn man so blind kritiklos und panegyrisch
übertreibt, wie es Hr. M. Wirth, Hr. Dr. Quarck gethan
haben, z. B. Ersterer in der Nebeneinanderstellung von
Rodbertus und — Goethe*), in der Wichtigthuerei mit
kleinen Formalien (wie Hr. Dr. Quarck in neueren Arbeiten und „Ausgaben" Rodbertus'scher Aufsätze) unter
dem Namen der Pietät und „philologischer Akribie".
Ich bedauere diese Ueberschwänglichkeiten, weil sie bei
nüchternen und urtheilsfähigen Anhängern von Rod-

---

*) Oder war dieser der Kleinere?! Herr M. Wirth sagt wenigstens,
man könne aus diesem Jahrhundert vielleicht nur — also nicht
einmal gewiss! — Goethe Rodbertus an die Seite stellen, S. 50
s. Schrift.

bertus sogar, vollends bei den „mehr Neutralen“, geschweige bei Gegnern einen Rückschlag hervorrufen und statt steigender Anerkennung der Bedeutung von Rodbertus eher das Gegentheil bewirken. Das ist mir gar nicht selten neuerdings unter Fachgenossen unter Hinweis auf diese Herren Wirth, Quarck u. s. w. entgegengetreten. Meinte doch noch jüngst einer der geistvollsten deutschen Nationalökonomen mir gegenüber in Bezug auf eine der neuen „Editionen“ des Herrn Dr. Quarck und auf den ominösen Namen des letzteren: hier liege wohl eine Persiflage der von mir ursprünglich ausgehenden und „verschuldeten“ „Rodbertusmanie“ von einem witzigen pseudonymen Spassvogel vor, ernst könne dergleichen doch kaum gemeint sein.

Leider ist mein von Herrn M. Wirth so beklagtes „Selbstbewusstsein“ — er beruft sich dabei gleichzeitig auf einen Zeitungsartikel, der dasselbe an mir rüge — auch jetzt noch, ja gerade nach seinem Pamphlet noch so gross, dass ich es verschmähe, auf seine einzelnen Insinuationen einzugehen und ihm Punkt für Punkt Rede zu stehen. Ich fühle dazu weder Bedürfniss noch Verpflichtung. Was mir und zugleich auch Dr. Kozak hier vorgeworfen wird, beruht auf ganz willkürlichen Conjecturen und Constructionen, auf Wortklaubereien in Bezug auf meine Kozak's und Rodbertus' eigene Aeusserungen, letzterem gegenüber namentlich auch auf einer zu wörtlichen Auslegung mancher Aeusserungen, welche Rodbertus über seine Arbeiten, seine Arbeitspläne und über das

„Fertigsein" oder „Druckfertigsein" von Arbeiten gemacht hat, von denen eben nur erst Theile fertig waren, und selbst diese „Theile" „fertig" nicht einmal immer im strengsten Sinne des Wortes. Rasch hingeworfene briefliche Bemerkungen von Rodbertus, wo das Futurum mitunter statt des Präsens oder gar des Perfectum gebraucht sein sollte, — z. B. wenn er sagt: „ich arbeite jetzt" oder „ich habe gearbeitet", was genauer ausgedrückt heissen müsste: „ich denke jetzt mich damit zu beschäftigen" oder „ich beabsichtige jetzt, das und das zu thun", oder „ich denke jetzt daran zu gehen", wo aber dann gerade bei Rodbertus und vollends in seinen letzten Jahren so oft Störungen hindernd dazwischen traten, — solche nicht unwahren, aber unpräcisen Ausdrucksweisen, von denen Rodbertus wohl selbst nicht dachte, sie würden einst von einem mit „philologischer Akribie" ausgerüsteten Verehrer absolut wörtlich genommen werden, sie sind es, an welche sich Herr M. Wirth hängt und aus welchen er nun glaubt, seine Waffen gegen uns, Kozak und mich, entnehmen zu können.

Indem ich alle speciellen Sottisen gegen mich hiermit übergehe, mit der Bemerkung, dass sie mich Dank meinem leidigen „Selbstbewusstsein" und — meinem guten Gewissen in der Sache ganz kalt lassen, aber ebenso gehässig und hämisch, als unrichtig, ungerecht und oft wirklich recht albern sind, halte ich es nur noch für meine Pflicht, mit ein paar Worten die besonders gehässigen Angriffe gegen Herrn Dr. Kozak abzuwehren.

Dieser Herr bekommt Vorwürfe dafür, dass er nicht
alle Fragen wegen des Nachlasses, die Herr M. Wirth
etwa beantwortet zu sehen gewünscht hatte, in seiner
Einleitung zu Bd. II beantwortet hat. Dazu lag gar
kein Grund vor. Dass das Veröffentlichte, so in Bd. II.
nur einen Theil der hier zu erörternden Probleme erledige,
war klar. Sich darüber noch in lange Erörterungen der
„Gründe", warum Weiteres fehle, auszulassen, erschien
als hors d'oeuvre. Die Thatsache des Fehlens sprach
für sich selber und bewies mehr als entgegengesetzte
Aeusserungen, auch von Rodbertus selbst. Sie zu erklären und mit diesen Aeusserungen in Einklang zu
bringen, konnte einem Jeden überlassen werden. Ich
habe oben darüber auch nur Vermuthungen äussern können.
Wiederum werden dann nur durch Wortklaubereien
dem Herrn Dr. Kozak hier Unklarheiten und Widersprüche — auch mit mir — imputirt, die Herr M. Wirth
mit sehr überflüssigem Scharfsinn und einiger Sophistik
hinein-interpretirt, nicht richtig daraus ableitet.
Wegen einer Reihe Druckfehler, grossentheils völlig uner-
heblicher oder leicht sofort vom Leser zu corrigirender,
selbst nur Buchstaben-Versetzungen, darunter „Fehler"
zweifelhafter Art, die auf das Manuscript zurückzu-
führen sind, wird der Kozak'schen Ausgabe des „Capital"
nur „Maculaturwerth" beigelegt (S. 34 ff.), eine
„selbstbewusste" Wichtigthuerei und Anmaassung, die
auch Herr Dr. Quarck begeht. Die gewiss bedauer-
lichen Druckfehler waren die Folge einer besonderen

Beschleunigung des Drucks, welche aus Gründen, mit
denen Herr Dr. Kozak absolut nichts zu thun hatte,
damals stattfand. Es ist nur die Renommisterei der
Herren Wirth und Quarck mit „philologischer Akribie"
und Accuratesse, die hier zu diesen Ueberhebungen
gegenüber Kozak führt. Dabei ist dem Herrn Wirth
ein Druckfehler, den Kozak jetzt in seinem Vorwort
selbst berichtigt, nicht einmal speciell als solcher auf-
gefallen. Er fragt Kozak nur, was er sich unter den
betreffenden Sätzen gedacht. Auch für einen Leser von
geringerer philologischer Schärfe als Herr Wirth war
es sehr leicht, den Druckfehler zu erkennen und richtig
zu verbessern („Capital" S. 101, letzter Absatz). Neben-
bei bemerkt ist auch die neue Insinuation gegen mich,
ich hätte die Bogen des Bd. II nicht einmal vor der
Publication gelesen, unrichtig, ich habe Kozak selbst auf
einige Fehler aufmerksam gemacht.[10])

Jeder, der Herrn Dr. Kozak kennt, weiss, dass der-

---

[10]) Zur Charakteristik dieser Herren, welche sich mit philologischer Akribie und Zuverlässigkeit ersten Grades brüsten, mag
hier noch ein kleiner Beitrag stehen. Herr Wirth schreibt S. 39:
„Herr Prof. Wagner kannte, um mich nach seinen eigenen Worten
auszudrücken (Tüb. Zeitschr. 1878 S. 200) ,als wissenschaftlicher
Nationalökonom natürlich dem Titel und dem ungefähren Haupt-
inhalte nach einige von Rodbertus' Hauptschriften . . . . . . " Jeder
Leser wird nach diesem Citate glauben müssen, ich sagte dies
hier von mir selbst und bekennte mich damit, wie Herr Wirth,
weiter — zwar nicht nachweisen kann, aber behauptet — zu einer
nur flüchtigen Notiznahme von Rodbertus. Der Zusammenhang
der Stelle zeigt, dass ich hier bedauernd von der geringen Verbreitung der Kenntniss Rodbertus'scher Schriften bei Andern rede.

selbe ein sorgfältiger, sehr bescheidener und schlichter
Gelehrter ist, der eher zur Pedanterie, als zur leichten
Auffassung seiner Aufgaben und Pflichten neigt. Es ist
ihm gegenüber ein förmlich frivoler Vorwurf, ihm Nachlässigkeiten in Bezug auf die Aufbewahrung u. s. w. des
Nachlasses zuzutrauen. Mit wahrhaft penibler Sorgfalt
ist jedes Papierfetzchen verwahrt, sortirt, sind Verzeich-
nisse des Inhalts angelegt. Was in unsere Hände gekommen. ist vorhanden und kann jeden Augenblick an
die Eigenthümerin zurückgestellt werden. Aber dem
Publicum mehr zu geben, als wir erhielten, das vermögen wir allerdings nicht. Jeden Kasten und jeden
Schrank uns öffnen zu lassen, dazu hatten wir kein
Recht und auch nicht Tactlosigkeit genug, die uns Herr
Wirth wie eine Pflicht vorschreibt. Dass erst nach und
nach die Papiere in Jagetzow selbst durchgesehen wurden
und in meine Hände kamen, daran lag nicht die Schuld an
mir oder meinen beiden Mitherausgebern, sondern in
Verhältnissen in Jagetzow, denen gegenüber wir uns zu

Ich sage: „Ungleich auffallender (als die geringe Popularität des
Rodbertus'schen Namens) ist mir die verhältnissmässig doch noch
geringe Beachtung und Würdigung, welche Rodbertus in den Kreisen
der Fachwissenschaft gefunden hat. Natürlich kennt in Deutschland jeder wissenschaftliche Nationalökonom seinen Namen und
wenigstens dem Titel . . . . u. s. w. (wie in jenem Satz, den Herr
M. Wirth citirt) Ich entwickle darauf näher, wie gerade die grossen
principiellen und geschichts-philosophischen Gesichtspunkte von
Rodbertus wenig Beachtung gefunden. Nicht bloss unter Philologen
vom Fach. sondern unter allen ehrlichen und verständigen Leuten
pflegt man eine solche Citirweise, wie die des Herrn Wirth. eine
Täuschung der Leser -- um nicht mehr zu sagen — zu nennen.

bescheiden hatten. Wenn auch noch jetzt Manuscripte
dort sein sollten, welche uns noch nicht zu Gesicht gekommen sind, so weiss ich den Grund dafür nicht an-
zugeben, muss aber jede Schuld unsererseits dafür zurück-
weisen. Zu „öffentlichen Aufrufen" nach verlegten, ver-
liehenen, anderswo hinterlegten Papieren fehlte mir
wieder Anlass, Ermächtigung und Lust. Hr. M. Wirth
hat ja in dieser Beziehung das Seinige gethan. Mit
welchem Erfolg, weiss ich nicht. Auf alles je von Rodbertus Geschriebene meine Herausgeberthätigkeit auszudehnen, lag und liegt mir um so ferner, da ich, wie
oben bemerkt, meine Thätigkeit überhaupt auf gewisse
Partieen des Nachlasses zu beschränken wünschte.
Jedenfalls wird das ein Jeder in meiner Lage halten
können, wie er will, ohne sich darüber in brüsker, hoch-
fahrender und schulmeisterlicher Form von jedem Be-
liebigen, der es anders gehalten haben möchte, den Text
lesen lassen zu müssen.

Was bleibt demnach von den 66 enge Druckseiten
langen Tiraden des Herrn Wirth an begründeten Vor-
würfen und Klagen bestehen? Dass, wie ich nicht ge-
leugnet habe, meine Zeit zu besetzt war, um in den
letzten Jahren mich selbst mehr mit der Durchsicht und
Herausgabe zu beschäftigen und — dass von den Socialen
Briefen und Verwandtem („Zur Beleuchtung II") nur
Bruchstücke veröffentlicht wurden Warum Letzteres?
Weil wir nicht mehr gehabt haben.

Die unsicheren Conjecturen über die Gründe des

Fehlenden, die Muthmassungen, wie die Aeusserungen von Rodbertus damit in Einklang zu bringen seien und alles dergleichen mehr, womit Hr. M. Wirth in seinem Pamphlet seine Leser und das Sensations- und Scandalbedürfniss gewisser Leute regalirt, haben Dr. Kozak und ich mit gutem Grunde unterlassen. Jedenfalls ist es eine Anmassung, uns deshalb zur Rede zu stellen.

Soviel an die Adresse des Herrn M. Wirth, dessen wahrscheinlichen weiteren Schmähschriften in dieser Angelegenheit ich mit völliger Gleichgiltigkeit entgegensehe, wiederum Dank meinem leidigen „Selbstbewusstsein" und auch wiederum — Dank meinem guten Gewissen.

Herrn Dr. Quark kann ich schneller abfertigen.[1]) Er macht ziemlich ähnliche Insinuationen wie Herr Wirth. Mein specielles Verbrechen ihm gegenüber, das er bei jeder Gelegenheit von Neuem hervorhebt, ist aber, dass ich einmal vor einigen Jahren einen Brief von ihm in Rodbertus'schen Sachen unbeantwortet gelassen habe. Das ist wahr und war gewiss nicht recht, jedenfalls nicht höflich. Ich kann auch nur für mildernde Umstände plaidiren. Ich erhielt den Brief in sehr besetzter Zeit, kam nicht gleich zur Beantwortung und später bei angehäuften Briefschulden und noch gesteigerten Ansprüchen an meine Zeit noch weniger. Das ist mir leider in den letzten Jahren öfters so gegangen, auch in wichtigeren Fällen und mit wichtigeren Personen als

---

[1]) S. u. A. seinen Aufsatz: das Problem des Nachlasses von Rodbertus in der Monatsschr. f. christl. Socialreform. 1884.

Hr. Dr. Quark. Und es geht anderen viel beschäftigten Männern auch wohl öfters so. Ich habe mich übrigens sogar einmal durch einen damals viel in meinem Hause verkehrenden jungen Landsmann des Dr. Quarck bei ihm entschuldigen und ihm, soviel ich mich erinnere, mündlich die gewünschte Antwort sagen lassen. Ist dies mein Verhalten dem Herrn Dr. Quark gegenüber Grund und Entschuldigung zu seinen Insinuationen gegen mich?!

Viel besonnener und vorsichtiger äussert sich Herr M. Schippel, von dem der allein werthvolle Theil in der Wirth'schen Schrift „Bismarck u. s. w." herrührt. So in dem Artikel „der literarische Nachlass von Rodbertus" in der Allgem. Zeitung (Beil. v. 27. Nov. 1884) und in einer Recension von Rodbertus' „Capital" in der Tüb. Zeitschr. 1885, S. 462. Auch hier wird der Widerspruch zwischen Rodbertus' Aeusserungen und dem, was sein „Capital" enthält, constatirt und Aufschluss verlangt, aber es unterbleiben doch die Insinuationen gegen Herrn Dr. Kozak und mich. Es werden einige Muthmassungen wie von Hrn. M. Wirth aufgestellt, aber doch auch die Fragen aufgeworfen: „Hegte Rodbertus selber zu sanguinische Vorstellungen von Stand und Fortschritt seiner Werke?" „Täuschte sich Rodbertus so sehr über den Stand seiner Arbeiten?" Hr. M. Schippel sucht das zu widerlegen oder doch als unwahrscheinlich hinzustellen. Ich vermag diese Fragen nicht absolut bestimmt zu beantworten, aber soweit es mir möglich war, bisher ein Urtheil mir zu bilden, bin ich nicht anders im Stande, als, so gefragt, darauf zu erwiedern: „Ich glaube allerdings — leider!" Es wird Niemanden, auch die genannten Herren nicht, mehr freuen als mich, wenn ich mich gleichwohl irren sollte.

Berlin-Charlottenburg,
October 1885.

Adolph Wagner.

Vorwort

von

Th. Kozak.

Das vorliegende erste Heft des zweiten Theiles von
Rodbertus' Schrift „Zur Beleuchtung der socialen Frage"
besteht dem Willen des Verfassers gemäss aus vier
Hauptabschnitten. Rodbertus giebt hier nach einer,
leider nicht vollständigen Vorrede in dem ersten Hauptabschnitt einen Ausschnitt aus dem allgemeinen Gemälde
des Druckes, welcher auf der Lage der arbeitenden
Classen lastet, — führt in dem zweiten (S 19 ff.) eine
Skizze des Gesammtgemäldes der Lage der arbeitenden
Classen vor, — unternimmt in dem dritten (S. 46 ff.)
Schritte zur Erreichung der Höhe, von welcher das
ganze Panorama der socialen Frage zu übersehen ist —
und beleuchtet im vierten Hauptabschnitt (S. 90 ff.)
mittelst Reproduction des ersten Socialen Briefes den
Gegensatz der Ansichten über die zwei Weisen, nach
denen sich der, auf den heutigen socialen Grundlagen
sich selbst überlassene Verkehr abspielt.

Die nach dem beigegebenen Leitfaden zu behandelnden Punkte im zweiten Hauptabschnitt (S. 23 ff. Anmerkung) sind die in Rud. Meyer's „Briefen und socialpolitischen Aufsätzen von Dr. Rodbertus" II. S. 474 publicirten „Wege zur Ermittlung der in dem Meyer-Rodbertus-Wagner'schen Antrage enthaltenen Frageobjecte". — Den dritten Hauptabschnitt wollte Rodbertus ursprünglich, wie aus den, S. 327 ff. der eben genannten „Briefe und Aufsätze" enthaltenen Aeusserungen hervorgeht, unter dem Titel „Die Baxtersche und die Colquhoun'sche Einkommenspyramide" (Aus einer Einleitung in die sociale Frage) in Rud Meyer's „Berliner Revue", eventuell auch in extenso in des Letzteren „Emancipationskampf des vierten Standes" aufgenommen wissen. Rodbertus hatte ferner die Absicht, den Abdruck dieser Abhandlung aus der Revue einem Dankschreiben an Hasenklever als Anhang beizugeben, doch scheiterten alle diese Pläne an verschiedenen Umständen, zum Theil, wie es scheint, auch an dem Kostenpunkte.

Bei dieser Gelegenheit bitte ich um Berichtigung zweier Fehler. Im „Capital" (IV. Socialer Brief), S. 101, Z. 5 von unten hat statt „unmöglich" „unumgänglich" zu stehen, im vorliegenden Bande soll es S. 35, Anm., Zeile 4 von unten „C" statt „D" heissen.

Halberstadt, Ende September 1885.

Dr. Theophil Kozak.

Zur

Beleuchtung der socialen Frage

Dr. Carl Rodbertus-Jagetzow.

II. Theil.

Die sich selbst überlassene Entwickelung der gegenwärtigen Volkswirthschaft. — Geschichtliche und sociale Nothwendigkeit, dieser
Entwickelung. durch Fortbildung der Volkswirthschaft zu einer
Staatswirthschaft, eine veränderte Richtung zu geben. — Mittel
und Wege dazu.

1. Heft.

**Die sich selbst überlassene Entwickelung der gegenwärtigen
Volkswirthschaft.**

Du glatter Herr, Du Schmeichler Eigennutz!
Ja, Eigennutz, der schiefe Hang der Welt,
Der Welt, die gleichgewogen ist an sich,
Auf ebner Erde grade hinzurollen,
Bis so ein Vortheil, dieser schiefe Hang,
Der Lenker der Bewegung, Eigennutz,
Sie abwärts neigt von jedem Gleichgewicht,
Von jedem Vorsatz, Richtung, Maass und Ziel.
Shakespeare, König Johann II., 2.

Vorrede.

Wenn ich in der Vorrede so weit ausholen muss, und dann im Laufe einer nationalökonomischen Schrift selbst dunkle Partieen der allgemeinen Philosophie streifen werde, um zu versuchen, auch auf sie einen erhellenden Schein zu werfen, so fühle ich mich dazu schon durch die schönen Worte des Ulysses in Shakspeares Troilus und Cressida, III 3, berechtigt:

„Ein tief Geheimniss wohnt — dem die Geschichte
Stets fremd geblieben — in des Staates Seele,
Dess' Wirksamkeit so göttlicher Natur,
Dass Sprache nicht, noch Feder sie kann deuten."

Denn nicht blos wurzelt unser wirthschaftliches Leben eben so in den geheimnissvollen Tiefen des Staates, wie unser wissenschaftliches und unser ethisches, — auch dem „Geheimniss" des wirthschaftlichen Lebens ist bisher noch eben so die „Geschichte" stets fremd geblieben, wie dem des wissenschaftlichen und des ethischen Lebens, wie „der Seele des Staates" überhaupt.

Ich knüpfe demnach an die Principien des Lebens an.

Alles Leben, göttliches wie weltliches, ist dreieinig.

Das weltliche Leben ist entweder individuales
d. i. physisches, oder sociales d i. geschichtliches
Leben.

Das individuale oder physische Leben ist eine Dreieinigkeit aus Geist, Willen und (materieller) Kraft.
oder aus Begriffsvermögen, Bestimmungsvermögen
und Bewegungsvermögen.

Entsprechend der Natur dieser Dreieinigkeit des
individualen oder physischen Lebens, das die atomistische
Grundlage und Zusammensetzung des socialen oder geschichtlichen Lebens ist, bildet dieses eine höhere Dreieinigkeit von Sprache und Wissenschaft, Sitte und
Recht, Theilung der Arbeit und Wirthschaft.
Sprache und Wissenschaft ist Gemeinschaft im Geiste,
Sitte und Recht Gemeinschaft im Willen, Theilung
der Arbeit und Wirthschaft Gemeinschaft in der
materiellen Kraft des individualen Lebens.¹)

---

¹) Man wird, m. E., zu keiner richtigen, aus der Natur des
Lebens selbst sich ergebenden systematischen Darstellung der gesammten Gesellschaftswissenschaft gelangen, wenn man nicht eine
Reihe von noch allgemein herrschenden Grundanschauungen ver-
lässt, die sich als eben so viele unübersteigliche Grundirrthümer
einer richtigen socialen Systematik in den Weg stellen. Vor Allem
hat man

erstens, alle auf einem vermeintlichen, aus Leib und Seele
bestehenden Dualismus des Lebens beruhenden Vorstellungen
zu verlassen und dafür zu Vorstellungen überzugehen, die
aus jener Trinität des Lebens fliessen, die, im individualen Leben, durch die drei Grundpotenzen des Geistes,
des Willens und der Kraft; im socialen Leben, der

Hier ist noch die Einschaltung am Platz, dass der Begriff der Dreieinigkeit kein blosser Glaubensbegriff ist. Er ist ein Verstandesbegriff so gut wie einer.

Sprache und Wissenschaft, der Sitte und des Rechts, der Theilung der Arbeit und der Wirthschaft gebildet wird.

Man hat

zweitens, die Schöpfung als einen Auflösungs- und Individuationsprozess Gottes in die Welt, und die an die Werke der Schöpfung sich knüpfende Geschichte als einen Ausgleichungsprozess der Individuation und einen Wiedervereinigungsprozess der Welt in Gott zu betrachten.

Man muss

drittens, die Werke der Geschichte wie der Schöpfung als analoge, zu immer höherer Vollkommenheit aufsteigende Stufenreihen der Daseinsformen auffassen, aber zur Richtigstellung der Analogie eben so klar und scharf die Unähnlichkeiten wie die Aehnlichkeiten beider Reihen hervorheben und neben einander stellen.

Man muss sich

viertens, die Verschiedenheiten und den Gegensatz der beiden Erkenntnisswege, auf denen wir in das Gebiet der Werke der Schöpfung und das Gebiet der Werke der Geschichte eingedrungen sind, vergegenwärtigen, und wird damit die hohe Bedeutung, welche die Analogie dereinst als ein novum „novum organon" in der Erkenntniss der Natur wie der Geschichte sich aneignen wird, würdigen lernen.

Nur, wenn man diese Wege einschlägt, ist man nicht in Gefahr, statt einer wahrhaft systematischen Darstellung des socialwissenschaftlichen Lebens, eine Reihe wahrhafter Verrenkungen desselben zu liefern: ist man vielmehr in den Stand gesetzt, die doppelten Bedeutungen von je Staat und Gesellschaft zu erkennen, und endlich sowohl den Zusammenhang, wie auch den Gegensatz beider Entwickelungsformen des geschichtlichen Lebens in jenen doppelten Bedeutungen und in seiner zunehmenden Ausgleichung zu durchschauen.

Man versteht dann

Aber freilich ist er kein mathematischer Begriff,
woher eine oberflächliche Betrachtung allein ihre Ein-
wendungen gegen ihn hernimmt; wäre das, müsste er

1) dass, in der einen Bedeutung, die Gesellschaft den
ganzen geschichtlichen Lebensentwickelungsstrom darstellt,
der, aus der anorganischen Geschichte entspringend, in
immer grösserer Verbreiterung und Vertiefung einst das
ganze Menschengeschlecht in Einer Organisation vereinigen
wird; der Staat diejenige Gattung von socialen Lebensbildungen ist, die auf einer Strecke jenes Stroms, nämlich
von der Stammperiode an bis zu der Periode des Einen
organisirten Menschengeschlechts hin, also in der Staatenperiode, das sociale Leben in dieser Form verkörpert;

2) dass, in der andern Bedeutung, die Gesellschaft der
personificirte Inbegriff der peripherischen Lebensthätigkeiten
ist, die von Unten, von den individualen Vielheiten
aus, auf den ihnen freigelassenen Theilen der drei socialen
Lebensgebiete — der Sprache und Wissenschaft, der Sitte
und des Rechts, der Theilung der Arbeit und der Wirthschaft
— sich äussern: der Staat der personificirte Inbegriff der
centralen Lebensthätigkeiten ist, der von Oben, von dem
universalen Einheitspunkt aus, auf diesen drei Gebieten des
gesammten Staatskörpers jenen vielen peripherischen individualen Lebensthätigkeiten entgegentritt und hier die Lebens-
actionen und Lebensfunctionen mittelst seiner Gesetze und
nöthigen Falls durch seine Gewalt normirt und regelt.

Bei der Festhaltung und dem Verständniss dieser Unter-
scheidungen von Staat und Gesellschaft in beiderlei Bedeutungen
eröffnet sich einem das ganze socialwissenschaftliche Lebensgebiet
in klarer, systematischer Uebersichtlichkeit. Keine Verwirrung
seiner Grundlinien und Eintheilungen wird mehr eintreten können.
Man wird dann auch kein Stillstandsgemälde mehr in der Fülle
seiner bewegten, sich fortschiebenden Erscheinungen erblicken. Man
wird vielmehr, durch alle Geschichtsphasen hindurch, den sich
fortwälzenden Lebensentwickelungsstrom des Menschengeschlechts
immer mehr der Einheitlichkeit, wie zu einem weiten Meere
hin, zufliessen, Staat und Gesellschaft immer mehr sich durch-

allerdings eine Einheit sein, aber könnte keine Dreieinigkeit sein. Allein er ist eben kein mathematischer,
sondern ein organischer Begriff, ein aus der eigen-

---

dringen und in einander auf- und untergehen, den Staat endlich
in beiderlei Bedeutung mit all seinen Gewalten in diesem Meere
versinken, und doch die Einheitlichkeit auf der höchsten Aus-
bildungsstufe angelangt und gesichert sehen, weil jetzt eine
vollendete Gemeinschaft der individualen Geister, Willen und
Arbeitskräfte auf den Gebieten der Sprache und Wissenschaft, der
Sitte und des Rechts, der Arbeitstheilung und der Wirthschaft
eingetreten ist, die alle Einheitsgewalten der Staaten in der Einen
Organisation des Menschengeschlechts mehr als ersetzt.

Nach einer einleitenden Auseinandersetzung der dreieinigen
Natur des individualen Lebens würden sich also die Grundlinien
einer Gesellschaftswissenschaft, die der Logik wie der Geschichte
Genüge thäten, so zusammen fassen lassen:

I. Die Gesellschaft, als der in immer innigeren und aus-
   gedehnteren Vereinigungen des individualen Lebens (Gesellschaftskörper) sich fortwälzende weltgeschichtliche Entwickelungsstrom des Menschengeschlechts auf den dreieinigen
   Gebieten des wissenschaftlichen, des ethischen und des
   wirthschaftlichen Lebens. (Stammperiode, Staatenperiode,
   Periode des Einen organisirten Menschengeschlechts.)

II. Der Staat, als eine bestimmte Form solcher Gesellschafts-
    körper auf einer Strecke dieses Entwickelungsstroms, (der
    Staatenperiode), in seinen verschiedenen, auf einander fol-
    genden Ordnungen, Arten, und aus einander gehenden
    Species dieser Arten, auf den dreieinigen Gebieten des
    wissenschaftlichen, des ethischen und des wirthschaftlichen
    Lebens.

III. Der Staat, als der Centralpunkt einer obersten, ordnenden
     und dominirenden Lebensthätigkeit auf den dreieinigen Ge-
     bieten der Wissenschaft, der Ethik und der Wirthschaft
     solcher politischen Socialkörper.

IV. Die Gesellschaft, als die personificirte Summe der von
    der individualen Grundlage solcher politischen Socialkörper
    ausgehenden Lebensthätigkeiten auf den von der staatlichen

thümlichen Natur und Aeusserung des Lebensinhalts
abstrahirter Begriff, und, von hier abstrahirt, als Dreieinigkeit von Einheit deutlich genug zu unterscheiden.

Denn was sollte wohl das Product der drei Grundpotenzen des Lebens — Geist, Wille und Kraft — für
ein Mixtum geworden sein, wenn dieselben zu Einem
Inhalt verschmolzen wären? Wir können es uns nicht
einmal vorstellen. Keinen Falls wäre das Produkt Leben
gewesen, wie dieses sich heute darstellt. Es hätte sich
ja als ein einziger Inhalt gar nicht getheilt äussern
können, wie es in seiner heutigen Wirklichkeit doch
thut, bald vorzugsweise im Begreifen als Geist, im
Bestimmen vorzugsweise als Wille, im Bewegen vorzugsweise als Kraft. Es hätte immer nur Eine Einerlei-
äusserung sein können, die, wie gesagt, für unsere Vorstellung unfassbar ist.

Dagegen sind in Wirklichkeit die drei Grundpotenzen
des Lebens dreieinig verbunden, und nur in Folge
solcher dreieinigen Verbindung, ist das daraus hervor-
gegangene Product Leben.

Thätigkeit freigelassenen Theilen der dreieinigen Gebiete
der Wissenschaft, der Ethik und der Wirthschaft.

In diesen vier Haupttheilen eines allgemeinen Schemas von
Grundlinien der Gesellschaftswissenschaft würde nicht
blos jeder Theil des socialen und politischen Stoffs an seiner
natürlichen Stelle untergebracht sein, sondern sich auch in jeder
Beziehung im Lichte seiner sich fort und fort entwickelnden
Natur darstellen, welche stete beleuchtende Begleitung zu voll-
ständiger Erkenntniss der socialen und politischen Materie in allen
ihren Theilen durchaus nothwendig ist.

Diese dreieinige Verbindung ist zwar auch eine
untrennbare Verbindung, denn man darf keine einzige
der drei Grundpotenzen aus dem Product fortdenken,
ohne es eben völlig zu zerstören: m. a. W. es kann
kein Leben ohne Geist, oder ohne Willen, oder ohne
Kraft geben. Aber nur bei solcher dreieinigen aber
keiner einigen Verbindung geschieht es, dass in dieser
untrennbaren Verbindung in allen Lebensäusserungen
doch immer nur Eine dieser Grundpotenzen vorzugsweise
die charakteristische Action übt, die andern beiden
Grundpotenzen aber jener nur als Richtmaasse und Stütz-
punkte dienen. Z. B., unsre materielle Kraft fällt einen
Baum, so kommt hier in vorderer Reihe eben nur diese
Kraft zur Bedeutung und Charakteristik dieser Lebensäusserung, die geistige und die Willensthätigkeit nur als
untrennbare, nothwendige Mithelfer in zweiter Reihe. —
Handelt es sich nur um die Erkenntniss eines Baumes,
so ist es wieder nur der Geist, der hier in erster Linie
thätig ist und diese Lebensäusserung als geistig charakterisirt, während der Wille und die materielle Kraft erst
in zweiter Linie nothwendig und untrennbar mitthätig
sind, der erstere, indem er dem Denker die fixirende
Richtung auf den Baum giebt, die zweite, indem sie
materielle Nervensubstanz bei dieser vorzugsweisen
Geistesoperation zusetzt.[1]

---

[1] Hier bricht die Vorrede (im Manuscript von Rodbertus
eigener Hand) ab. (A. W.)

I.

Vor mehreren Jahren heirathete in Jagetzow ein Knecht, nahm Wohnung an und kündigte dann nach einigen Jahren. weil er keinen „Hofgänger" mehr stellen wollte oder konnte. Vor zwei Jahren fragte derselbe wieder nach Wohnung bei mir an. Er erzählte mir dabei seine einstweiligen Lebensereignisse. Er sei von mir nach einem Gute gezogen, wo keine Hofgänger gehalten werden. Hier sei seine Frau niedergekommen. Aber schon nach drei Wochen, ehe sie noch ihren Kirchgang gehalten, habe sie der Wirthschafter — ein Herr habe nicht auf dem Gute gewohnt — aus dem Hause zur Arbeit geholt, sie habe das heute noch nicht verwunden. Er sei deshalb weiter gezogen. Auf dem neuen Gut sei seine Frau abermals in Wochen gekommen. Hier hätte sie auch so lange zu Hause bleiben können, wie sie sich schwach gefühlt habe. Dann wären sie beide einmal früh zur Arbeit gegangen, und wie sie heimgekommen. hätten sie ihr Kind in der Wiege todt gefunden. Da habe er zu seiner Frau gesagt, sie solle überhaupt nicht mehr zu Hofe gehen, sie wollten in ein Bauerndorf ziehen. Aber beim Bauern sei es erst recht schlecht gewesen, „was im Contract gegen den Bauern hätte ausgelegt werden müssen, hätte nie gelten sollen, aber was darin gegen ihn, den Arbeiter, hätte ausgelegt werden können, das hätte immer gelten sollen." Da habe er den Entschluss gefasst, in die Stadt zu ziehen, aber hier sei er gar aus dem Regen in die Traufe gekommen, in den letzten Jahren sei Alles unerschwinglich theuer geworden, dass er das Leben nicht dabei gehabt hätte. Nun sei seine älteste Tochter so weit erwachsen, dass diese zu Hofe gehen könne, und er früge daher wieder bei mir an. — Aber, um die ganze Wahrheit zu sagen, war der Mann unter der Last seines 10- oder 12jährigen Elends so verbittert geworden, dass auch wir uns wieder trennen mussten, er heisst Boldt. Wo er geblieben ist, weiss ich nicht.

Im Nachsinnen über diese bewegliche, klägliche Geschichte fiel mir eine Stelle aus Quintilian ein, die ich Dureau de la Malle Economie politique des Romains II, p. 221 entnehme. Dureau erzählt: „Quintilian führt uns den Process eines armen Kleinbesitzers mit seinem Nachbarn, einem reichen Grossgrundbesitzer vor, der, weil er durch die Bienenzucht des Armen incommodirt worden, diese zerstört hatte. Der Bienenwirth betheuert vor Gericht, dass er aus der Gegend hätte fortziehen und sich mit seinen Schwärmen anderswo niederlassen wollen, aber dass er nirgendswo ein Fleckchen Erde hätte finden können, wo er nicht einen reichen Grossgrundbesitzer

zum Nachbarn gehabt hätte, „Volui. judices, decedere,
volui: sed nullum potui invenire agellum in quo non
mihi vicinus dives esset."[1] — Bekanntlich hatte Rom
auch seine sociale Frage, und zwar in dem Klassenkampf
des Gross- und Kleingrundbesitzes, an dem zu
Plinius' und Quintilians Zeit das Reich schon tödtlich
erkrankt war. Dass die damalige sociale Frage andrer
Art war als die heutige, hatte seine guten Gründe.

Der Arbeiter steckte damals noch als Sachgut, als
instrumentum vocale, im Vermögen, schied also aus der
socialen Berücksichtigung aus und fiel lediglich der
Privatberücksichtigung zu. Wenn die zunehmende aequitas
des römischen Rechts sich nach und nach immer mehr
dieser armen, degradirten menschlichen Geschöpfe annahm, so hatte das nur eine wenig höhere Bedeutung,
als unsere Verordnungen gegen Thierquälerei haben.
Der Capitalbesitz fiel ferner noch mit dem Grundbesitz
im Oikenbesitz zusammen. So verringerte sich das

---

[1] Dives ist so viel wie locuples. Forcellini giebt unter
andern folgende zwei Stellen an: Varro. L. B. 4. 17. Dives a
Divo. qui ut Deus, nihil indigere videtur — dem nichts auf seinem
Besitz mangelt — und Cic. Parad. b. 1. Quem enim intelligimus
divitem; aut hoc verbum in quo homine ponimus? opinor in eo,
cui tanta possessio est, ut ad liberaliter vivendum facile con-
tentus sit. Das waren aber nur die Grossgrundbesitzer, die bei
der Einheit des Ackerbesitzes (des Grund- und Kapitalbesitzes)
Alles selbst in ihrer Wirthschaft im Ueberfluss hatten. In Petron.
Satyr. 38 wird dies so ausgedrückt: Nec est, quod putes, illum
quidquam emere: omnia domi nascuntur. S. auch meine Geschichte
der römischen Tributsteuer u. s. w. II 3. „Von Augustus bis Cara-
calla", Hildebrand'sche Jahrbücher, Bd. V.

sociale Feld mit seinen Gegensätzen aufs Aeusserste
und es blieb in der That kein anderer Raum übrig für
einen socialen Klassenkampf, als der Gegensatz von Gross-
und Kleingrundbesitz. Auf diesem Felde entbrannte er
denn auch auf das Heftigste. Wo ein Grossgrundbesitzer
hauste, da war, wie wir aus Quintilians Beispiel ersehen,
auch keines Bleibens für den Kleingrundbesitzer, er wurde
in aller Weise bedrückt. Er konnte auch nicht einmal
vor diesem Druck sich flüchten, der Druck des Grossgrundbesitzes fand überall statt. Zu weiterer Beleuchtung
dieses Zustandes muss man die Schilderungen eines un-
partheiischen Beobachters jener Zeit, nämlich Salvians
de Dei gubernatione, besonders B. V. lesen. Das lati-
fundia perdidere Romam, das Plinius nur erst im Sinn
einer verkehrten nationalökonomischen Reichthumsent-
wickelung, Quintilian schon ernster versteht, hat sich
schon zu Salvians Zeit auf das damalige internationale
Feld hinübergespielt und hier zu tödtlicherer Bedeutung
verschlimmert. Der Druck des Grossgrundbesitzes hatte
in dem Kleingrundbesitzstand schon jeden Funken von
Patriotismus ausgelöscht, und die allgemeine Flucht zu
den über die Grenzen dringenden Barbaren war eine
Wirkung des Latifundienverderbnisses der damaligen
socialen Frage, die, da die Krisen sie nicht zu lösen
vermochten, schliesslich dem Staate und der Nationalität
Roms durch Feindes Hand auch den Tod geben half.[1]

---

[1] Zu dem Druck des Grossgrundbesitzes auf den Kleingrundbesitz trug namentlich auch die damalige Gemeindeordnung bei,

Die Kaiser, namentlich die christlichen, bemühten sich zwar redlich, den verderblichen Folgen dieses damaligen Klassenkampfes entgegen zu wirken, und scheinbar in radicaler Weise. Sie wären nämlich die grössten und unermüdlichsten „Güterschlächter", die es je gegeben. Aber umsonst. Der Abgrund der socialen Frage verschlang eben so unausgesetzt wieder alle solche Schöpfungen der Kaiser. Und es konnte nicht anders sein. Denn, das ist das Eigenthümliche des geschichtlichen Wendepunkts, der in der socialen Frage durchbrechen will, dass gleichsam in dem ganzen socialen Erdreich, auf dem die sociale Frage gross gezogen, nicht auch das Heilkraut wächst, das ihrem Leiden abhilft.

die die Vertheilung und Erhebung der Auflagen in die Hände der Grossgrundbesitzer legte, die damals die Gemeindevorsteher in den Territorien waren. — eine Einrichtung, die einen Schein von Freiheit an sich trug und doch nur eine sclavische Abhängigkeit aller Nichtreichen zur Folge hatte. — Salvian schildert das in folgenden ergreifenden Stellen: Quae enim, ruft er aus, sunt non modo urbes, sed etiam municipia atque vici, ubi non quot curiales fuerint tot tyranni sunt. Denn, fährt er an einer andern Stelle fort: Duo aut tres statuunt quod multos necet: a paucis potentibus decernitur, quod a multis miseris dependatur. Honori enim suo unus quisque divitum praestat, ut nolit aliquid se absente decerni: non justitiae, ut iniqua nolit se praesente constitui. Denique quod in aliis reprehenderunt, ipsi postea aut pro contemptus praeteriti ultione, aut pro potestatis praesumptione constituunt. Ac per hoc infelicissimi pauperes sic sunt quasi inter concertantes procellas in medio mari positi: nunc istorum scilicet, nunc illorum fluctibus obruuntur. Und weiter: Et quod non dicam pati humanae mentes, sed quod audire vix possint: quod plerique pauperculorum atque miserorum spoliati resculis suis, et exterminati agellis suis cum rem amiserint, amissarum tamen rerum tributa

Eine solche Frage, die einen geschichtlichen Wendepunkt
einschliesst, enthält eben den Eingang zu einer neuen
Staatenordnung, verlangt eben eine Veränderung der socialen Grundlagen. Damit wird sie allein abgethan.
Da nun erst, als der Oikonbesitz sich aufgelöst hatte,
der Arbeiter freigegeben war, und der Besitz sich unter
zwei verschiedene Klassen, in Grund- und Capitalbesitz,
getheilt hatte, war auch die antike sociale Frage, der
Klassenkampf zwischen dem Grossgrundbesitz und dem
Kleingrundbesitz, ausgetilgt.

Freilich, nur ausgetilgt, um zu andrer Zeit in andrer
Form wieder aufzuleben.

---

patiuntur: cum possessio ab his recesserit, capitatio non recedit.
Proprietatibus carent, et vectigalibus obruuntur. Darum, fährt er
an einer andern Stelle fort: Inter haec vastantur pauperes, viduae
gemunt, orphani proculcantur intantum, ut multi eorum et non
obscuris natalibus editi, et liberaliter instituti ad hostes fugiant,
ne persecutionis publicae afflictione moriantur: quaerentes scilicet
apud barbaros Romanam humanitatem, quia apud Romanos bar-
baram inhumanitatem ferre non possunt. Die Barbaren kennen
so etwas nicht, sagt er dann weiter in folgender Stelle: Franci
enim hoc scelus nesciunt, Hunni ab his sceleribus immunes sunt.
Nihil horum est apud Vandalos, nihil horum apud Gothos.
Darum gehen auch die Armen zu den Vaterlandsfeinden über:
Itaque passim vel ad Gothos, vel ad Bagaudas, vel ad alios ubique
dominantes barbaros migrant, et commigrasse non poenitet. Und
er schliesst diese Gedankenreihe: Et miramur, si non vincuntur
a nostris partibus Gothi, cum malint apud eos esse quam apud
nos Romani. Itaque non solum transfugere ab eis ad nos fratres
nostri omnino nolunt: sed ut ad eos confugiant, nos relinquunt.
— Die heutige Besitztyrannei wirkt heute auf die Arbeiter analog,
wie damals die Tyrannei des Grossgrundbesitzes auf die Kleingrundbesitzer.

Mein Boldt ist der kümmerliche Bienenwirth Quintilians, nur auf ganz anderm socialen Felde.

Heute steht die sociale Frage nicht mehr zwischen Grossgrund- und Kleingrundbesitz, sondern zwischen Arbeit und Besitz überhaupt, und Boldt liefert die analoge Illustration, wie heute der Besitz mit derselben Wucht auf der Arbeit lastet, wie Quintilians Bienenwirth sie zu dem Druck lieferte, den der Grossgrundbesitz seiner Zeit auf den Kleingrundbesitz übte. Der Arbeiter Boldt versucht es mit allen Formen des Besitzes. Er flüchtet von Grossgrundbesitz zu Grossgrundbesitz, von Grossgrundbesitz zu Kleingrundbesitz, von Grundbesitz zu Capitalbesitz, überall Druck des Besitzes, zusehends schlimmerer Druck. Auch hier jeder Fluchtversuch im Lande vergebens. Und flöhe er an's äusserste Meer, ja über das Meer, heute würde ihn auch dort schon die allmächtige Faust des Besitzes packen und mitleidslos zu Boden drücken.

Es ist eben wieder sociale Frage!

Und unsere Zeit hat sich auch schon wieder zu dem analogen Stadium der antiken socialen Frage zur Zeit Quintilians entwickelt. Das heutige Perdidere, das, wie wir wiederholt gesehen haben und noch öfter sehen werden, darin besteht, dass die Arbeit in ihrem Lohn nicht mitsteigend an der Steigerung des Nationaleinkommens theilnimmt, hat sich ebenfalls schon über das Verderben einer ungleichmässigen Nationaleinkommensvertheilung hinaus verschlimmert. Es beginnt ebenfalls

2

schon sein böses Gift zu nationalem Verrath auszuspritzen.
Der heutige Arbeiterstand mit seinem, durch den Druck
seiner Lage abgestumpften Patriotismus, scheint schon
ähnlichen internationalen Versuchungen nachzugeben, wie
der römische Kleingrundbesitzer. Zu Barbaren an der
Grenze kann er freilich nicht fliehen, aber, indem er
heimatlichen, vaterländischen Gefühlen entsagt und
dafür verbitterte Standesgefühle in sich aufnimmt,
reicht er innerlich den Feinden des Vaterlandes doch
die Hand.

Auch was das Rettungsmittel aus der socialen Frage
betrifft, ist es mit der unsrigen, wie es zu Roms Zeit
mit der damaligen war.

Diejenigen Massregeln, die mehr gutmüthige als
einsichtige Bestrebungen heute zur Abhülfe nur est vorschlagen, noch gar nicht einmal angewandt haben, werden
kaum so viel wirken, wie die Parcellirungen der römischen Kaiser, die nur wie kurz vorübergehende Pallia-
tive wirkten. Es ist, wiederhole ich, eben wieder sociale Frage, zu deren Lösung auf den bestehenden socialen Grundlagen wiederum kein Kraut gewachsen ist.
Es will sich abermals ein neuer geschichtlicher Wendepunkt durchbrechen, der zu der neuen Staatenordnung,
zu der er führt, ebenfalls wieder neue sociale Grundlagen bedarf, Grundlagen, die keinen geringeren Abstand
vom heutigen Grund- und Capitaleigenthum mit seinen
Consequenzen bilden werden, als die socialen Grundlagen
des Menscheneigenthums und dessen Consequenzen von

den Grundlagen des Grund- und Capitaleigenthums
bildeten.

Nur wollen wir zum Genius der modernen Geschichte
und ihres Hauptträgers, des deutschen Volkes, hoffen,
dass diese neue, die heutige sociale Frage austilgende
sociale Grundlegung bewusst durch den Staat, und
nicht blind durch geschichtliche Naturkräfte, wie sie in
der Völkerwanderung expandirten, geschehen wird, denn
in dem ersteren Falle würden wir nur das sociale Kleid
wechseln, unser nationales Leben aber erhalten bleiben,
in dem letzteren würde es, wie einst die allgewaltige
römische Nationalität, mit durch die neuen socialen Völker-
stürme ausgelöscht werden.

II.

Indessen ist Boldts Geschichte nur ein kleiner Ausschnitt aus dem allgemeinen Gemälde des Drucks, der
auf der Lage der arbeitenden Klasse lastet.

Keiner ihrer Führer, nicht Marx, nicht Lassalle, nicht
Hasenclever und Hasselmann, nicht Liebknecht, haben
ihnen dies Gemälde in seiner vollen Uebersichtlichkeit auf-
gedeckt und zum Bewusstsein gebracht. Die Arbeiter fühlen
nur instinctiv die entsprechende practische Last Da ich
kein Agitator bin und sein will, sondern nur nach wissenschaftlicher Wahrheit trachte, darf ich die Darstellung
dieses Gemäldes in einer gedrängten Skizze übernehmen.

2*

Fest steht einerseits durch Grundsatz und Gesetz, dass den Arbeitern die Rechte und Pflichten ebenbürtiger freier Männer in demselben Masse, wie allen übrigen Mitgliedern der Gesellschaft beigelegt sind und in allen Beziehungen auch thatsächlich bestehen und geübt werden.

Wie verhält sich aber dieser principiellen und factischen, rechtlichen Lage der Arbeiter gegenüber ihr principieller und factischer wirthschaftlicher Zustand?

Die gähnende Kluft, die sich dazwischen ausbreitet, lässt sich nach folgenden drei furchtbaren Sätzen ermessen.

Erstens: Statt bei steigender nationaler Productivität wenigstens in gleichem Verhältniss, wie der Besitz mit seiner Rente, theilzunehmen und also mit jenem Steigen des Nationaleinkommens und der Rente[1] auch im Lohn einen steigenden Betrag zu erhalten, erhält vielmehr die **nationale Arbeit** immer nur denselben Lohnbetrag und damit, **verhältnissmässig,** einen immer **kleineren** Theil des Nationaleinkommens.

---

[1] Ich bemerke ein für alle Mal, dass ich niemals unter Rente oder Renten die Differenzialgewinne verstehe, die über den üblichen Gewinnsatz, nach der Verschiedenheit der günstigen Anlageverhältnisse, unter denen die Unternehmungen stehen, abfallen, sondern alles Einkommen, das dem Besitz als solchem zufällt, also alles, was Grundrente und Kapitalgewinn ist, mag dieser sich auch innerhalb des üblichen Gewinnsatzes halten.

Zweitens: Nichts destoweniger sind wieder die Beiträge, die die nationale Arbeit zu den Staatslasten beizusteuern hat, verhältnissmässig immer grösser geworden, und sind, verhältnissmässig, heute die grössten.

Drittens: Endlich sind wieder die Vortheile und Hülfen, welche die Staatsexistenz für diese Beiträge den verschiedenen Klassen rückgewährt, bei der arbeitenden Klasse, verhältnissmässig, immer geringer geworden und sind heute die geringsten.

Also: — Die Arbeiter erhalten von den durch Mithülfe ihrer Arbeit hervorgebrachten, unter dem Schutz des Staats gezeitigten Früchten des Nationalfleisses verhältnissmässig am wenigsten und werden auch unter dem heutigen nationalökonomischen System, gerade bei steigender Productivität immer weniger davon erhalten; — dennoch tragen sie verhältnissmässig am Meisten zu den Kosten und Lasten dieses Staates bei; — und doch wieder kommt ihnen von den am Staat der Gesellschaft rückgewährten Wohlthaten am wenigsten zu Gute!

Das sind Berge von Unrecht, die über der Lage der Arbeiter auf einander gethürmt sind!

Der erste Satz wird nun freilich von angesehenen Nationalökonomen bestritten, obwohl gerade er der unbestreitbarste ist; — ich weiss dies aus Privatcorrespondenzen, denn, obwohl ich diesen Satz schon in meinem

dritten Socialen Briefe an v. Kirchmann aufgestellt und
theoretisch begründet habe, ist er doch von der herrschenden Schule vollständig ignorirt worden. Vielleicht
würde er auch heute wieder ignorirt werden, denn er
ist dieser Schule mehr als unbequem, da er, wenn er
Platz in der allgemeinen Ueberzeugung gewänne, ein ver-
nichtendes Urtheil über sie aussprechen würde. Ich
habe daher, wie ich in jenem Briefe die theoretische
Begründung dieses Satzes geliefert habe, in dem folgenden
Abschnitt III auch noch eine ausführliche historisch-
statistische Beweisführung desselben beigebracht,
eine Beweisführung, deren Data aus den Schriftstellern
jener Schule selbst genommen sind, die einen Zeitraum
von 60 Jahren des reichsten Landes der Welt, nämlich
Grossbritanniens, von 1812 bis 1870 umfasst, und die
die Wahrheit dieses ersten Satzes auch jener Schule, bei
aller ihrer Kurzsichtigkeit, einleuchtend machen muss.[1]

[1] Eine gleiche Beweisführung für Deutschland bezweckte der
Antrag, den ich mit Professor Adolph Wagner und Dr. Rudolph
Meyer auf dem deutschen landwirthschaftlichen Congress von 1875
stellte, der fast einstimmig angenommen wurde. Ich setze denselben hier in extenso her, füge auch noch diejenigen Punkte
hinzu, die mir nöthig schienen, um einen vollständigen Beweis zu
führen, die aber nicht eingebracht wurden, weil sich die Aufgabe
mehr auf die landwirthschaftlichen Arbeiter beschränken sollte,
und begleite zugleich hier die einzelnen Punkte des Antrages mit
einem Exposé oder Leitfaden, auf welchem Wege statistischer Ermittelung die Fragepunkte des Antrags mir am besten und über-
zeugendsten beantwortet zu werden scheinen, denn meine vorliegende Schrift verfolgt ja überhaupt nur practische Ziele, und

Der zweite Satz wird dagegen von Niemand be-
es hiesse ihre Wahrheit absichtlich verdecken wollen, wollte man
dem Antrage nicht Folge geben.

Der Eingang des Antrags lautet wörtlich: „Der Congress
wolle beschliessen: die Resultate der Untersuchung der Congress-
Commission vom Jahre 1872 über die Lage der ländlichen Arbeiter
in Deutschland Sr. Durchlaucht dem Fürsten Bismarck zu über-
reichen mit dem ehrerbietigen Ersuchen: baldmöglichst eine
Commission von Sachverständigen einzusetzen mit der Aufgabe, nach dem Muster des englischen contradictorischen Ver-
fahrens, in eingehenderer Weise, als dies auf dem Wege einer
Privat-Enquête möglich war, die wirthschaftliche Lage der arbeitenden Klassen auf dem Lande, sowohl an sich wie in ihrem Zusammenhange mit der wirthschaftlichen Lage des Grundbesitzes
und des Kapitals, nach folgenden massgebenden Gesichtspunkten
zu untersuchen.“

Ich lasse nun auch diese Punkte, und zu jedem den Leitfaden
zur Behandlung desselben, folgen:

I. „Wie viel beträgt gegenwärtig der Geldlohn für den Tag in
den verschiedenen Hauptbranchen der nationalen Arbeit,
für Männer, Frauen und Kinder, und unter Eintheilung derselben nach der Arbeitstüchtigkeit in zwei Klassen?“

Hier sind zunächst zu unterscheiden als Hauptbranchen der
nationalen Arbeit: Arbeiten der Rohproduction, der Fabrikation
der Transportation.

In den Arbeiten der Rohproduction sind dann vorzugsweise:
1. die Landwirthschaft,
2. der Bergbau;

in den Arbeiten der Fabrikation:
1. die verschiedenen Arten der Spinnerei,
2. desgl. der Weberei,
3. desgl. der Näh- und Stickereiarbeiten,
4. desgl. der Schneider und Schuster,
5. desgl. der Eisenarbeiter,
6. desgl. der Bauarbeiten, Zimmerei, Maurerei, Tischlerei,
Schlosserei;

in den Arbeiten der Transportation:
1. der Matrosen,

stritten werden, der nicht blos die nominellen, von

2. der Eisenbahnbedienten, soweit sie zu der arbeitenden
   Klasse gehören,
hervorzuheben, und zwar nach zwei Tüchtigkeitsklassen und an
drei Kategorien: Männer, Weiber und Kinder.

Die Ermittelung des Geldlohns pro Tag dieser verschiedenen
Arbeiterklassen kann nur, theils durch Einsicht der besten betreffenden statistischen Werke, theils durch Einzelvernehmungen
von Unternehmern und Arbeitern derselben Unternehmung geschehen. — Accordlohn ist in Tagelohn umzurechnen, was so geschieht, dass die Durchschnittszahl der Tage, in der der Arbeiter
eine bestimmte Accordarbeit herstellt, durch Vernehmung von
Meistern und Arbeitern ermittelt, und auf diese Tagzahl der
Accordlohn repartirt wird.

II. „Wieviel solcher Lohntage im Jahre sind, mit Berücksichtigung der Arbeitsausfälle aller Art, in diesen verschiedenen Hauptbranchen auf jeden Arbeiter durchschnittlich
zu berechnen?"

Hier ist nach der Methode von Baxter zu verfahren und das
Frageobject hauptsächlich durch Einzelvernehmungen von Unternehmern und Arbeitern derselben Unternehmung zu erforschen.
Da es sich hier um ein erfahrungsmässiges Object handelt und
zuletzt nur Durchschnittszahlen massgebend sein können, so sind
in jeder Branche in verschiedenen Unternehmungen mehrere
Einzelvernehmungen, namentlich von Arbeitern, vorzunehmen.

III. „Welches Mass der üblichsten realen Lohngüter ist heute
für den nach I und II ermittelten Jahres-Geldlohn zu be-
schaffen?"

1. Zuvörderst ist, zur Ermittelung des Jahres-Geldlohns die
Durchschnittszahl der nach I und II ermittelten Geldlohntage
zusammenzurechnen.

2. Demnächst ist durch Vernehmung von Arbeitern zu ermitteln, welche Gattungen von Gütern (Nahrung, Kleidung,
Wohnung u. s. w.) sie der Reihenfolge nach in ihrem Consumtions-
etat aufzurechnen pflegen.

3. Endlich sind die Preise der vorstehend angedeuteten
realen Lohngüter nach statistischen Ermittelungen, die schon in
den meisten statistischen Bureaus vorhanden sind, auszuwerfen.

jeder der verschiedenen socialen Klassen erhobenen

Die vergleichende Zusammenstellung dieser Preise mit der
Summe des ermittelten Jahreslohns ergiebt dann das Mass der
realen Lohngüterquantitäten. die sich die Arbeiter für ihren
Jahreslohn verschaffen können.

IV. „Wie verhält sich die gegenwärtige Höhe des nach I. II u.
III ermittelten Geld- und Reallohns zu der vor 30 bis
40 Jahren?"

Hier ist für einen Zeitpunkt von vor 30 bis 40 Jahren ebenso
zu verfahren, wie ad I. II und III für die Gegenwart. Es werden
in keiner Branche und Unternehmung die Unternehmer und
Arbeiter fehlen. die 30—40 Jahre zurückdenken können. Statistische Nachhülfen finden sich auch hier.

Die Ermittelung des Geld- und des Reallohns ist auch noch
deshalb wichtig, weil die ermittelten Geld- und Reallöhne von
damals, verglichen mit den heutigen, Fingerzeige über die etwaige
Veränderung des Geldwerths und des Productionswerths der betreffenden realen Güter enthalten, denn ist die Bewegung der
Veränderungen in beiden Werthkategorien keine gleichmässige, so
ist leicht aufzufinden. in welcher Werthkategorie die Ungleich-
mässigkeit ihren Ursprung genommen. Dies indessen nur in bei-
läufiger Perspective: zu den Fragebeantwortungen gehört der dadurch zu gewinnende Ueberblick nicht wesentlich.

V. „Wie gross ist heute die Gesammtsumme des jährlichen
nationalen Arbeitslohnes
a) in der Landwirthschaft,
b) in allen übrigen Gewerben,
und wie gross in beiden Zweigen der nationalen Arbeit ist
die Kopfzahl der gesammten Arbeiter-Bevölkerung einschliesslich der dazu gehörigen Frauen und Kinder?"

Die Ermittelung dieses Frageobjects ist nach den vorausgegangenen Ermittelungen klar und einfach. Aus der Bevölkerungs-
statistik. die ja im deutschen Reich sich in grosser Zuverlässigkeit
findet, ist die wirkliche Arbeiterzahl leicht zu entnehmen und
diese Zahl mit der Summe des Geldjahreslohns zu multipliciren.

Keine grössere Schwierigkeit hat es, aus der Bevölkerungs-
statistik a) in der Landwirthschaft, b) in den übrigen Gewerben
die Zahl der Arbeiter nebst Frauen und Kindern zu schöpfen.

Stenerbeträge zusammenrechnet, sondern auch berück-

Die Folgerungen aus diesen ermittelten Voraussetzungen sind
dann um so wichtiger und eingreifender. Sie geben Aufschluss
über die Quantität, die an Geld und Realgütern auf den lebenden
Kopf der Arbeiterbevölkerung kommt

Das Resultat dieser Folgerungen liefert den Schlüssel zu der
Erscheinung unseres seit 30—40 Jahren stetig gestiegenen Armenbudgets. Zur erfahrungsmässigen Bestätigung und Aufklärung
dieser Bewegung würde noch dienen, sich von den bedeutendsten
20 Städten im Reich, seit einer Reihe von 30—40 Jahren, in
Durchschnittszahlen von fünfjährigen Perioden Auskunft geben zu
lassen:

a) über die Bewegung der Bevölkerung der Stadt,

b) über die Bewegung der Armenzahl nach Köpfen,

c) über die Bewegung der Armenbudgets nach der Grösse
der darauf verwendeten Summen.

Einer Reichscommission würden die Magistrate dieser Städte
diese Notizen nicht vorenthalten.

Könnte zu Frageobject V auch noch ermittelt werden, wie
sich die durchschnittliche Lebensdauer und Mortalität unter den
arbeitenden Klassen zu der unter den besitzenden verhält —
namentlich die Mortalität der Kinder beider Klassen, — so würde
diese Ermittelung in grellster und doch wahrster Beleuchtung
das Untersuchungsobject erscheinen lassen. Die medicinische
Statistik besteht freilich nur erst in Bruchstücken, aber doch
schon in genügenden, um annähernd auch zu diesen Ermittelungen
zu gelangen.

VI. „Wie stellt sich für den genannten Zeitraum von 30 bis
40 Jahren die Bewegung des verhältnissmässigen Arbeitslohnes heraus, d. h. wie verhält sich die Veränderung, die
während dieser Zeit in der Höhe des nationalen Arbeitslohnes vorgegangen ist, zu den in derselben Zeit vorgegangenen Veränderungen in der Höhe der nationalen
Grundrente und der Summe des nationalen Kapitals und
seines Gewinnes?"

Zur Beantwortung dieser Frage gehört folgende Reihe von
Ermittelungen:

1. Erstens ist die Summe des nationalen Arbeitslohns für

sichtigt, dass die ganze nationale Steuerlast immerfort einen Zeitpunkt vor 30—40 Jahren und für heute aufzurechnen. Dies geschieht nach den Jahresgeldlöhnen beider Zeitpunkte, wie diese Beträge schon in den früheren Punkten ermittelt sind und zwar wieder nach Geld und nach Realgütern. In diesen beiden Formen sind sie auch zu vergleichen und einander gegenüberzustellen. Zu diesen beiden Gesammtsummen ist dann auch die Zahl der Arbeiterbevölkerung nebst Weibern und Kindern für damals und für heute hinzuzufügen, und die Geldportion und die Realportion pro Kopf für damals und für heute zu ermitteln

2. Zweitens ist die Summe der nationalen Grundrente für damals und für heute zu ermitteln. Dies geschieht, wenn man die Kauf- und Pachtpreise für beide Zeitpunkte von einzelnen Gütern und etwa vier Ackerklassen ermittelt und diese daraus zu erkennende Grundrentenhöhe für die Zahl der bebauten Morgen des Landes als Gesammtdurchschnittsziffer der nationalen Grundrente aufrechnet und für beide Zeitpunkte mit einander vergleicht.

3. Drittens ist die Summe des Gewinns vom Nationalcapital für beide Zeitpunkte zu ermitteln. Dies kann nur geschehen, wenn zunächst für beide Zeitpunkte die Grösse des Nationalcapitals selbst ermittelt wird. Dazu giebt, wo nicht statistische Ermittelungen, wie z. B. von Krug, selbst für die Zeit von 1805 von Preussen vorliegen, die Einsicht der Steuersysteme und Steuerobjecte annähernd Aufschlüsse. Von dieser gefundenen Capitalsumme ist dann nach dem Gewinnsatz von damals und heute, der sich nach dem laufenden Zinsfuss von damals und heute richtet, die Summe des nationalen Kapitalgewinns zu berechnen.

Die Vergleichung jeder Einkommenskategorie in sich für beide Zeitpunkte und demnächst die Vergleichung der Bewegung der Veränderung aller drei Kategorien in diesem Zeitraum giebt dann den Aufschluss, wie in der Bewegung des Nationaleinkommens sich die einzelnen drei Einkommenskategorien als Quote desselben verändert haben und damit also auch über die Bewegung des verhältnissmässigen Arbeitslohnes. Aus diesen Ermittelungen zu Punkt VI wird sich dann auch a posteriori ein Gesetz abstrahiren lassen, welches der Nationalökonom, der den

nach unten gravitirt, bald in Steigerung der Preise der

in den Fragepunkten des vorliegenden Antrages enthaltenen Ideen
an- und nachhängt, jedenfalls schon a priori hat sehen müssen,
— das Gesetz, dass auf den heutigen socialen Grundlagen bei
einem sich selbst überlassenen Verkehr, wenn die Nationalproduction durch Steigerung der Productivität und der nationalen
Productionskraft in Folge steigender Arbeiterbevölkerung wächst,
dass — sage ich — die Summe des nationalen Arbeitslohnes wie
die individuelle Portion des Arbeitslohnes, eine immer kleinere
Quote des Nationalproducts wird. Denn wenn es sich nach den
Ermittelungen zu dem vorliegenden Punkt, wie sich voraussehen
lässt, zeigen wird, dass in dem Zeitraum von 30—40 Jahren das
Nationaleinkommen und in diesem Nationaleinkommen die beiden
Rentenzweige einseitig zugenommen haben, aber der Arbeitslohn,
seiner reellen Quantität nach, ungefähr derselbe geblieben ist, so
ist jenes Gesetz auch erfahrungsmässig bewiesen.

In dem Umfange, den die vorstehenden Punkte bezeichnen,
ist der Antrag auf dem 6. landwirthschaftlichen Congress gestellt
und fast einstimmig dem Fürsten-Reichskanzler zur Ernennung
der beantragten Commission überwiesen worden.

Ursprünglich hatten indess die Antragsteller noch vier andere
Fragepunkte den sechs eben erörterten anzuschliessen beabsichtigt.
Man sehe Meyer's „Emancipationskampf des vierten Standes"
II. p. 781. Aus Gründen wurden diese bei der Antragstellung
fortgelassen.

Jetzt bestehen diese Gründe nicht mehr und andrerseits
scheint die Wiederaufnahme dieser vier Punkte zur Vervoll-
ständigung des Geistes des Antrags dringend nothwendig, denn
erstens ist nur, wenn auch diese Punkte erörtert werden, das
Tableau der Bewegung der Nationaleinkommensvertheilung in
allen seinen Particen fertig, und zweitens enthalten diese vier
Punkte gerade die practischen Ziele, welche die Gesetzgebung
nach Aufdeckung eines solchen vollständigen Tableau zu verfolgen
hätte. Als selbstverständliche Consequenzen der ersten 6 Punkte
lassen sich diese letzten 4 Punkte nicht betrachten, da, wenn
auch Punkt VII als solche Consequenz angesehen werden könnte,
Punkt VIII, IX und X doch auf selbstständigen Ermittelungen
beruhen.

Lohngüter, bald in dem Druck auf den Geldarbeitslohn.

Es mag daher auch noch eine Anleitung zur Beantwortung dieser 4 Fragepunkte entworfen werden:

VII. „In wiefern verletzt ein Fallen des verhältnissmässigen Arbeitslohnes die Grundsätze der nationalökonomischen Gerechtigkeit gegen den Arbeiterstand; und in wiefern trägt es zur Förderung der dem Kapital und der Arbeit gleich schädlichen Produktionskrisen bei?"

Diese Frage erfordert eine theoretische Untersuchung, die aber durch die Geschichte des nationalökonomischen Verkehrs ihre entschiedene Bestätigung findet.

Sie enthält zwei Theile.

1. Die Frage nach der Gerechtigkeit der Vertheilung des Nationaleinkommens gegen den Arbeiterstand, wenn nach den Ermittelungen der vorausgegangenen Punkte sich ergeben sollte, dass der verhältnissmässige Arbeitslohn im Laufe der in Rede stehenden Periode von 30—40 Jahren gesunken wäre und unter den bestehenden Verkehrsgesetzen in dem Verhältniss stetig weiter sinken müsse, als die Produktivität und die Arbeiterbevölkerung, und in Folge dessen das Nationalproduct und das Nationaleinkommen steigen wird.

Besteht Gerechtigkeit gegen den Arbeiterstand, wenn Nationalproduct und Nationaleinkommen sich vergrössern und das Plus immer nur dem Grund- und Capitalbesitz als Rente zufliesst, der Arbeiterstand nichts davon bekommt, und also quantitativ immer nur gleichviel wie früher, relativ aber immer weniger davon erhält, wie früher?

Wenn man bedenkt, dass die arbeitenden Klassen frei sind, dass sie damit der materiellen Ansprüche theilhaftig sind, die aus dem Princip der persönlichen Freiheit fliessen, auch factisch schon im Besitz aller formalen bürgerlichen Rechte in derselben Ausdehnung sich befinden, wie die besitzenden Klassen sie geniessen, dazu an den Lasten des Staates — ich erinnere nur an die Militairpflicht — schwerer zu tragen haben, als die besitzenden Klassen, so drängt sich doch wohl für jeden unbefangenen Kopf und jedes fühlende Herz ein entschiedenes Nein auf, das hier nicht weiter begründet zu werden braucht.

2. Zweitens schliesst die Untersuchungsfrage VII noch die

und der dabei auch die allgemeine Militairpflicht nicht

besondere Frage ein, in wiefern dies stete Sinken des relativen Arbeitslohns zur Förderung der Productionskrisen beiträgt.

Die theoretische Beantwortung dieser Frage ist abstracterer Natur, wie die ad Frage 1, und deshalb schwerer zu geben und zu verstehen. Doch lässt sich der Zusammenhang zwischen dem Sinken des relativen Arbeitslohns und der Entstehung und Förderung der Productionskrisen auch a priori wohl anschaulich machen.

Ein krisenloser Fortschritt eines nationalen durch Geld vermittelten Tauschverkehrs, der in seinen Productivkräften und seiner Productivität zunimmt, kann begreiflicher Weise nur stattfinden, wenn die Vertheilung des Nationaleinkommens unter den verschiedenen wirthschaftlichen Klassen in einem gewissen Gleichgewicht steht, d. h. wenn alle Klassen einen hinlänglichen Antheil am Nationaleinkommen geniessen, denn nur die wirksame Nachfrage ermöglicht den Absatz und ruft also die Production hervor, und wirksam ist die Nachfrage nur, wenn sie eine entsprechende Kaufkraft besitzt, die wieder nur durch einen entsprechenden Antheil am Nationaleinkommen gegeben wird Es muss daher einleuchten, dass, wenn nur die Nationalproduction steigt, aber der relative Antheil der Arbeiter, dieser zahlreichsten wirthschaftlichen Klasse, die eben durch ihre Ueberzahl ein gewichtiger, einflussreicher Factor des Marktverkehrs ist, fällt, jenes den Absatz belebende Gleichgewicht in der Vertheilung des Nationaleinkommens gestört wird, wobei denn endlich, wenn mit den vorhandenen riesigen Productivkräften auf der einen Seite immer mehr producirt wird, und auf der anderen Seite der verhältnissmässige Antheil immer tiefer sinkt, die Productionskrisis zum Ausbruch kommen muss.

Ein sehr oberflächlich gebildeter Nationalökonom hat mir einmal eingewendet: Man producire nur Werthe, und es müsste ganz gleichgültig sein, ob die Werthe in grossem Maasse auf der einen und in kleinem auf der anderen Seite sich befänden, die Gesammtsumme der Werthe bleibe dieselbe. Aber man producirt nur Werthe — und zwar Tauschwerthe, denn von diesen kann hier nur die Rede sein, — wenn nach der Production auch der Absatz gesichert ist und damit sind wir auch wieder in den Zirkel

in Anschlag zu bringen vergisst, die, unter den Gesichts-

---

eingetreten, dass dieser Absatz fehlen muss, wenn in Folge der
fortwährenden Schmälerung des Arbeiterantheils am Nationalproduct, der Productenmasse die entsprechende gegenüberstehende
Kaufkraft fehlt.

Dieser theoretische Beweis lässt sich aber auch durch einen
empirischen unterstützen, zu dem die Geschichte der Gewerbe und
die Gewerbestatistik die Materialien liefern, und der, in grosser
Kürze gefasst, sich so darstellt, dass gerade, wenn eine neue be-
merkenswerthe Zunahme der Productionskräfte und Productivität
stattgefunden und sich massenhaft in der Production geäussert
hat, erfahrungsmässig die Krisen erfolgen.

Kann man sich mehr Unrecht und wirthschaftliche Verkehrtheit denken, als durch das Sinken des relativen Arbeitslohnes, das
wieder untrennbar mit einem auf den heutigen socialen Grundlagen sich selbst überlassenen Verkehr verbunden ist, verschuldet
wird?

VIII. „Wie hoch ist, in Folge der Freiheit des Grundeigenthums,
die heutige nationale Grundrente in der Creditform künd-
barer Capitalschuld belastet worden?"

Die Beantwortung dieser Frage lässt sich nur unmittelbar
aus den Hypothekenbüchern ermitteln, da den Statistikern diese
Ermittelung noch wenig zugänglich gewesen ist. Es würden also
die Hypothekenbehörden um Mittheilung des Schuldenstandes aller
Güter zu requiriren sein. Die nationale Grundrentenziffer war
oben ermittelt. Aus der Zusammenstellung beider Ermittelungen
ergiebt sich die Höhe der Grundrentenverschuldung. Diese Ermittelung der Höhe der Grundrentenverschuldung legt einen
charakteristischen Zug — ich möchte sagen, von schwärzester
Schattirung — in dem nationalökonomischen Tableau bloss, das
die Antworten auf die Fragepunkte des Antrages skizziren sollen.

Man ist geneigt, bei diesem steten Sinken des relativen
Arbeitslohns und bei dem ausschliesslichen Zufluss der Zunahme
des nationalen Einkommens in der Rente — eine Vertheilung, die
so viel Unheil über die verkehrende Gesellschaft verbreitet —
gegen den Besitz überhaupt, auch gegen den Grundbesitz sich
einnehmen zu lassen. Beim Grundbesitz wäre das voreilig. Wenn
der immer wachsende Rentenzuschuss bei seiner Entstehung auch

punkt einer Staatslast gebracht, bei den arbeitenden

ebensogut in den Grundrentenkanal wie in den Capitalrentenkanal einströmt, so kommt doch dem Grundbesitzerstande wenig von diesem fortwährend wachsenden Zuschuss zu gut, denn die Gesetzgebung hat unbedachter Weise auch gleich einen Abzugskanal beim Grundbesitz angebracht, durch den der Grundrentenzuwachs sofort wieder ab- und in den Kapitalrentenstrom einfliesst. Dieser Abzugskanal wird bekanntlich einerseits durch die Verschuldung, die bei jedem Besitzwechsel — und deren fallen durchschnittlich alle 15 Jahre einer auf ein Grossgut — dem steigenden Grundwerth nachfolgt, gebildet; andrerseits durch die kündbare Capitalform, in denen diese Verschuldung der Grundrente stattfindet, die schliesslich solchen Grundschulden die Direction ins Capital giebt.

Der Grundbesitzer theilt sich also vielmehr, unter der heutigen Gesetzgebung, brüderlich mit dem Arbeiter in die Verkehrsübervortheilungen.

IX. „Wie viel Millionen künstlicher Creditmittel hat der Staat dem Kapital zur Förderung von dessen Anwachsen und Vermehrung seines Gewinnes zugetheilt?"

Die Frage ist leicht aus der Summe des Zettelgeldes, das die Banken emittiren dürfen, wie aus der Zahl der Umsätze, die sie mit diesem künstlichen Gelde bewerkstelligten, zu beantworten. Letztere Zahl geht aus den jährlichen Geschäftsberichten hervor, die die Banken erstatten.

Hier muss man sich Zeit zu einer allgemeinen Betrachtung nehmen.

Welche Bewegung des Capitals!

Durch die stetige Verminderung des Arbeiterantheils wird das Capital durch den immer grösseren Zuwachs seiner Rente ohnehin prämiirt! — Dann liefert ihm eine unverständige Gesetzgebung in dem kündbaren Hypothekencapital auch noch den Grundrentenzuwachs aus! Alles nicht genug!

„Zu wissen sei es Jedem, der's begehrt:
Der Zettel hier ist tausend Kronen werth,
Ihm liegt gesichert, als gewisses Pfand,
Unzahl vergrabnen Guts im Kaiserland.
Nun ist gesorgt, damit der reiche Schatz,
Sogleich gehoben, diene zum Ersatz."

Klassen nicht einmal einer Steuer, sondern gleich einer

Auch Mephisto's Hülfsmittel wird also noch dem Capital zur
Disposition gestellt. Und nun — um noch diesen Seitenblick zu
werfen — wird der so durch Mittel aller Art gesteigerten Capital
macht nicht bloss der gewöhnliche Verkehr zur Gewinnausbeute
überlassen, — es wird ein neues, ungeheueres Verkehrsobject in's
Leben gerufen, ein potenzirtes Heerstrassen- Post- und Frachtwesen, das Eisenbahnwesen, und ihm das auch noch als seine
Domäne geschenkt. Kein antiker und kein mittelalterlicher Staat
hätte die Thorheit begangen, ein Besitzobject, das seiner Natur
nach so eminent res publica ist, wie das Eisenbahnwesen, dem
Privateigennutz zur Verwaltung und Ausbeutung preiszugeben.
Umgekehrt, ein munus war es den römischen Reichen, Heerstrassen
auf eigene Kosten zu bauen und sie dann dem Staat zu Eigenthum
zu überweisen. Heute kommt es vor, dass Eisenbahnen vermittelst
der Garantie auf Kosten des Staats gebaut und diese dann der
privativen Capitalmacht als bleibendes Geschenk überlassen werden.
— So nahm auch der mittelalterliche Staat sofort, wie sich das
Postwesen in der Hand von Privaten auszubilden anfing, dasselbe
als sein Monopol in Anspruch.

Welche wirthschaftlichen Verkehrtheiten also heute! Und
woher diese Bevorzugung des Capitals? Welchen Zweck kann sie
haben? Dass zuerst die Entwickelung der wirthschaftlichen Verhältnisse eines sich selbst überlassenen Verkehrs von selbst auf
diese Bahn geführt, mag zuzugestehen sein. Aber dann ist der
Staat über den Fortgang dieser Entwickelung wenig wachsam
gewesen. Damit hat auch die wirthschaftliche Wohlthat des
Capitals begonnen in Capitalismus umzuschlagen, der uns heute
schon Staat und Gesellschaft, — wie eine aussaugende Schling-
pflanze den stolzesten Baum —, umklammert hält und die officiellen Machthaber des Staats nur mit den Täuschungen äusserlichen Scheins regalirt.

Ja, es mag schon zweifelhaft sein, ob der Staat heute überhaupt noch die Kraft hat, sich dieser umstrickenden Gewalt des
Capitalismus zu entziehen.

X. „Wenn sich aus den Ermittelungen vorstehender Untersuchungen — namentlich aus der Bewegung des verhältnissmässigen Arbeitslohns — für die Gesetzgebung die

3

mehrjährigen Confiscation des ganzen Einkommens gleich-
kommt.¹)

Pflicht ergeben sollte, auf allgemeine Erhöhung des Arbeitslohns hinzuwirken, vermag der Grundbesitz bei dem Maass
und der Form seiner heutigen hypothekarischen Belastung
eine solche Erhöhung zu ertragen?"

Sind die vorstehenden 9 Punkte hinlänglich im Detail erörtert, so liegt auch eine so ausführliche Skizze des gesammten
nationalökonomischen Zustandes in allen seinen treibenden Kräften
wie getriebenen Resultaten vor, dass der Staat nicht mehr blind
tappend an die sociale Gesetzgebung zu gehen braucht.

Es wird sich dann kaum noch fragen, welche verheerenden
Folgen das Sinken des relativen Arbeitslohns sowohl für die Arbeiterbevölkerung als den Verkehr überhaupt hat. Sie werden
nach statistischem Maass in Ziffern ausgedrückt vor Augen liegen,
und diese Ziffern werden die Wege weisen, auf denen der Staat
zur Remedur einzuschreiten haben wird.

Aber wenn diese Remedur darin würde bestehen müssen,
jenem steten Sinken des verhältnissmässigen Arbeitslohns Einhalt
zu thun und vielmehr Vorkehrungen zu treffen zur Sicherung
eines steten Mitsteigens desselben mit dem Steigen des Nationaleinkommens, so wird der Staat doch noch eine Erwägung anderer
Art vorauszuschicken haben. Er wird vorher zu erwägen haben,
ob bei Massregeln, die auf solche Erhöhung des Arbeitslohns
wirken, der ins Capital überführende Abzugskanal des Grund-
rentenzuwachses bestehen bleiben darf, oder ob die wirthschaftliche Gesetzgebung, auf welche der ganze vorliegende Antrag
zielt, nicht vorher diesen Kanal durch das „Rentenprincip",
die Einführung der unkündbaren Rentenschuld statt der kündbaren Kapitalgrundschuld, zu schliessen hat.

Für den Anhänger der vorstehenden Ideen kann es nicht
zweifelhaft sein, dass die Reformgesetzgebung, die durch das gelieferte Tableau indicirt wird, mit der Einführung des „Renten-
princips" zu beginnen hat.

Vergleiche auch Meyer's Emancipationskampf des vierten
Standes, „Schluss" Seite 779.

¹) Um keinem Missverständniss ausgesetzt zu sein, bemerke
ich, dass ich ein entschiedener Anhänger unserer heutigen Militair-

Auch der dritte Satz kann von Niemand bestritten werden. — Dafür zeugen die Ausgabebudgets aller unserer civilisirten Staaten Man gehe alle Etatssätze durch und frage sich, welchen Klassen die betreffende Ausgabe besonders zu gute kommt. Z. B. die Kosten der Civiljustiz, — sie werden hauptsächlich zur Sicherung des Grund- und Capitaleigenthums verwandt, aber das Grund- und Capitaleigenthum gehört ja nicht den arbeitenden Klassen, sondern den besitzenden; nur die Kosten der Criminaljustiz — der letzte Grund entspringt aus der belasteten Lage der arbeitenden Klassen —

verfassung bin, so drückend sie auch für die arbeitenden Klassen sein mag, und so hoch die finanziellen Opfer scheinbar sind, die den besitzenden Klassen dafür abverlangt werden. Aber müsste nicht, bei der Nothwendigkeit dieser Verfassung, die allein unser Vaterland auf den Gipfel der ihm gebührenden Macht erhoben hat und auch allein im Stande ist, es darauf zu erhalten, diese Belastung der arbeitenden Klasse das dringendste Motiv mehr sein, derselben auf dem Wege der allgemeinen Verbesserung ihrer wirthschaftlichen Lage ein Ende zu machen? — Was aber die scheinbar grosse finanzielle Belastung der besitzenden Klassen betrifft, so verweise ich auf das Ende des 4 Abschnitts meiner Abhandlung „Zur Geschichte der römischen Tributsteuern seit Augustus" im 8. Bande von Hildebrands Jahrbüchern. Hier zeige ich, dass die Klagen über die Unerschwinglichkeit der Kosten des Militairetats sich in der Geschichte schon einmal, eben so laut wie heute, haben hören lassen, dass aber eine Entlastung von diesen Kosten zu keiner allgemeinen socialen Erleichterung geführt, sondern nur den Geldsack strotzender gemacht haben würde, der auf der weiter unten vorkommenden Figur D das zunehmende Einkommen der reichsten Klassen, bei immer grösserer Schwindsucht der mittleren und der unverhältnissmässigen Vermehrung der arbeitenden Klassen und der Paupers, heute wie damals illustrirt.

3*

kommen hauptsächlich auf deren Rechnung, aber als
Rückgewähr einer Staatswohlthat an diese Klassen werden
sie kaum zu betrachten sein. Nehmen wir weiter die
Ausgaben für den Nationalunterricht, — sie fliessen
hauptsächlich den höheren Lehranstalten zu, deren
Früchte aber wieder den arbeitenden Klassen nicht zufallen. Für diese bleibt nur die Volksschule und die
Kirche, die beide — und zwar noch ausserhalb und
neben dem Steuerwege — von ihnen selbst zum grossen
Theil unterhalten werden müssen. — Der Militairaus-
gabeetat, der zur Durchführung der allgemeinen Militairpflicht, die den arbeitenden Klassen das Einkommen
ihrer besten Jahre raubt und doch in seiner gegenwärtigen
Höhe absolut nothwendig ist, dient, fristet ihnen nur
während ihrer Dienstjahre das Leben, den höheren Klassen
wird er zu einer anständigen Subsistenzunterlage, die
die Familiengründung gestattet. — Dann wieder, wenn
der Staat, was recht eigentlich seine Domaine ist, zu
Privatprivilegien zersplittert, was haben die arbeitenden
Klassen davon? Mit den Eisenbahnen und so manchem
Anderen steht es nicht anders.

In der That, es kann keinen Menschen geben, der,
wenn er genügenden Verstand besitzt und dabei ehrlich
sein will, nicht diese furchtbare Cumulation von socialem
Unrecht anerkennen muss. Er braucht seinen Geist nur
aufmerksam auf derselben weilen zu lassen, um aus der
trägen, abstumpfenden Gewohnheit aufgerüttelt zu werden,
die allein es hat möglich machen können, dass er bis

dahin sorglos an solchen socialen Missgestaltungen vor
übergegangen ist. die nun, bei seinem socialen Erwachen,
wohl noch mehr Schrecken als Mitleiden in ihm erregen
dürften.

Bei dieser furchtbaren Lage der arbeitenden Klassen
ist es doppelt unbegreiflich, dass, als vor Kurzem die
Conjunctur in dem Marktartikel Arbeit - Waare zu
ihren Gunsten ausschlug, und sie diese Conjunctur einmal nach Möglichkeit benutzten, — wie dies unter dem
Freihandelsystem eigentlich Jedermann und jedem Stande
zur Pflicht gemacht wird — dass, sage ich, die capi-
talistischen Klassen darüber wie empört wurden, und
eine schwere Gefahr und Bedrängniss der ganzen Nationalproduction darin erkennen wollten.

Ich will aus jener Zeit zwei charakteristische Zeug-
nisse hierfür hervorheben, deren Gegenstand damals viel
besprochen wurde.

Das eine Zeugniss bringt die Kreuzzeitung in dem
Leitartikel No. 95 des Jahrgangs 1873 „Eine Petition
an den Reichstag“, in welcher die Hülfe des Staates an-
gerufen wird, um, namentlich in der Landwirthschaft,
dem zunehmenden Mangel an Arbeitern und der Wider-
willigkeit derselben zur Arbeit zu steuern. Das Thatsächliche in diesem Artikel ist auch nach meiner Erfahrung
wahr. Aber die Erklärung liegt in dem alten Sprüch-
wort: „Wie's in den Wald hineingeschallt hat. schallt es
wieder heraus.“ Ich bewirthschafte mein Gut jetzt über
vierzig Jahre. Zu Anfang dieser Periode kehrte sich

die Macht der Verhältnisse in dem Maasse gegen die Arbeiter, wie heute gegen uns Besitzer. Wir haben damals oft unmotivirt und leichtfertig den Arbeitern gekündigt, und damals war die Strafe hart für die gekündigte Familie. Heute trifft uns die Wiedervergeltung. Dass sich jetzt die Arbeit dessen erinnert und in der Erinnerung erst bewusst wird, was ihr widerfuhr; dass jetzt in diesem neu erwachten Bewusstsein es die Arbeit wurmt, was ihr damals so leichtfertig vom Besitz, lediglich nur in Benutzung eines formalen Rechts, zugefügt worden; — dass jetzt, wo das Blatt sich gewandt, der Arbeiter die „Herrschaft“ oder den Arbeitgeber so oft verabschiedet, wie damals die „Herrschaft“ oder der Arbeitgeber den Arbeiter; — dass der Arbeiter dies jetzt auch oft in leichtfertigster Sinnesanwandlung thut und dadurch den Besitz immerhin fühlbar schädigt, wie der Besitz es seiner Zeit meistens that und damals den Arbeiter doch entschieden noch weit fühlbarer schädigte, — wer kann das Alles bestreiten? Vom Standpunkt des allgemeinen Wohls, selbst der Moral, darf man deshalb die Arbeiter auch tadeln. Aber wie darf es der Besitz als solcher? Unter allen Umständen müsste er bei nur einiger Wahrheitsliebe und Selbserkenntniss die Vorwürfe, die er den Arbeitern macht, mindestens in Selbstvorwürfe kleiden. Denn der Besitz handelte ja vor Kurzem gerade so, wie die Arbeit jetzt handelt. Dass die Gesellschaft damals in allen ihren Schichten, Besitzern wie Arbeitern, noch so stupide war, dass sie diese Handlungsweise des Be-

sitzes gegen die Arbeit als herkömmlich, gewohnheits-
mässig, natürlich betrachtete, und selbst die Arbeit dieselbe, wie das Uebel einer bösen Naturgewalt, schweigend
und mit moralischer Empfindungslosigkeit hinnahm,
während selbstverständlich der Besitz erst recht kein
Wort dazu verlor; — und dass heute die Gesellschaft
diese Stupidität bereits abgelegt, und jetzt, wo die Arbeit dieselbe Handlungsweise gegen den Besitz übt, in
allen ihren Schichten, sich des Werths oder des Un-
werths bewusst geworden ist und deshalb jetzt die un-
gewohnteste moralische Empfindlichkeit die frühere ge-
wohnheitsmässigste Empfindungslosigkeit abgelöst hat:
— dass der Besitz jetzt darüber wehklagt, während die
Arbeit nicht dazu schwieg, und die Arbeit jetzt darob
frohlockt, wie der Besitz einst in gewohnheitsmässigem
Stolz auf die Arbeit niedersah, — das Alles kann keinen
Unterschied machen. In der Geschichte, der es ja nicht
an Zeit gebricht, bilden eben Hinein- und Herausschallen
ganze Perioden, die mitunter weit auseinander liegen.
Wenn es in der Geschichte herausschallt, pflegt längst
vergessen zu sein, wie es einst hineinschallte.

Mit dem „Recht zur Arbeit" hat sich Aehnliches
zugetragen. Noch vor 25 Jahren wurde dies Recht von
dem damals den individualistischen Standpunkt in der
Nationalökonomie hartnäckig vertretenden Besitz auf das
Lebhafteste bestritten, von der Arbeit eben so lebhaft
vom Gesichtspunkt der Staatsgemeinschaft aus behauptet.
Wie gerne erkennte der Besitz heute dies Recht an,

denn diesem Recht müsste doch offenbar auch eine
Pflicht zur Arbeit entsprechen. Aber die Verhältnisse
haben sich einstweilen vollständig umgekehrt. Heute
hört man in der Praxis nicht mehr, dass namentlich die
ländliche Arbeit, vom Standpunkt der Staatsgemeinschaft
aus, das Recht zur Arbeit in Anspruch nähme. Im
Gegentheile, sie, die Arbeit, ist es heute, die vom individualistischen Standpunkte aus ihre Pflicht zur Arbeit
bestreitet, welche Pflicht heute wieder, vom Standpunkt
der Staatsgemeinschaft aus, der Besitz zu beanspruchen
anfängt. Ich vernehme in dem Allen abermals nur das
schlechte Echo eines einst eben so schlechten Rufes.
In einem gesunden Zustand, den die Zukunft herbei-
führen wird, werden sicherlich Recht wie Pflicht zur
Arbeit zumal anerkannt und — vom Staate regulirt
sein.

Das zweite Zeugniss liefert die berüchtigte Champagnerflasche des Steinträgers! —

Aber bringen wir diesen ungewöhnlichen Fall, der
die Theorie wie die Praxis der herrschenden Schule in
Aufruhr versetzte, während er gerade beider — immerhin verkehrten — Principien entspricht, auf sein richtiges nationalökonomisches Maass zurück! Stellen wir
aber dann, ebenfalls auf dies richtige Maass zurückgebracht,
den Gründungsbesitz gegenüber, der dem Steinträger zum
Champagner reichenden Lohn gezahlt, dann auch seiner
Zeit Einkommen davon zu verthun, aber auch dabei
grosse Parcellen des Nationalcapitals zu verwalten hatte

— und vergleichen dann, ob der über den Champagner des Arbeiters zum Himmel aufschreiende Besitz eine so viel bessere ökonomische und nationalökonomische Verwendung über sein eignes Gut getroffen gehabt, dass er zu solchem Aufschrei berechtigt ist.

Der Gründungsbesitz hat dem Arbeiter einen so hohen Lohn gezahlt, dass dieser in den Stand gesetzt ward, eine Flasche Champagner zu trinken. Er hat es nicht des Arbeiters, sondern immer noch seines eigenen Vortheils wegen, in Verfolgung dieses „schnöden Hanges" gethan, der eben zuletzt immer „das wirthschaftliche Gleichgewicht abwärts neigt." Er hat es gewollt, wie der Arbeiter es gewollt hat, beide ihre Handelschancen benutzend, der Besitz nicht minder wie die Arbeit, denn diese schöpferische Kraft, in der der Mensch aufgeht, ist ja von dem System ebenfalls zu einer Art Ur- und Naturwaare erniedrigt, über deren Preis wie über Besenreis und Zündhölzer zu feilschen schon seit einer Reihe von Generationen nicht unter der Menschenwürde gehalten wird.

Dieser Handelslohn aber, obwohl er den schimpflichen Faden des Systems, dem er angehört, nachschleppen muss, ist doch wenigstens immer Arbeitslohn, ist Verdiensteigenthum, Eigenthum der echtesten Art. Er gehört weiter seiner Natur nach zum Nationaleinkommen, dem Theil des Nationalproducts, dessen Bestimmung die Consumtion ist. Er kann somit consumirt werden, ohne dass dem Nationalvermögen, dem Nationalcapitale,

der Nationalproduction auch nur ein Brocken entzogen wird.

Wie er consumirt wird, ob in Weissbier oder Champagner, in besseren Kleidern, Wohnungsräumen, oder
besseren, gesunderen Nahrungsmitteln, in Gründung einer
neuen Arbeiterfamilie oder Verbesserung der vereinzelten
Lebenslage, ist weit über die nationalökonomische Grenze
hinüberfallende individualste, materielle, ästhetische und
sittliche Geschmackssache, zu deren Kritik und Verfolgung die Nationalökonomie eben so wenig berechtigt ist, wie zu der Forderung, dass der Lohn nicht
völlig consumirt werden solle, dass davon zurückgelegt,
gespart werden müsse, eine Forderung, die zu jenem
Mangel an Berechtigung eine nationalökonomische Verkehrtheit fügt, die in der Gewohnheit des Unrechts
verlernt hat, was durch und durch Einkommen ist,
und Einkommen sein darf, ja sein soll, und was Capital
bleiben muss, bis es im weiteren Flusse des National-
productionsprozesses auch einst in die Einkommenscon-
sumtion übergeführt wird.

Sind Werth und Würde des Gründungsbesitzes,
der dem unter solchen Umständen und in solcher Weise
eingekommenen und genossenen Arbeitslohn gegenüber-
stand, so viel wirthschaftlicher wahrgenommen?

Analysiren wir zur Beantwortung dieser Frage die
Natur und die Wirksamkeit dieses Besitzes in dem vorliegenden Falle, wie wir die Natur des Lohnes und die

Berechtigung des Arbeiters zu dessen willkührlicher Consumtion eben auch analysirt haben.

Womit der Besitz in den Arbeitshandel eintritt und was er aus dessen Abschluss und Vollführung schöpft, ist ganz anderer Art, als was die Arbeit hinzubringt und sich wieder herausholt.

Die Arbeitskraft ist kein dem Arbeiter von der Gesellschaft anvertrautes, nach dem gewöhnlichen Eigenthumsbegriff ihr gehörendes, wirthschaftliches Gut, sondern der Arbeiter hat es von Natur, es ist die eine Emanation seiner dreieinigen Lebensthätigkeit selbst. Der Gegenwerth, den der Besitz dagegen in den Arbeitshandel einsetzt, ist das Capital, eine Parcelle des noch dem Productionsprozess unterliegenden Nationalproducts, gemeinschaftliches Werk der Gesellschaft, nicht der vereinzelten Thätigkeit des Besitzes, ist darum im Grunde bis dahin Gemeingut, wo es erst zu Einkommen umgeformt und als solches getheilt wird, ist somit von der Gesellschaft anvertrautes Gut, bei dem ihm die Pflichten eines Amtes delegirt sind, das er also keiner willkürlichen Benutzung unterwerfen darf. Er hat jedenfalls die Pflicht, diese ihm anvertraute Parcelle des Nationalcapitals in vollem Werthe zu erhalten (Reproduction des Capitals), ja sie mit der zunehmenden nationalen Productivkraft und Productivität selbst zu vermehren. Der Steinträger schädigt keines andern Menschen Eigenthum, wenn er, um Champagner zu trinken, seine Arbeitskraft so viel Jahre früher in's Grab trägt.

Was dann dem Arbeitslohn gegenüber steht, wird beim
Besitz Capitalgewinn genannt, unzutreffend so genannt:
denn es ist in seinem eigentlichen Stamm ein Theil
des neuen Arbeitsproducts, des Productwerths, aus dem
auch der Arbeiter seinen Lohn empfing, ist Rente, weil
es dem Besitz, lediglich als solchem, aus dem Arbeitsproduct zufällt, während das wieder zu reproducirende
Capital, der Productwerth, an welchen der Arbeiter sein
neues Product anschweisste, ein durch den ganzen National-
productionsprozess laufender Posten ist. Diese Capital-
rente ist ebenfalls Nationaleinkommen und kann
willkürlich consumirt werden. Aber wohl bemerkt,
Verdiensteigenthum und Verdiensteinkommen, wie
der Lohn in der Hand des Steinträgers war, ist sie in
der Hand des Besitzes nicht. Sie hat in dieser Hand
nur den Werth eines historischen Eigenthumsrechts erhalten, dessen grundlegende Idee vor der heutigen von
den geschichtlichen Schlacken schon gereinigten Rechtsidee nicht mehr stichhaltig ist.

So stehen sich also in dem Arbeitshandel Arbeit
und Besitz mit ihren Mitteln und bei deren Natur
einander gegenüber. Wie haben sich Beide, als der
Steinträger seinen Lohn in Champagner vertrank, im
Gebrauch dieser Mittel gegenüber gestanden?

Es ist selten, dass der Steinträger Champagner
trinkt; dies Mal war er durch seinen Lohn dazu in den
Stand gesetzt, denn der Besitz hielt es im vorkommenden
Falle noch seinem Vortheil entsprechender, einen solchen

Lohn zu zahlen, als es nicht zu thun. Denn als der
Steinträger Champagnertrinker war, war der Besitzer
mit seinem Besitz und Einkommen „Gründer". Ich lasse
nun bei Seite, dass der Besitzer seinen ganzen „Gewinn"
auch nicht zu edlen Zwecken verwandt haben, sondern
noch einige Flaschen Champagner mehr getrunken haben
wird, als der Arbeiter; — war, frage ich, dieser Gebrauch
der Mittel zu Gründungsgeschäften nicht eine viel grössere
Ausschweifung im nationalen Productionsprozess, wie der
Verbrauch des Lohnes in Champagner? Also dem
Verdiensteigenthum des Arbeiters steht das nur anvertraute Eigenthum des Besitzers gegenüber; dem
vollsten privatrechtlichen Verbrauchsrecht des Lohnes
die delegirte nationale Amtspflicht des Besitzers.

Und im weiteren Verfolg? Der Champagnerflasche
der Börsenkrach. Wer war's, der damit die „wirthschaftliche Welt wieder einmal abwärts geneigt von jedem
Gleichgewicht?" Bedarf es noch der Antwort? „Der
glatte Herr, der Schmeichler Eigennutz," der Krach und
Bruch durch die ganze Gesellschaft erzeugte und dazu
das kindische Vorurtheil aufsetzte, dass der Arbeiter
keinen Champagner trinken dürfe, selbst wenn ihm der
Gründungsschwindel die Mittel dazu giebt.

Ich finde, über solche balkendumme Splitterrichterei
des Besitzes hat die Arbeit Recht, empört zu sein.

III.

Zu voller Würdigung der Socialen Frage muss man also den Blick noch weit höher erheben, als zu dem kleinen Ausschnitt Boldt oder dem traurigen Gesammtgemälde der Lage der arbeitenden Klassen.

Das zu können hat Baxter[1]) den ersten Schritt gethan. An diesen ersten Schritt knüpfe ich an, denn es bedarf noch ein Paar weiterer Schritte, um die übersichtliche Höhe zu erreichen, von der einem das ganze Panorama dieser welterschütternden und weltverändernden Frage zu Füssen liegt.

Der Anblick des Pic von Teneriffa hatte Baxter auf den Gedanken gebracht, die Vertheilung des Nationaleinkommens an die verschiedenen Klassen Grossbritanniens und Irlands unter dem ähnlichen Bilde einer Pyramide darzustellen. Der Census von 1861 und andere bis 1867 fortlaufende statistische Daten lieferten ihm dazu das genaueste Material.

Baxter macht selbst auf die Schwierigkeit aufmerksam, in einem solchen Bilde die Verhältnissmässigkeit der Antheile richtig zu treffen und deutlich hervortreten zu lassen und glaubt endlich in nebenstehender illuminirter Skizze A diesen Erfordernissen zu genügen.

Zu bemerken ist hier gleich zu Anfang, dass Baxter's Pyramide keine vollständige Zeichnung enthält.

---

[1]) National income by Dudley Baxter, London, Macmillan & Co. 1868.

Einkommen des Vereinigten Königreichs.
(Income of the United kingdom).

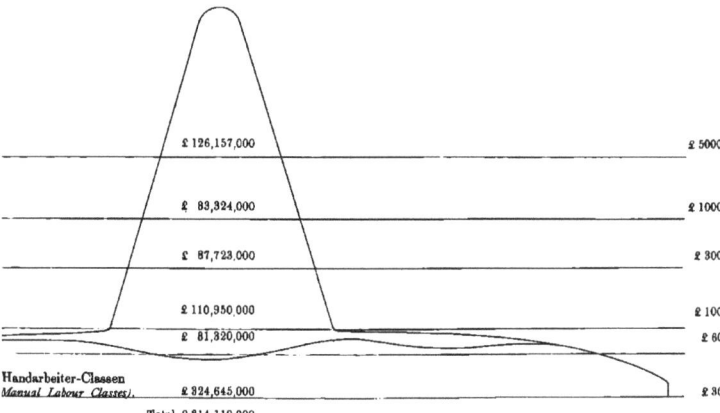

£ 126,157,000   £ 5000

£ 83,324,000   £ 1000

£ 87,723,000   £ 300

£ 110,950,000   £ 100

£ 81,320,000   £ 60

Handarbeiter-Classen
Manual Labour Classes).   £ 324,645,000   £ 30

Total £ 814,119,000

Baxtersche National-Einkommenspyramide des
Brittischen Reichs für das Jahr 1867.

Baxter giebt nach Durchschnittssätzen der letzten
Jahre — S. 47 seines Werks — 3 Millionen Menschen
an, die öffentlich unterstützt werden mussten, — 10 %
der ganzen Bevölkerung. — Zu den arbeitenden Classen
wird man diese nicht mehr in einem genauen statistischen
Bilde rechnen können, und doch ist diese Zahl zu bedeutend, um sie zu übergehen. Sie hätte also unter
dem langen und schmalen Streifen, der die Arbeiterregion bezeichnen soll, in einem besonderen Streifen
auch noch besonders markirt werden sollen. — Ich führe
dies hier schon an, weil ich oft auf diesen Bevölkerungstheil, der geradezu nicht blos ein Unglück, sondern eine
Schande der heutigen Gesellschaft ist, zurückkommen
werde.

Offenbar regt die Baxter'sche Säule durch das Antheilsverhältniss der verschiedenen Klassen am Nationaleinkommen, das sie so übersichtlich vor Augen führt,
das lebhafteste Interesse an. Aber dies ist wohl zu beachten, es geschieht dies lediglich durch die statistischen
Vergleichungen, die sie ermöglicht. Erführe man nur
die Grösse des Antheils irgend welcher alleinigen Klasse,
ohne zugleich die mehrerer anderer oder aller übrigen
daneben, so hätte man nichts als eine trockene, seelen-
lose Zahl, an die man kaum einen fruchtbringenden Gedanken knüpfen könnte. Dagegen die Vergleichungen,
zu denen das in seinem ganzen Umfange aufgedeckte
Antheilsverhältniss Anlass giebt, sind es sofort, die durch
die Ideen und die Combinationen des Gedankengangs,

der sich mit ihnen verbindet, das ergreifendste Interesse
in uns anfachen.

Gehen wir die Vergleichungen, zu denen die Baxter'sche Säule Anlass giebt, durch.

Nicht, dass die Arbeiterbevölkerung des Vereinigten
Königreichs 23 Millionen beträgt, könnte unser Interesse
erregen, sondern, dass sie 23 Millionen von 30 Millionen,
also 77 % der Gesammtbevölkerung beträgt, ist, was uns
über die Bedeutung der Ziffer von 23 Millionen aufklärt.

Nicht, dass diese 23 Millionen Arbeiter, nachdem
noch 3 Millionen als Paupers aus ihren Reihen ausge-
stossen sind, nur den nothwendigen Unterhalt in ihrem
Lohn beziehen, ist dann weiter, was uns auf die Seele
fällt — dagegen scheint unser Gefühl durch die Gewohnheit dieses Einkommenmaasses fast abgestumpft zu
sein — sondern, dass die erste Abtheilung der reichsten
Einkommensklasse nur 8500 Personen, nur $^1/_{35}$ %, umfasst und dennoch ein jährliches Durchschnittseinkommen
bezieht, dass die denkbarste Ausschweifung der genuss-
süchtigsten Phantasie übersteigt, nämlich 14,820 Pfd Sterl..
und damit für diesen geringen Bevölkerungstheil circa
14 Procent des Nationaleinkommens fortnimmt, — ich
sage, nur diese Vergleichung ist es, die uns anregt
und fast in Schrecken setzt.

Es ist ferner nur die Vergleichung, dass die diese
beiden extremen Klassen verbindenden Stufen der mittleren und niederen Besitzeinkommens-Klasse hinter der
arbeitenden Klasse in der Zahl, und hinter der „large

incomes"-Klasse im Einkommen so weit zurück stehen,
— die der „middle incomes"-Klasse nämlich nur 1¼
Procent der Gesammtbevölkerung beträgt und nur 9 Procent
des Nationaleinkommens bezieht. — die erste Abtheilung
der „small incomes"-Klasse nur 9 Procent der Bevölkerung
beträgt und etwa 14 Procent des Nationaleinkommens
bezieht, — die letzte Abtheilung der „small incomes"-
Klasse, die bei einem Einkommen von 60 bis 100 Pfd.
Sterl. eher zu den arbeitenden als zu den besitzenden
Klassen zu rechnen sein dürfte, schon wieder 14 Procent
beträgt, aber nur 10 Procent des Nationaleinkommens
bezieht. — es ist, sage ich. wieder nur diese Vergleichung, die unsere ernsteste Aufmerksamkeit in
Anspruch nimmt.

Es ist wiederum nur die Vergleichung, dass es
bei der obersten, von Ueberfluss überströmenden Reich-
thumsklasse, einen bejammernswerthen, permanenten.
socialen Niederschlag giebt, gegen dessen Hülfsbedürftigkeit und Unterstützung die übrigen Klassen sich sperren,
der, wenn auch öffentlich unterstützt, — in der Weise,
in der dies geschieht, — dennoch nichts als Hunger,
Elend und verfrühten Tod repräsentirt, weil die der
Schaar dieser Unglücklichen zu Theil werdende Unterstützung darin besteht. dass sie, für 6 d. täglich und
ein Laib Brod wöchentlich für jedes Familienmitglied,
Steine klopfen müssen, — es ist wiederum nur diese
Vergleichung, die uns so mitleiderregend an's Herz
packt.

4

Es ist endlich nur die Vergleichung, dass dieser
Niederschlag zu Baxter's Zeit 3 Millionen verbitterter
Seelen in verkümmerten Leibern, also ungefähr 10 Procent
der Gesammtbevölkerung, 14 Procent der gesammten
Arbeiterbevölkerung, und, wie wir sehen werden, 20 Pro-
cent der wirklich in Arbeit stehenden Arbeiterzahl be-
trug,[1] — es ist diese Vergleichung, die mit allen übrigen
Vergleichungen unsere Seele mit so tiefer Trauer über

---

[1] Baxter rechnet, wie schon angeführt, auf die Gesammt-
Arbeiterbevölkerung von 23 Millionen an wirklichen Arbeitern —
Männern, Burschen, Frauen und Mädchen — etwa 16 Millionen,
und — da davon 3 Millionen als durchschnittlich der öffentlichen
Unterstützung anheimgefallen anzusehen sind — die Zahl der
Unterstützten auf ungefähr 20 Procent der wirklichen Arbeiter,
also circa 10 Procent der Gesammtbevölkerung, circa 14 Procent
der gesammten Arbeiter-Bevölkerung, circa 20 Procent der wirklichen Arbeiterzahl!

Baxter hätte also, inmitten des ausgedehnten blauen Streifens,
der die Nacken der Arbeitermillionen wie den die Besitzeinkommens-
pyramide tragenden Sockel erscheinen lässt, noch ein Fünftel des
Raumes davon mit schwärzerer Farbe abgrenzen müssen, um auch
noch die 3 Millionen Menschen, die durchschnittlich der öffentlichen
Unterstützung anheimfallen, besonders zu markiren. Indessen
zeigt das „Chap. IV Manual labour Classes" p. 40, dass er dies
nicht aus Mangel an Mitgefühl unterlassen hat. Er knüpft vielmehr
an diese unterste Jammerregion der Bevölkerung wichtige, noch
nicht überall erkannte Bemerkungen an, welche auch von der
Commission des deutschen landwirthschaftlichen Congresses zur
Untersuchung der Lohnverhältnisse der ländlichen Arbeiter zur
Richtschnur hätten genommen werden sollen, aber auf dem aus-
gegebenen Fragebogen keinen Platz gefunden haben.

Er weist nämlich durch die detaillirtesten Berechnungen nach,
dass der gewöhnliche statistisch angegebene Geldarbeitslohn nur
ein „Nominallohn" ist, von dem der Geldlohn, der dem Arbeiter
wirklich einkommt, unterschieden werden muss, denn es seien

ein solches Antheilsverhältniss der verschiedenen Volksklassen am Nationaleinkommen erfüllt.

durchschnittlich noch 20 Procent für jährlichen Arbeitsausfall jeder
Art — („out of work, sick and paupers") von jenem Nominallohn
in Abzug zu bringen, was also den wirklich einkommenden Jahres-
geldlohn um so viel verringere. Baxter gebraucht hier also, wohl
zu bemerken, das Wort „Nominallohn" nicht im Gegensatz des
Geldlohns zum Reallohn der Menge der Naturalproducte, die der
Arbeiter für den Geldlohn kaufen kann, sondern in dem bisher
ungebräuchlichen Sinne eines von der Statistik gemeiniglich angegebenen, aber mit der Wirklichkeit für einen längeren Zeitraum
nicht übereinstimmenden Geldlohns. Er unterscheidet in Verfolg
dessen den nominellen Wochenlohn und den wirklichen Jahreslohn,
indem er z. B. bei den geübteren und höheren Arbeits- und
Manufacturklassen als solchen Wochenlohn 28—35 sh, als solchen
Jahreslohn 60—73 £ annimmt. Es ist dies derselbe Gedanke, den
ich wiederholt schon so ausgedrückt habe: Um die Höhe des den
Arbeitern wirklich einkommenden Lohnes zu erfahren, müsse man
die Gesammtsumme des Geldarbeitslohns, die wirklich in der Nation
jährlich bezahlt werde, zu ermitteln suchen und diese Summe mit
der Zahl der vorhandenen Arbeiter resp. Arbeiterfamilien dividiren.
Erst die danach sich ergebende effective Geldlohnportion pro Kopf
oder Familie müsse man dann mit den Marktpreisen der haupt-
sächlichsten Lohnwaaren vergleichen, um die Quantität realer
Unterhaltsmittel zu erhalten, die den Arbeitern in jener wirklichen
Lohnportion zufiele, denn erst an dieser Quantität — Pfunden
Brod, Butter, Fleisch u. s. w., Ellen Zeug, Quadratfuss Wohnungs-
raum u. s. w. — sei erst zu erkennen, ob und wie sie damit leben
könnten, oder ob sie, rascher oder langsamer, sich damit zu
einem verfrühten Tode hinzehren müssten.

Es kommen also zu den 3 Millionen Paupers oder dem,
20 Procent der wirklichen Arbeiterzahl betragenden Arbeiterausfall,
auch noch bei den nicht ausgefallenen Arbeitern 20 Procent Arbeitsausfall hinzu.

Baxter fährt aber dann bei den 3 Millionen Paupers noch
weiter so fort: Diese 3 Millionen, die sich aus Berechnungen von
1857 und 1866 ergäben, seien gewissermassen als der regelmässige

4*

Man sieht ferner, um noch tiefer in die Natur dieser statistischen Vergleichungen einzudringen, es sind Ver-

---

Zubehör zu den 16 Millionen vorhandener effectiver Arbeiter zu betrachten. Indessen würde auch diese Anzahl regelmässiger Unterstützungsfälle nur ein sehr unvollkommenes Bild von dem ganzen, wirklichen Umfange des mit den Paupers verbundenen Arbeits- und Einkommensverlustes geben. Zu einem bedeutenden Theil unterwürfen sich die Arbeiter noch erst den härtesten Entbehrungen und seien schon Wochen und Monate ausser Arbeit, ehe sie sich an das Armenhaus wendeten. Sie consumirten erst ihre Ersparnisse, lägen, so lange wie irgend möglich, ihren Vereinen und Unterstützungscassen zur Last, versetzten bei Kleinem erst ihre ganze Habe und würden dann erst schliesslich so weit gebracht, die öffentliche Unterstützung anzugehen. „Ich wundere mich auch nicht — ruft Baxter aus — über diesen Widerwillen, denn was haben sie von den Armenhäusern? Nachdem sie in einem vor den Blicken aller Welt wartenden Haufen dem beschämenden Gefühl ausgesetzt gewesen sind, erhalten sie die Anweisung, Steine zu klopfen für 6 d. auf den Tag, und wöchentlich ein Laib Brod für jedes Mitglied ihrer Familie. — Darum sterben auch Viele noch lieber vor Erschöpfung, als dass sie solche öffentliche Unterstützung in Anspruch nehmen."

So Baxter. — Man darf wohl hinzufügen, dass die Engländer keinen Grund haben, sich auf ein solches Unterstützungssystem viel einzubilden. Zwar dem früheren, noch aus der Zeit Elisabeth's stammenden System gegenüber, für das noch die Pitt's gegen die beginnende Malthus'sche Richtung mit aller Energie eintraten, verringerte es für einige Jahre allerdings den Procentsatz der Unterstützten, aber es bedurfte, wie wir sehen werden, nur der 55 Jahre, die zwischen der Colquhoun'schen und Baxter'schen Pyramide liegen, um diese erste Verringerung doch wieder in einen steigenden Procentsatz ausschlagen zu lassen. Es ist in der That auch eine raffinirte Unterstützungsweise, die keine grössere Anziehungskraft üben kann, einen schon halberschöpften Arbeiter Steine klopfen zu lassen, d. h. ihm eine Arbeit zu geben, die viel und so viel Muskelkraft consumirt, dass sie schwerlich durch 6 d. täglich und ein Laib Brod wöchentlich ersetzt werden kann. Wenn

gleichungen von Resultaten, von Resultaten socialer
Entwicklungsgesetze, die die Theilnahme unserer Ge-

———

dabei dennoch der Procentsatz der Unterstützten sich wieder vermehrt hat, so ist dies eine furchtbare Anklage gegen die still
und unablässig wirkende Gewalt, mit der unser heutiges nationalökonomisches System die unteren Klassen in's Elend schraubt. —
Mir scheint daher, dass Baxter den gesammten Arbeits- Productions-
und Lohnverlust mit 20 Procent zu niedrig angeschlagen hat und
dass wir, wenn auch die geklopften Steinhaufen als Aequivalent
für Denars und Brode gelten sollen, doch für diesen gegen die
öffentliche Unterstützung noch eine längere Zeit ringenden Theil
der Arbeiterbevölkerung noch letzte 5 Procent zu den obigen
20 Procent hinzurechnen müssten, so dass sich der gesammte
Arbeits- und Lohnverlust, um den unsere statistisch angegebenen
Nominalarbeitslöhne zu verringern sind, auf 25 Procent beziffern
dürfte.

Man sieht also schon hieraus, wie durch und durch unwahr,
ja albern jene Einwendung der Gegner socialistischer Lohnerhöhungs-
bestrebungen ist, dass selbst die gleiche Kopftheilung des ganzen
Nationaleinkommens den Lohn nicht nennenswerth steigern würde.
Es ist wahr, wenn die nationalökonomische Organisation bliebe,
wie sie ist, würde selbst das heutige, grosse britische Nationaleinkommen nach Baxter bei gleicher Kopftheilung in England nur
32 £, Schottland 23½ £, Irland 14 £ auf den Kopf betragen.
Aber doch nur unter den Fehlern der heutigen socialen Organisation, unter denen allerdings kein anderes Resultat der Vertheilung
herauskommen könnte, selbst wenn sich eine solche Kopftheilung
practisch ermöglichen liesse, was nicht der Fall ist! Allein Staaten
sind selbstschöpferische Lebensbildungen, — Wesen, die sich selbst
zu organisiren vermögen, — so oder anders, und da brauchte doch
nur die Organisation dahin geändert zu werden, dass jene 25 Procent
Arbeits-, Productions- und Lohnverlust nicht Statt fänden. Diese
Aenderung liesse sich aber allerdings ermöglichen. Damit würden
dann schon 200 Millionen dem Nationaleinkommen zuwachsen, von
denen, selbst wenn das heutige Vertheilungsverhältniss beibehalten
würde, 100 Millionen auf die arbeitenden Klassen fielen. — Aber
ich gehe noch weiter. — Würde der von mir empfohlene Normal-

danken und Empfindungen so gewaltig anregen. In der
geschlossenen Kette von Ursache und Wirkung, die sich
durch Natur und Gesellschaft hindurchzieht, können
diese Resultate, die die Baxter'sche Säule aufdeckt,
freilich wieder zu wirkenden Ursachen werden, z. B. um
im concreten Fall gleich auf das Höchste und Schreck-
lichste hinzudeuten, zu dem fürchterlichsten Bürgerkriege

arbeitstag eingeführt, so würden die Arbeiter, wenn ihnen der
Werth des ganzen unter dieser Lohnform hergestellten Mehr-
products als Einkommenszuwachs gesichert würde, mit so viel
mehr Liebe und Lust arbeiten, dass sie noch 50 Procent mehr
Werk oder Product herstellen würden, als es heute von ihnen
geschieht. Das Nationaleinkommen könnte sich also um noch
weitere 50 Procent vermehren, und würden damit zu dem schon
auf 1000 Millionen £ erhöhten National Einkommen mindestens
noch 500 Millionen £ hinzutreten. Der Arbeiterbevölkerung, in
ihrer heutigen Anzahl, würden dann statt 324 Millionen £ etwa
850 Millionen £ zufallen, d. h. das Durchschnittseinkommen des
Arbeiters würde von 30 £ — s. unten — auf beinahe 80 £ steigen
können. — Da vorausgesetzt wird, dass die in Folge der Einführung jenes Normalarbeitstages hervorgebrachte Productions-
und Einkommenssteigerung den Arbeitern ungetheilt, d. h.
durch keinen Rentenbezug geschmälert, zufallen solle, so müsste
freilich der Staat, so weit diese Mehrproduction reicht, für Capital
— Material und Werkzeugsabnutzung — sorgen, und zwar ohne
Rückvergütung dafür zu verlangen. Aber er würde das auch können,
wenn er sich das Bankmonopol revindicirte, denn er würde dann
in der Ressource, die ihm diejenige Notenemission liefern würde,
die ungedeckt bleiben kann, das Mittel zu jenen Capitalunter-
stützungen finden.

Freilich, wer sich nicht aus dem gewohnten, ausgefahrenen
Geleise des heutigen volkwirthschaftlichen Getriebes hinausversetzen
kann oder will, weil er die geistige Elasticität nicht mehr hat, um
zu lernen, oder ihm selbst als einer der Mitlenker der Bewegung
so „wohlig" darin ist, dass er ein mehr als spannenlanges Nachdenken überflüssig findet, ein solcher flüchtiger Augenblick aber

führen, wie ihn Alterthum und Mittelalter noch nicht
geschen. Aber als solche weiter wirkende Ursachen,
gewahrt man von vornherein, sollen sie an der Baxter'-
schen Säule nicht hervortreten. Hier sollen sie sich
offenbar nur als Resultate geltend machen, die ihre wirkenden Ursachen hinter sich haben.

Man wird dann weiter auch vorausfühlen, dass,

doch höchstens nur zu neuen Phrasen für alte Gedanken aus-
reicht, der wird die obigen Andeutungen eben so unverständlich
als unverständig finden, denn er gesteht eben nur sociale Unvoll-
kommenheiten zu, in denen er nur lauter Natürlichkeiten erblickt.
Aber die „sociale Frage" löst sich eben nicht in eine Menge nicht
zu vermeidender „kleiner socialer Plackereien" auf, — wie
diese Täuschung lautet, — sondern ist die Folge eines organischen
Leidens unserer heutigen Staatenart, eines organischen Fehlers,
der bis in unsere socialen Grundlagen hinein wurzelnd, erst in dem
heutigen Altersstadium dieser Staaten — genauer, in dem
Alter, in welchem die Productivkraft der Gesellschaft und die Productivität ihrer Arbeit so gestiegen ist wie heute — seine unheilvollen Folgen entwickelte. Da muss natürlich auch ein entsprechend
energisches und eingreifendes Heilverfahren eingeschlagen werden,
ein Heilverfahren ganz anderer Art, als die gewöhnlichen Haus-
mittel abgeben: die allbekannten Kräuter, die an den Polizeigehägen
unserer politischen Zustände wachsen, — oder die Kamillentöpfe,
mit denen sanfte nationalökonomische Gemüther neuerdings ge-
laufen kommen, — oder endlich die Sympathiekuren, in denen ein
Theil der Socialconservativen, mittelst religiöser Besprechung, das
Uebel stillen zu können wähnt, oder noch manche andere sociale
Medicinalpfuscherei. — Mag auch die Kur schmerzlich sein, hier
kann es nur heissen ferrum sanat, — und zwar muss der Schnitt,
der jenen organischen Fehler aus unserem Staatsleben ausscheiden
soll, eben auch bis in die socialen Grundlagen hineingehen. —
Säumen wir also nicht, das Reformmesser zu schärfen, und
schneiden wir, damit uns nicht die sonst noch tiefer fressende
Petroleumflamme zuvorkommt, immerhin tief, denn das Feuer, wie
bekannt, heilt sicherlich, wo der Stahl zurückbleibt.

wie diese Resultate selbst von einer gewissen Consistenz
und Constanz sind, es auch längere Zeit dauernde,
unter gleichen Umständen gleich wirkende Ursachen sein
müssen, welche diese Resultate, die die Baxter'sche Säule
aufdeckt, hervorgebracht haben. Ursachen, die wir in
solchem Falle Gesetze zu nennen pflegen. Aber, wenn
wir uns auch mit den Resultaten dieser Gesetze eingehend zu beschäftigen haben, so werden wir diese Gesetze selbst doch nicht weiter als in der Weise in den
Kreis unserer Betrachtungen ziehen, dass wir allgemeine
Rückschlüsse aus den Resultaten auf die Wirksamkeit
dieser Gesetze ziehen; — während die genauere Analyse
dieser Gesetze selbst, so lange wir uns auf die statistische
Sphäre beschränken wollen, uns fern liegt.

Wir werden endlich von vornherein die Ueberzeugung
gewonnen haben, dass, wenn wir uns in dem Kreise von
Vorstellungen einschliessen, welche die an der Baxter'schen
Säule aufgedeckten Resultate in ihren Vergleichungen
in uns anregen, es eben in exactester wissenschaftlicher Form, in Ziffern ausgedrückte Resultate sein
müssen — wie sie es denn auch auf der Baxter'schen
Säule sind, — die unseren Vergleichungen zu unterliegen
haben, eine Form, die die wirkenden Ursachen dieser
Resultate, die diese Resultate hervorbringenden Gesetze,
gar nicht annehmen können.

Kurz, man sieht, die Baxter'sche Pyramide entspricht
in den wichtigsten Beziehungen den statistischen Erfordernissen in Materie und Form; in der Vergleichung,

die das Element der Statistik bildet: in der Vergleichung von socialen Lebensresultaten, die allein dazu
gehören; in der Vergleichung dieser Resultate in der
exacten Form der Zahl, die den nothwendigen
statistischen Maassstab dazu angiebt

Und dennoch, — in so vollem Maasse allen diesen
Anforderungen — Vergleichung, Resultat, Zahl — die
Baxter'sche Pyramide entspricht, — ein **vollkommenes,
erschöpfendes** statistisches Interesse bietet sie mit
diesen ihren ergreifenden Vergleichungen von socialen
Lebensresultaten in exactester Form doch noch nicht.
Denn zu solcher erschöpfenden Aufklärung, zu solchem
erschöpfenden Interesse genügen die Vergleichungen
von Resultaten aus einem und demselben Querschnitt
des socialen Körpers, wie sie die Baxter'sche Pyramide
für das Jahr 1867 bringt, mögen sie nach ihrem Inhalt
noch so interessant und in der Form noch so sicher be-
ziffert sein, doch noch nicht. Dazu gehört auch noch
die Vergleichung solcher statistischen Resultate,
die aus mehreren auf demselben Lebensgebiet
aufeinander folgenden und genügend auseinander liegenden Zeitabschnitten geschöpft sind.

Und zwar gehört zu solchem vollkommenen statistischen Bilde auch noch diese letztere Vergleichung
aus einem Grunde, der in der Natur der Staaten liegt
und sich deshalb auch der Natur der Statistik, als einer
Staatswissenschaft, mittheilt.

Staaten sind nämlich Organismen — sociale, geschichtliche Organismen. Als Organismen sind
sie Lebensbildungen; Leben aber ist Entwicklung.

Sie sind ferner als geschichtliche, sociale Organismen, wie wir schon in der Vorrede gesehen, selbstschöpferische Lebensbildungen. Jeder Staat z. B.
ist ein socialer Kosmos, der nicht, wie der Makro-
kosmos oder die Mikrokosmen der Natur, die Gesetze
seiner Harmonie, und die Organe, die zur Erfüllung
dieser Gesetze zu functioniren haben, wie sie die Lebens-
bildung der Schöpfung, als immanente Mitgift mitbe-
kommt, sondern, der sie sich selbst im Laufe der Geschichte erst zu geben und anzubilden hat.

In diesen beiden Wesenheiten — einmal, als in
unausgesetzter Entwicklung begriffenes Leben, und
zweitens als selbstschöpferisches Leben, das sich
seine Entwicklungsgesetze immer selbst zu geben und
die zu deren Erfüllung erforderlichen Organe immer
selbst anzubilden hat — ist das sociale Leben nach
seinem ganzen Umfang und Inhalt, in seinen mannig-
fachen Entwicklungsrichtungen, in's Auge zu fassen und
in Kürze zu verfolgen, um auch einen vollen Ueberblick
über den Wissenschaftsbereich der Statistik zu gewinnen.

Als Lebensbildungen entwickeln sich die socialen
Organismen, in der „Geschichte", in eben so zahlreicher Mannigfaltigkeit und zu analogen, immer höheren
Vervollkommnungsstufen, wie die physischen Organismen in der „Schöpfung" sich bereits entwickelt

haben und nun unter den harmonischen Gesetzen der
vollendeten Welt der Natur fortbestehen.

Die socialen Organismen schliessen auch, ihrem
Lebensinhalt nach, ein ebenso dreieiniges Gebiet ein,
wie es die physischen Organismen — am erkenntlichsten
auf ihrer vollkommensten Stufe im Menschen, — in dem
individualen Geiste, dem individualen Willen und der
individualen materiellen Kraft einschliessen: —
nämlich ein wissenschaftliches, das auf der **Vereinigung** der Geister des individualen Lebens; — ein
ethisches, das auf der **Vereinigung** der Willen des
menschlichen individualen Lebens; — ein wirthschaftliches, das auf der **Vereinigung** der materiellen
Kräfte des individualen Lebens basirt.

Nach Umfang und Inhalt dieser drei Lebensgebiete
entwickeln sich dann die socialen Organismen in dreier-
lei Lebensrichtungen. — Sie verfolgen eine der Darwin'-
schen Artenentwicklung analoge, aufsteigende, immer
vollkommenere Stufenentwicklung; sie bewegen sich
in einer der Altersentwicklung der physischen
Organismen analogen Individualentwicklung; —
sie rücken in einer, die Individualentwicklung mit
der Stufenentwicklung fortschreitend verbindenden,
internationalen Verkehrsentwicklung von Stufe zu
Stufe vor.

Sie verfolgen endlich in diesem dreifachen Entwick-
lungsumfange und in jeder dieser Entwicklungsrichtungen
nicht willkürliche geschichtliche Bahnen. Diese sind

ihnen vielmehr, wie in einer, durch undurchbrechliche
Seitenschranken eingeschlossenen Arena, die den irrenden
Organismen nur die Freiheit lässt, sich an diesen
Schranken den Kopf zu stossen oder auch einzustossen,
durch göttliche Geschichtsgesetze angewiesen. Diese Bahnen
zu wandeln, ist die Tugend der geschichtlichen Lebensbildungen, von ihnen abzuirren, das Verhängniss ihrer
eignen Schuld, das auch zu ihrem nationalen Tode führt.

Diese Selbstschöpfung ihrer Gesetze und Organe —
haben natürlich die socialen Organismen auf allen ihren
Lebensentwicklungsgebieten und für alle diese Lebens-
entwicklungsrichtungen auszuführen: — auf dem wissenschaftlichen, ethischen und wirthschaftlichen Lebensgebiet:
— für die Richtung der Stufenentwicklung, der Individualentwicklung, der internationalen Verkehrsentwicklung;
— und haben diese sich selbst zu schaffenden Gesetze
und Organe, zur Einhaltung jener durch göttlichen Willen
bestimmten Bahnen, sich auch dieser umfassenden, noch
in unabsehbare Fernen fortrückenden Entwicklungsbe-
wegung nach Umfang und Richtung anzuschliessen, und,
der stufenweisen Fortrückung entsprechend, sich auch
umzuwandeln. Aber wenn es die Tugend der socialen
Organismen ist, diese Bahnen zu wandeln, ihr böses
Verhängniss, von ihnen abzuirren, so ist es vorerst ihre
Aufgabe und Arbeit, die zur richtigen Innehaltung dieser
Bahnen erforderlichen Gesetze zu erforschen und zu vermeiden, sich Gesetze zu geben und Organe anzubilden,
die falschen, unheilvollen Entwicklungsrichtungen dienen.

Diese Aufgaben sind es, die den verschiedenen
Zweigen der Staatswissenschaft zufallen: — der
Politik, der **Statistik**, der Philosophie des Staats.

Ehe aber in diese einzelnen Zweige eingegangen
werden kann, ist eine allgemeine Einleitung in die
Staatswissenschaft erforderlich. Solche Einleitung
gewähren nur Grundlinien der **Gesellschafts**wissenschaft.

Diese haben das sociale Leben im Allgemeinen zu
erklären und fallen also nach Seiten der Vergangenheit wie der Zukunft weit über das Staatsleben hinaus;
— nach Seiten der Vergangenheit: bis zu der ersten
Entstehung des Stammlebens zurück; nach Seiten der
Zukunft: bis in die Eine Organisation des ganzen vereinigten Menschengeschlechts hinein. Natürlich skizziren
und behandeln sie das sociale Leben in dieser seiner
ganzen geschichtlichen Entwicklungsreihe allseitig, sowohl nach dem gesammten Umfange seines dreieinigen
Gebiets, als auch nach allen Richtungen, in welchen es
sich auf jenem dreieinigen Gebiete entwickelt; — was
den Umfang betrifft, auf den drei Gebieten der intellectuellen, der ethischen und der wirthschaftlichen Cultur:
was die Entwicklungsrichtungen betrifft, in der allgemeinen Stufenentwicklungsfolge, in welche sich
die gesammte geschichtliche Lebensentwicklungsreihe ein-
theilt: Stammperiode, Staatenperiode, Periode der Einen
organisirten Gesellschaft; ferner z. B. in der Staatenperiode die heidnisch-antike Staatenordnung, die katho-

lisch-germanische Staatenordnung, endlich die schon in
ihren Geburtswehen sich fühlbar machende christlich-sociale Staatenordnung, mit deren verschiedenen aufeinander
folgenden Staatenarten, die noch jede dieser Ordnungen
wieder einschliesst,[1] in der individualen Entwicklung,
welcher die einzelnen socialen Lebensbildungen unterliegen, in der internationalen Entwicklung, in welcher
die individualen Lebensbildungen in einander übergehen

---

[1] Die Reihenfolge der Staatenarten in den beiden Staatenordnungen, welche die Geschichte schon kennt, habe ich bei verschiedenen anderen Gelegenheiten bezeichnet: in der heidnisch-
antiken Staatenordnung 1) die Theokratie, diese in der Form, dass
der erste König auch der erste Gott ist, ein Staatsverhältniss, das
nur so entstanden sein kann, dass ein Stammvater aus einer ed-
leren Race noch isolirte Individuen aus einer untergeordneten
Race sich unterworfen und jene diesen als ein höheres Wesen
betrachtet, welche Auffassung dieser natürlich unterstützt hat.
Dies kann geographisch und ethnographisch nur da geschehen
sein, wo die schon zu Stammleben entwickelte semitische Race
auf die noch in individualer Isolirung zurückgebliebene aethio-
pische Race gestossen ist, also in Aegypten. Die Semiten, denen
die Cultur des Menschengeschlechts so viel verdankt, ehe sie von
den Indogermanen überholt wurden, sind daher auch die ersten
Staatengründer gewesen; 2) die Kasten; 3) die satrapische Despotie; 4) die Polis. — In der katholisch-germanischen Staatenordnung: 1) der kirchliche Staat, wo die ganze Culturmission noch
in den Händen der Bischöfe und Klöster ruht; 2) der Ständestaat;
3) der bureaukratische Staat; 4) der Repräsentativstaat, der katholisch-germanischen Staatenordnung letzte Staatenart, in der wir
jetzt leben. — Man sieht, es besteht Analogie in den Reihenfolgen der
Staatenarten beider Staatenordnungen. Wenn nun unausbleiblich auf
die katholisch-germanische Staatenordnung die christlich-sociale
Staatenordnung folgen wird, die sich schon auf dem ganzen dreieinigen Lebensgebiet unsres heutigen Staats indicirt, so wird diese
abermals in einer analogen Reihenfolge von Staatenarten auftreten,

und sich immer inniger und in weiteren nationalen
Kreisen vereinigen. — Erst aus solchen Grundlinien der
Gesellschaftswissenschaft orientirt man sich hinlänglich
über die allgemeine Bedeutung des Staats, des Staatslebens und der Staatswissenschaft, und gewinnt diesen
neue Seiten ab, die allein im Stande sind, das ebenso
sophistische als nichtssagende Zweckgerede vom Staate
verstummen zu machen. Denn Staaten und Staatsleben

wie die beiden vorangegangenen Staatenordnungen. Namentlich
wird auch in der bevorstehenden Staatenordnung die erste
Staatenart ein hervorstechend religiöses Gewand an sich tragen,
— nur dass der christliche Glaube schon einen wissenschaftlicheren
Charakter angenommen haben wird, — denn blosse neue Rechts-
oder nationalökonomische Theorien besitzen nicht die schöpferische
Kraft, das Leben einer neuen Staatenordnung einzuleiten, wenn
sie auch der den Vorrang behauptenden veränderten christlichen
Auffassung dienend, dieser in entsprechender neuer socialer Grundlegung auf den eigenen Gebieten, zur Hand gehen müssen. —
Uebrigens habe ich mich, wenn ich auf die katholisch-germanische Staatenordnung die christlich-sociale folgen lasse, dagegen zu verwahren, als ob in dieser letzteren die deutsche Nationalität untergehen müsste. Es ist vielmehr gerade ihre Aufgabe, unter dem Fortbestande ihres nationalen Lebens, den
Uebergang von einer Ordnung zur andern durchzuführen, und
nur das sociale Kleid zu wechseln. Die römische Nationalität
besass freilich nicht mehr die Kraft dazu, zu ihrer Zeit den Uebergang von Ordnung zu Ordnung zu vermitteln und dabei sich am
Leben zu erhalten. Freilich stellt diese Aufgabe höhere Anforderungen an die deutsche Nation, als der Uebergang von Staatenart zu Staatenart in der katholisch-germanischen Staatenordnung,
den die Nationen ohne den Verlust ihrer Nationalität vollführten,
während die antike Geschichte zu den analogen Uebergängen in
ihrer Staatenordnung stets neues Völkermaterial verwenden musste.
Aber der deutschen Nation dürfen eben diese Anforderungen
nicht zu hoch erscheinen.

verfolgen in der Geschichte nur göttliche Ziele, aber keine Zwecke, da diese ja doch nur menschliche sein könnten, und damit Staaten und Staatsleben zu menschlichen Machwerken herabsinken würden. Zwecke verfolgen nur die von der Gesellschaft sich selbst angebildeten konkreten Staatsorganisationen, was etwas ganz Anderes ist.

Hat man so erst durch die Gesellschaftswissenschaft ein richtiges Bild von der allgemeinen Bedeutung des Staats, des Staatslebens und der Staatswissenschaft erhalten, so wird man auch in die Erkenntniss der drei allgemeinen Theile der letzteren, — der Politik, der Statistik und der Philosophie des Staats — eindringen.

Die Politik hat die Aufgabe, die socialen Lebensbildungen, die wir Staaten nennen, im Umfange ihrer dreieinigen Lebensgebiete, den ihnen geschichtlich angewiesenen Entwickelungsbahnen gemäss, nach dazu gehörigen Gesetzen und mittelst dazu passender Organe, in höchster, selbst über das positive Recht hinausgehender Souverainetät, zu führen, und dazu die richtigen Gesetze zu geben und die passenden Organe zu schaffen. Sie beherrscht also in höchster Instanz alle Entwickelungsrichtungen des Staats auf allen seinen Lebensgebieten. Sie steht zunächst an der Spitze seiner individualen Entwickelung und giebt ihm damit seinen nationalen Halt anderen Staaten gegenüber. Sie hat seine internationale Entwickelung zu diesen anderen Staaten zu überwachen und zu leiten. Sie hat diese seine beiden

Entwickelungsrichtungen seiner obersten weltgeschicht-
lichen Stufen-, Arten- und Speciesentwickelung ein- und
unterzuordnen. Und zwar in diesen drei verschiedenen
Richtungen im ganzen Umfange seines dreieinigen Lebens-
gebiets: auf dem Gebiet der geistigen Gemeinschaft des
individualen Lebens oder dem der intellectuellen Cultur:
auf dem Gebiet der Willensgemeinschaft des individualen
Lebens oder dem der sittlichen Cultur; auf dem Gebiet der
materiellen Kraftgemeinschaft oder dem der wirthschaftlichen Cultur.[1] Bei solcher Aufgabe sieht man, ist die
Politik nicht blos Wissenschaft sondern auch Kunst!
Als Wissenschaft lehrt sie auf allen Lebensgebieten und
für alle Entwickelungsrichtungen die Kenntnisse, die
zur allseitigen theoretischen Erkenntniss ihrer Aufgabe
dienen. Als Kunst hat sie die lebendigen Werke, die
den Gegenstand ihrer Aufgabe ausmachen, in deren
sämmtlichen organischen Theilen, jener gewonnenen allseitigen Erkenntniss gemäss, zu schaffen und zu erhalten.
Sie ist damit nicht blos die höchste und königlichste

---

[1] In den Bereich der sittlichen Cultur fällt natürlich das
ganze Rechtsgebiet; in den der wirthschaftlichen das ganze nationalökonomische Gebiet; in den der intellectuellen Cultur das noch
weit zurückgebliebene Gebiet der wissenschaftlichen Organisation
und des Volksunterrichts, das erst an die Tagesordnung kommen
wird, wenn die wirthschaftliche Frage ihrer Lösung entgegengeführt
ist. Auf allen drei Gebieten gebührt dem Staat die Initiative und
die dominirende Macht, nach dem Stufengrade, dem die Natur des
vorhandenen Staatslebens entspricht! Namentlich in der Nationalökonomie, so dass die Form der Volkswirthschaft, in der ihr
Haupttheil auftritt, ein durchaus unwissenschaftliches Gepräge an
sich trägt.

Kunst, sondern auch die schwerste, denn sie hat nicht
blos nach vorleuchtenden Ideen die edelsten Bildungen,
die es auf der Erde giebt, die Staaten, zu organisiren
und in ihren geschichtlichen Lebensbedingungen zu erhalten, sondern hat diese Bildungen auch, das sprödeste
und widerhaarigste Material, das es giebt, — spröder
wie Marmor —, zu verarbeiten, nämlich die menschlichen
Individuen selbst.

Die Statistik und die Philosophie des Staats sind
Hülfswissenschaften der reinen Politik.

Die Statistik ist die Wissenschaft der Vergleichung
der in Zahlen ausdrückbaren Resultate der Organi-
sations- und Entwickelungsgesetze der socialen
Lebensbildungen. — Sie hat demnach den breiten, tiefen,
durch die Jahrtausende der Geschichte fluthenden socialen
Lebensentwickelungsstrom auf allen seinen Gebieten, nach
allen seinen Seiten und in allen seinen Richtungen sorgsam
beobachtend und anmerkend zu begleiten: auf dem wissenschaftlichen, ethischen, wirthschaftlichen Gebiet; — in
der Entwickelung seiner einzelnen individualen Organismen; — der sich kreuzenden, bedingenden, ver-
schlingenden und vereinigenden internationalen Zusammen-
und Ineinanderentwickelung; — seiner in die schliessliche
Einheit der Einen organisirten Gesellschaft des Menschengeschlechts einmündenden, aufsteigenden, immer voll-
kommeneren Stufenentwickelung. — Und zwar hat sie
diesen Entwickelungsstrom in seinen Lebensresultaten
zu beobachten und zu verfolgen; — demnächst diese
Resultate in denkbar exactester Weise wissenschaft-

licher Form, der Zifferform, zu fassen und anzumerken,
um durch den aus diesen bezifferten Resultaten zu
ziehenden Vergleichungsstoff Rückschlüsse auf den Werth
der Wirksamkeit der zu Grunde liegenden selbstge-
schaffenen Gesetze und functionirenden Organe zu ermöglichen und dadurch die Staaten, diese selbstschöpfe-
rischen Organismen, zu befähigen, nach Massgabe der
beobachteten Resultate die eingeschlagene Richtung entweder fortzusetzen, wenn der Vergleich der Resultate
den Werth der Wirksamkeit der Gesetze und Organe
in den Erfolgen bestätigt, oder auch zu verlassen und
zu ändern, wenn in dem Vergleich dieser Resultate eine
unheilvolle Richtung signalisirt liegt.[1]

Der Statistik also, wenn sie in ihre volle Würde.
ihr volles Recht und in ihre volle Pflicht eingesetzt
wird, eröffnet sich in jener dreifachen Entwicklungsrichtung der Staaten, in der Ermittlung und Nach-
weisung der Resultate der Entwicklungsgesetze dieser
dreifachen Entwicklungsrichtung der Staaten, endlich in
den Schlüssen aus diesen Resultaten auf die Wirksamkeit
der zu Grunde liegenden Entwickelungsgesetze ein
weites Feld. Damit sind wir aber auch auf eine neue, von
den aus der Baxter'schen Pyramide zu schöpfenden
Vergleichungen abweichende, aber zu voller statistischer
Erkenntniss durchaus nothwendige Kategorie von Ver-

---

[1] Es soll über hundert verschiedene Definitionen der Statistik
geben. Neunundneunzig sind also gewiss falsch. Ich glaube
aber auch die hundertste.

gleichungen gestossen. Denn sie allein giebt gleichsam
nur einen einzigen Querschnitt aus dem betreffenden
Lebensentwicklungsgebiet, nur für einen und denselben
Zeitmoment, hier für das Jahr 1867, und giebt damit
auch nur zu den Vergleichungen Anlass, die aus den
an den Tag getretenen Ergebnissen dieser einen, nur
gleichzeitige Resultate bloslegenden Schnittfläche zu
schöpfen sind. Diese Vergleichungen sind allerdings
schon für sich so ergreifend und anregend, wie oben
hervorgehoben worden, aber, wenn doch auch die aus
dieser einen Schnittfläche sich ergebenden Resultate
offenbar aus Gesetzen und von Organen herrühren, die
schon lange im socialen Organismus wirksam gewesen
sind, so sind doch eben die Vergleichungen der Resultate
dieser einen Schnittfläche nicht im Stande, über die
Wirksamkeit und den Werth der Gesetze und Organe,
die die Resultate hervorgebracht, zu entscheiden. Denn,
wenn letztere auch noch so bejammernswerth sein mögen,
wie sie uns aus der Baxter'schen Pyramide in der That
vor Augen treten, — sie hätten ja früher noch bejammerns-
werther gewesen sein können, und die ihnen zum Grunde
liegenden Gesetze und functionirenden Organe könnten
schon in dieser Beziehung zum Bessern gewirkt haben.
Also erst, wenn die Statistik hierüber zu urtheilen in
den Stand gesetzt worden, hat sie, wie wir gesehen, die
Höhe ihres Begriffs erreicht. Deshalb muss auf demselben
betreffenden Lebensentwicklungsgebiet noch ein zweiter
Querschnitt erfolgen, der, in einem hinreichenden Zeit-

abstande von dem ersteren entfernt, in allen Punkten, auf einer zweiten Schnittfläche, die gleichartigen Vergleichungsresultate der ersteren blosslegt. Denn erst dann sind die Vergleichungen, die das Element einer ihrer richtigen Begriffsbestimmung entsprechenden Statistik ausmachen, in ihrer Vollständigkeit ermöglicht, denn erst dann vergleichen wir die Resultate nicht blos nebeneinander, sondern auch die nebeneinander verglichenen Resultate noch nacheinander, und erst wenn die Statistik dies vermag, ist sie, nachdem sie bis in unsere Zeit hinein vielleicht hundert verfehlte Definitionen zählt, das, was sie sein soll, die Wissenschaft der in Ziffern ausdrückbaren **Resultate** der Gesetze, unter denen die socialen Organismen — zu denen auch die Staaten gehören — stehen und sich **entwickeln.**

Die Vergleichung — beiläufig resumirt — ist also das Element der Statistik; die Vergleichung auf allen Lebensgebieten des dreieinigen Staats — dem ethischen, wissenschaftlichen, wirthschaftlichen Gebiet; und zwar die Vergleichung der Resultate der wirksamen Lebensentwicklungsgesetze und Organe; und weiter die Vergleichung dieser Resultate in der exactesten Form, der Ziffer. Aber die Vergleichungen der in Ziffern ausgedrückten Resultate aus einem und demselben Zeitdurchschnitte würden der Statistik noch immer nicht ihr Element in auskömmlichem Maasse gewähren, — dazu muss noch die Vergleichung jener Vergleichungsresultate aus mehreren auf einander folgenden Zeitdurchschnitten gegeben sein.

Erst, wenn die Statistik es zu dieser Vollendung
nach Form und Inhalt gebracht hat, so wird sie nicht
mehr die letzte unter ihren staatswissenschaftlichen
Schwestern sein, kein Aschenbrödel mehr, sondern eine
edle, einflussreiche Dienerin der Politik, jener echt
königlichen Kunst, die eben die Alten, richtiger als wir,
mehr als Kunst wie als Wissenschaft auffassten. Bis
das geschehen, steuert der Staatsmann ohne Karten und
Boussole. Er kann eine umfassende Intuition besitzen,
geschichtlichen Instinct haben, von zäher Leidenschaft
durchglüht sein und damit Gewaltiges leisten. Aber
hätte er selbst das Grösste geleistet, hätte er seinem
Vaterlande eine neue nationale Welt entdeckt, er wäre
doch nur, wie Columbus, auf gut Glück gefahren. Hat
aber die Statistik erst jene ihre Vollendung erreicht,
so wird sie ihm wie ein Vademecum dienen können.
Freilich kann auch sie ihre Wahrzeichen nur der Vergangenheit und Gegenwart entnehmen, aber der innige,
feste Zusammenhang, in welchem dies aus der Vergangenheit her, und der reiche Umfang, in welchem dies
aus der Gegenwart her geschieht, lässt Folgerungen zu,
die noch wie Merkpfähle, für Politik wie Philosophie
des Staats, auf eine weite Strecke in die Ferne der
Zukunft hineinzeigen. Das Schiff führt dann Lichter
am Bord und der Staatsmann hat stets sein warnendes
statistisches Senkblei zur Hand, wo ihm aus der
Tiefe der Entwicklungsgesetze sociale Gefahren drohen
sollten. —

Der Baxter'schen Säule muss also noch eine zweite
an die Seite gesetzt werden, die aus einem hinlänglich
rückwärts gelegenen Zeitdurchschnitt die gleichartigen
Vergleichungsarten blosslegt. Erst dann werden wir
den überraschenden Gedankengang, der sich an die
Baxter'sche Säule knüpft, zu Ende denken können.

Aber man dürfte besorgt sein, dass sich zu dieser
zweiten, andersartigen Vergleichung so vieler Vergleichungsresultate, wie die Baxter'sche Säule aus dem
Jahre 1867 aufweist, aus einer hinreichend weit rückwärts
liegenden Periode, nicht das statistische Material in genügendem Umfange vorfinden würde. Die Statistik ist noch,
wie gesagt, ein junges Blut unter den Staatswissenschaften
und wird noch heute stiefmütterlich behandelt. Indessen
dies Mal übertraf der Zufall jede Besorgniss und Erwartung. Gerade für Grossbritannien und Irland — vielleicht
der einzige Staat auf der Welt —[1]) liegt in dem ange-
zogenen Werke von Colquhoun ein Material vor, das
nach Daten, die aus Parlamentsberichten oder genauen
statistischen Untersuchungen gezogen, und nach dergestalt
ähnlichen Grundsätzen, wie Baxter sie hat, geordnet ist.

---

[1]) Vielleicht wäre doch für den grössten Theil von Norddeutschland noch eine ähnliche Vergleichung aus zwei von einander
entfernten Zeiträumen zusammenzustellen. Für die heutige Zeit
würden wohl unsere statistischen Bureau's das Material dazu liefern
können. Für 1805 dürfte es aus dem bekannten statistischen
Werk des Physiokraten Krug zu schliessen sein, in welchem es
vielfach nur erst als statistisches Rohmaterial, um mich so auszudrücken, vorkommt. Aber es wäre eine Arbeit — die Anfertigung dieser Vergleichung für Norddeutschland.

dass man glauben sollte, dieser hätte sich nach jenem gerichtet, wenn er ihn auch nie nennt.

Dies Material gestattet das damalige Antheilsverhältniss der verschiedenen Volksklassen am britischen Nationaleinkommen nach denselben sechs Volksklassen zu bemessen und zu repartiren, nach denen es Baxter thut.

Dies Antheilsverhältniss aus Colquhouns Zeit ist seitdem, im Wesentlichen, auch der Wirksamkeit derselben staatswirthschaftlichen Gesetze und Organe unterstellt gewesen, die noch zu Baxter's Zeit walteten und schalteten und über deren Wirksamkeit und Werth eben die Rückschlüsse aus der Vergleichung der Resultate aus beiden Perioden entscheiden sollen.

Das Colquhounsche Antheilsverhältniss liegt endlich über ein halbes Jahrhundert hinter dem der Baxterschen Säule zurück und gestattet also auch diese Rückschlüsse mittelst jener Vergleichung der Resultate in genügendstem Maasse zu machen.

Antheilsverhältniss, Gesetze und Organe und Zeitraum von Colquhoun bis zu Baxter muss ich aber noch, ehe ich zu der Vergleichung der Resultate aus beiden Zeitdurchschnitten schreite, mit einigen Erläuterungen begleiten.

Was das Antheilsverhältniss der verschiedenen Volksklassen am Nationaleinkommen zu Colquhoun's Zeit betrifft, so findet sich das Material zu dessen Ermittlung Th. 1 seines Werkes, S. 118 u. flgde.

und in der zu S. 138 gehörigen Tabelle 4 nebst Fortsetzungen.

Nach diesem Material nimmt Colquhoun für seine
Zeit „3,831,043 Familien" im britischen Reich an, die
eine Kopfzahl von 17,096.803 Personen ausmachen. Bei
Baxter ergaben die Steuerportionen eine Durchschnitts-
personenzahl von 2 Köpfen: bei Colquhoun, dessen Berechnungen auf keinen Steuerportionen beruhen, die
Familien durchschnittlich eine Kopfzahl von ca. 4¹/₂ Personen. Indessen ist dies für die Vergleichung beider
Antheilsverhältnisse indifferent, da die Einkommensstufen sowohl bei den Baxter'schen Assessements, wie
auch bei den Colquhoun'schen Familienhäuptern gleichmässig beibehalten werden.

Colquhoun nimmt dann ferner, „Tabelle 4 Fortsetzung",
für seine Zeit 430,521,372 ⚇ Nationaleinkommen an; ich
habe indessen nur 383,888,257 annehmen zu dürfen geglaubt. Und zwar aus folgendem Grunde. Colquhoun
rechnet, bei seiner Eintheilung der wirthschaftlichen
Klassen in productive und unproductive Klassen, — weil
er beider Einkommen in seiner Gesammtsumme von
430 Millionen zusammengerechnet hat, — Einkommens-
positionen mit auf, die entschieden fortfallen müssen.
Die Einen, weil sie ihrer Natur nach nicht mit aufge-
führt werden durften, die anderen, weil sie auch Baxter
nicht hat. Zu der ersteren Kategorie gehören doch
offenbar z. B. 6 Millionen Pf. St. Kirchspielsalmosen an
Paupers; etwa 10 Millionen Pf. St. aus Stiftungen gezahlter

Almosen, Unterhaltungskosten Irrer, Landläufer, Beutel-
schneider, Betrüger, Freudenmädchen u. s. w. — Zu der
letzteren Kategorie der etwa 17 Millionen £ betragende
Sold der Soldaten und Matrosen der Königlichen Flotte.
Dann noch kleinere Posten derselben beiden Kategorien; so
dass, wenn man sie alle abzieht von 430,521,372 £. eben
383,888,257 £ National-Einkommen übrig bleiben.

Dagegen sind in der Colquhoun'schen Nationalein-
kommensumme die officiell Bediensteten aller Art mit
über 100 £ Einkommen mit aufgerechnet worden, und
zwar, weil dies in der Baxter'schen Gesammtsumme,
nach Schedula E. des Einkommensteuergesetzes — siehe
pag. 21 seines Werkes — geschieht und es also auch
gleichmässig in der Colquhoun'schen Gesammtsumme
geschehen musste.

An sich findet also in beiden Summen in Bezug
auf diese Einkommenskategorie ein „error dupli" statt,
indessen schadet er hier bei der Vergleichung beider
Summen nicht, da er in beiden Summen gleichmässig
begangen wird und sich damit auf beiden Seiten hebt.

Auf 383,888,257 £ das Colquhoun'sche Nationaleinkommen reducirt, — habe ich dann dasselbe genau nach
den Einkommensstufen der Baxter'schen Säule, nämlich von

    I. Large Incomes
     1) von 5000 £,
     2) von 1000 „,
    II. Middle Incomes
     300 £,

III. Small Incomes

1) 100 £,

2) 60 „.

unter die Besitzeinkommensklassen seiner Zeit, nach Kopfzahlziffer vertheilt und für die IV., V., VI. Manual Labour Classes den für Colquhoun's Zeit von ihm angegebenen Lohnsatz angenommen. Endlich hebe ich auch noch die Zahl der Paupers für die Colquhoun'sche Zeit besonders hervor, womit dann von selbst gesagt ist, dass dies zur Vergleichung auch für die Baxter'sche Zeit geschehen muss.

Damit stellen sich also die Antheile der nach jenen Einkommensstufen classificirten Bevölkerungstheile zu Colquhoun's Zeit wie folgt:

I. Hohes Einkommen:

1) 5000£ u. darüber, 558 Personen mit einem Antheil von 5,400,000 £

2) 1000 £ „ „ 4360 Personen „ „ „ 34,122,110 £

II. Mittleres Einkommen:

300 £ — 169,748 Personen mit einem Antheil von 108,940,000 £

III. Geringeres Einkommen:

1) 100 £ 1,000,877 Personen mit einem Antheil von 134,561,600 £

2) 60 £ 52,500 Familien „ „ „ „ 6,750,000 £

IV. V. VI. Haushaltungen der Arbeitsklassen:

2,603,000 Familien mit einem Antheil von 94,114,547 £

Summa 3,831.043 Familien „ „ „ 383,888,257 £.

Ausserdem 1,548,400 Paupers,

womit dann auch die Daten des Antheilsverhältnisses zu einer nach gleichen Grundsätzen, wie die Baxter-sche, zu skizzirenden Colquhoun'schen Säule gegeben

sind und wonach die Colquhoun'sche Säule sub B gezeichnet ist.

Was die wirthschaftlichen Gesetze betrifft, die zu
Colquhoun's Zeit und von dort bis zu Baxter herrschten,
und die wirthschaftlichen Organe, die danach functionirten,
so stand England schon vollständig unter den Gesetzen
des heutigen nationalen Freihandels, wenn auch
noch nicht der internationalen Handelsfreiheit.
Jene aber, nicht diese, sind es, die das wilde Wogen-
spiel des Laissez faire, in dessen Wirbeln unser heutiger
Verkehr umgetrieben wird, in Bewegung setzen: — wie
in grössestem Maassstabe Figura an Amerika zeigt, wo die
internationale Handelsfreiheit noch in tiefem Schlafe (in
den zum Theil prohibitiven Grenzzöllen) liegt, der nationale Freihandel dagegen in Agiotage und Börsenlug und
-Trug und Bankbrüchen seine rasendsten Tänze ausführt.
— Was dann Huskison und Peel später an internationaler
Handelsfreiheit zu dem nationalen Freihandel
Englands hinzugethan, alterirte diese Freihandelsgesetze
in keiner Weise. Die internationale Handelsfreiheit wirkt
auf diese Gesetze nicht anders, als dass sie deren treibende
Kraft bald temperirt, bald steigert. Deren Wirksamkeit
bleibt wie sie war, die Gesetze selbst also wurden es in
ihrer Natur auch nicht. Dass mithin in den zwanziger
und vierziger Jahren Handelsfreiheitsgesetze zu den Frei-
handelsgesetzen traten, stösst den Satz nicht um, dass es
von Colquhoun bis Baxter im Wesentlichen ein und dieselben Gesetze gewesen sind, unter deren dominirender

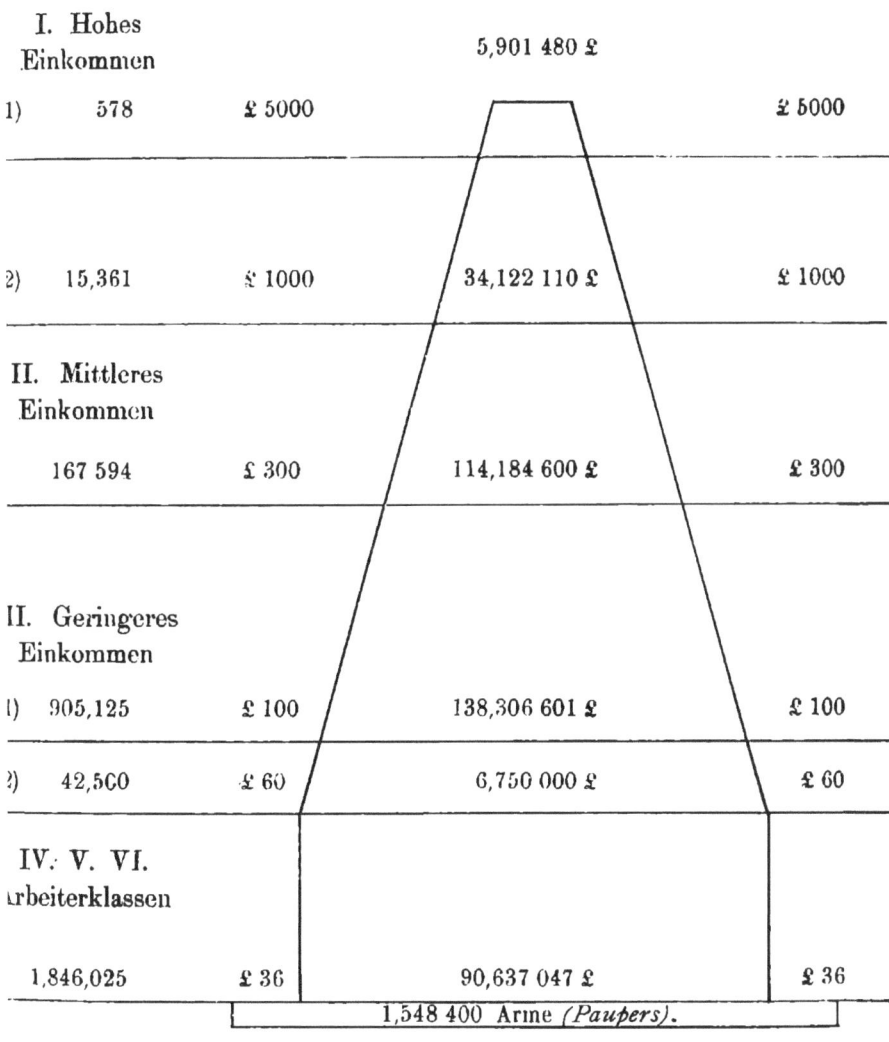

I. Hohes Einkommen

5,901 480 ₤

1)   578   ₤ 5000   ₤ 5000

2)   15,361   ₤ 1000   34,122 110 ₤   ₤ 1000

II. Mittleres Einkommen

     167 594   ₤ 300   114,184 600 ₤   ₤ 300

II. Geringeres Einkommen

1)   905,125   ₤ 100   138,306 601 ₤   ₤ 100

2)   42,500   ₤ 60   6,750 000 ₤   ₤ 60

IV. V. VI. Arbeiterklassen

    1,846,025   ₤ 36   90,637 047 ₤   ₤ 36

                      1,548 400 Arme *(Paupers)*.

2,977,183   Total 389,901 838 ₤

Nach Colquhoun's Daten und Baxter'schen Grundsätzen
entworfene National-Einkommenspyramide des Brittischen
Reichs für das Jahr 1812.

Wirksamkeit der wirthschaftliche Verkehr gestanden, über
deren Werth wir also auch, aus den Resultaten dieser
Wirksamkeit, zu urtheilen vermögen.

Auch die sociale Natur ist diesen Gesetzen in keinem
Moment dieses Zeitraums abzusprechen gewesen. Es
waren und sind Menschengesetze, **Staatsgesetze**, also
Gesetze, die sich der selbstschöpferische geschichtliche
Organismus Englands, wie heute auch alle übrigen Staaten
dieser Art, selbst gegeben hatte; $\not\!\!+$ also keine Naturgesetze, wie die Mächte, die durch diese Staatsgesetze
auf den wirthschaftlichen Thron gehoben wurden, — um
einen eben so beschönigenden als abschreckenden Nimbus
um sich zu verbreiten, — von ihnen aussagten. Freilich
knüpfen sich nothwendige Ursach- und Wirkungsverläufe auch an diese Staatsgesetze, Verläufe
schlimmster Art, mit den ungerechtesten Resultaten im
Gefolge, weil sie der bösesten Quelle aller Handlungen,
der Erbsünde des Menschen, dem Egoismus in seiner
rohesten, schnödesten Gestalt, der Habgier und dem
Eigennutz entspringen, und in dieser ihrer Art in der
That fast den Devastationen unbewusster, rasender Naturkräfte zu vergleichen sind — also Ursach- und Wirkungsverläufe, fest und in sich geschlossen, wie die
durch die Natur sich schlingende Ursach- und Wirkungs-
kette nur sein kann. Allein eine solche natürliche Kette
nothwendiger wirthschaftlicher Verläufe hat sich von je
aus einer wirthschaftlichen Gesetzgebung, auch aus den
diesen sogenannten Naturgesetzen vorangehenden Gesetzen.

entwickelt, wie denn überhaupt diese Verläufe selbst
nur die an die Oberfläche der Erscheinungen getretenen
Resultate der sich so manifestirenden Gesetze, aber nicht
diese Gesetze selbst sind. Vielmehr, wie es, ehe die
neuen Laissez-faire-Gesetze eingeführt wurden, Staatsgesetze waren, welche die wirthschaftliche Bewegung und
Entwicklung regelten, und diese wenn auch noch zu
keiner staatswirthschaftlichen erhoben, doch in einer
umfriedeten und befriedigenden privatwirthschaftlichen
Form festhielten, so sind auch die Laissez-faire-Gesetze
ebenfalls nichts als solche Staatsgesetze, die zwar auch
noch nicht die Verkehrsbewegung und Entwicklung zu
einer staatswirthschaftlichen Form kommen lassen,
aber die privatwirthschaftliche Form aufhoben und dafür
eine volkswirthschaftliche an die Stelle setzten. Die
Laissez-faire-Gesetze sind somit nur Staatsgesetze besonderer und eigenthümlicher Art, deren Einführung
allerdings mehr noch in Aufhebungen als positiven Erlassen bestand.

Die älteren Staatsgesetze nämlich, die die privatwirthschaftliche Form für den Verkehr festhielten, bildeten einen zusammenwirkenden Complex von Gesetzen:
erstens, des socialen Grundgesetzes des katholisch-
germanischen Staats, des Grund- und Kapitaleigenthums, dessen hierher gehörige wirthschaftliche Consequenz darin besteht, dass das Arbeitsproduct, weder,
so lange es im Productionsprozess begriffen, noch, so wie
es als Einkommensgut fertig geworden ist, — zu dem-

nächstiger Vertheilung nach irgend welchen rechtlichen
oder wirthschaftlichen Grundsätzen — den Arbeitern
oder dem Staate, sondern immer wieder den Grund-
und Kapitalbesitzern gehört; — zweitens, von Beschränkungsgesetzen der Ausflüsse dieser Grund- und
Kapitaleigenthumsconsequenz und Schutzgesetzen der von
diesen Ausflüssen Betroffenen. Man durfte diese Be-
schränkungs- und Schutzgesetze wirthschaftliche **Ehrgesetze** nennen, denn sie regelten den Nationalpro-
ductionsprocess nach Rechten und Pflichten und bezweckten,
ihn, frei von Eigennutzexcessen, in allen Gewerben seiner
verschiedenen Abstufungen und Verzweigungen, (moralisch
rein), (als hätten „die Tauben ihn zusammengetragen"),
zu erhalten.

Nach der Wirksamkeit dieser Staatsgesetze verfloss
dann die nationale Production, Vertheilung und Consumtion ebenfalls in den nothwendigen Verläufen, die
ihre Impulse und Ursprünge in diesem Staatsgesetz-
gebungscomplex fanden. Indessen die Laissez-faire-Ge-
setzgebung veränderte diese älteren Staatsgesetze gründlich. Sie hob die Beschränkungs- und Schutzgesetze
gegen die ungehemmten Ausflüsse jener Grund- und
Kapitaleigenthumsconsequenz einfach auf und ersetzte
das wirthschaftliche **Ehrgesetz**, das gegen den Eigennutz schützen sollte, gerade durch ein **Eigennutzgesetz**, das den Eigennutz auf den wirthschaftlichen Thron erhob und für Jedermann die gesetzliche
Erlaubniss und damit auch, nach der Natur des Menschen,

den Antrieb proclamirte: „Cherchez votre bien premièrement et puis le mal d'autrui."

Damit waren natürlich die älteren Staatsgesetze gründlich verändert, aber unzweifelhaft waren, was auf dem socialen Plane blieb, wiederum Staatsgesetze, nur veränderte, neue Staatsgesetze, völlig entgegengesetzten Characters, wie die älteren. Jetzt war es vielmehr das von allen Beschränkungsgesetzen entkleidete, unsere sociale Grundlage bildende Grund- und Kapitaleigenthumsgesetz, das im Verein mit dem neugegebenen Eigenthumsgesetz zur souveränen Wirksamkeit berufen ward. Damit war die wirthschaftliche Allmacht des Grund- und Kapitaleigenthums dem zu schrankenlosester Berechtigung erklärten Eigennutz überantwortet. — Für ein Ehrgesetz ein Eigennutzgesetz! — Wirthschaftsallmacht in der Hand des Menscheneigennutzes! Und natürlich, der so ausgerüstete Eigennutz trat seiner Natur gemäss auf.

Aus seiner Wirksamkeit entspringt jetzt auch eine Kette nothwendiger Ursach- und Wirkungsverläufe, die sich durch die ganze heutige Gesellschaft schlingt, und — zu einer zu Boden drückenden, jeden wirthschaftlichen Aufschwung verhindernden Fessel für die Einen, zu einer luftigen, lustigen, zu allen Erd- und Himmelsschätzen emporhebenden Zauberkette für die Anderen wird.

Ich werde die Wirksamkeit dieses jetzt mit „legalem" Eigennutz durchsetzten, allmächtig wirkenden Grund- und Kapitaleigenthumsgesetzes einfach das „System"

nennen, denn, wenn es auch von den Kathedern zu verschwinden beginnt, noch beherrscht es unsere Gesetz-
gebungsversammlungen und Verwaltungsbureau's, noch
eine Schaar journalistischer Colporteure, die ihre Losungen
von daher erhalten und von dem noch zahlreichen Frei-
handels-vulgus der Börsen und Comtoire begünstigt, weiter
verbreiten. — Ehre dem Lande, dem Ehre gebührt! —
Der geistige Urheber dieses Systems ist bekanntlich
Frankreich, das im Colbertismus und Physiokratismus
— in der That die beiden ersten Stufen in der Geschichte
der Staatswirthschaft — vorangestiegen war. Der eigentliche theoretische und practische Gründer des Systems
ward aber England, das auch sein Förderer und Führer
auf beiden Gebieten geblieben ist und es so ausbildete,
dass es das wirthschaftliche Regierungssystem der ganzen
Welt fast schon ein halbes Jahrhundert lang geworden
und auch noch viele, viele Decennien bleiben wird.

Aber, wie seltsam! Viele Jahre früher, ehe das
Eigennutzgesetz gegeben ward, hat schon der grösste britische Geist, grösser als alle nationalökonomischen Geister
England's zusammengenommen, — als ob er die wirthschaftliche Wirksamkeit dieser Gesetzgebung damit hätte
prognosticiren und stigmatisiren wollen, — in folgenden
Versen, die ich als Motto für diesen zweiten Theil gewählt
und deshalb hier einschiebe, darüber den Stab gebrochen:

„Du glatter Herr, Du Schmeichler — **Eigennutz!** –
Ja, Eigennutz, **der schiefe Hang der Welt,**
Der Welt, die gleichgewogen ist an sich,
Auf ebnem Boden grade hinzurollen,

6

Bis so ein Vortheil, dieser schnöde Hang,
Der Lenker der Bewegung, **Eigennutz,**
Sie abwärts neigt von allem Gleichgewicht,
Von aller Richtung, Vorsatz, Lauf und Ziel!

Shakespeare, König Johann II. 2.

Und so werden es auch abermals Staatsgesetze sein
müssen, die diesem heutigen „Lenker der Bewegung" dereinst wieder die Zügel aus den Händen nehmen, die ebenfalls durch Staatsgesetze geschlossene Verbindung wirthschaftlicher Allmacht und menschlichen Eigennutzes wieder
auflösen, die wirthschaftliche Welt von den „schnöden,
immer tiefer von allem Gleichgewicht abwärts neigenden
Hängen eines blossen Privatvortheils" wieder emporrichten
und diese Welt wieder zusammenfügen, wie sie zum
Vortheil Aller „gleichgewogen ist an sich, auf ebnem
Boden grade hinzurollen"; werden es wiederum Staatsgesetze, wenn auch anderer Art, als die freihändlerischen,
sein, die der nationalen Verkehrsbewegung diesen andern
„Vorsatz, Richtung, Lauf und Ziel" anweisen, ihr, wie
einst die den freihändlerischen vorangegangenen Staatsgesetze ihr einen beengenden privatwirthschaftlichen
Character aufprägten, nunmehr die freihändlerischen
Staatsgesetze einen wüsten volkswirthschaftlichen Character aufprägen, so ihrerseits einen rein staatswirthschaftlichen Character aufprägen werden und sie
damit erst zu der Höhe emporheben werden, die der
Natur eines zu selbstschöpferischem Bewusstsein gekom-
menen geschichtlichen Organismus entspricht; — werden
es Staatsgesetze sein, die dazu die wirthschaftliche All-

macht des Grund- und Kapitaleigenthums immer mehr
den Händen des Eigennutzes entziehen und in die Hände
des Staates hinüberleiten werden, aber, wenn sie ihm
auch jene wirthschaftliche Allmacht, wie es geschehen
wird, dereinst vollständig überwiesen haben werden,
wenn auch nirgend mehr der Eigennutz der „Lenker der
Bewegung" sein, sondern unter Lenkung des Staats und
neuer Ehrgesetze, nur noch Fleiss, Verdienst und
Lohn die fördernden Kräfte des Nationalproductionspro-
cesses sein werden, doch nicht mehr Staatsgesetznatur
in sich schliessen werden, als heute die freihändlerischen
Staatsgesetze, die diese wirthschaftliche Allmacht noch
ebenso vollständig dem Eigennutz überwiesen haben und
damit auch die wirthschaftliche Welt „von jedem Gleichgewicht abwärts neigen, von aller Richtung, Vorsatz,
Lauf und Ziel": — und wird sich endlich auch aus
diesen künftigen Staatsgesetzen, die mit der wirthschaftlichen Allmacht auch vollständig die Lenkung ihrer Bewegung in die Hände des Staats gelegt haben werden,
ebenso eine Kette nothwendiger Ursach- und Wirkungsverläufe, wie aus den heutigen freihändlerischen Staatsgesetzen, die noch jene Allmacht vollständig dem Eigennutz überlassen, fortspinnen, — eine Kette von Verläufen, die nicht weniger „Naturgesetze" zu nennen
sein werden, wie auch heute die freihändlerische genannt
zu werden pflegt, aber die ganze wirthschaftliche Gesellschaft in gleichmässigen Segnungen des Verdienstes fest
verbindend, jedenfalls „harmonischere" Naturgesetze

6*

sein werden, als die freihändlerischen — dort — der
unverdienten Begnadigung eines immer kleineren Theils
der Gesellschaft mit einem immer strömenderen Gold-
regen, — hier — der ungerechten Verdammniss eines
immer grösseren Theils derselben in die Hoffnungslosig-
keit einer freihändlerischen Lohnhölle. — — — — —
— — — — — — — — — — — — — — — — —

Nicht anders, als mit den Gesetzen, ist es mit den
Organen! Es sind von Colquhoun bis Baxter dieselben
Organe geblieben, die zur Erfüllung der Freihandelsgesetze dieses Zeitraumes zu functioniren hatten; die mit
der wirthschaftlichen Allmacht des Grund- und Capitaleigenthums betrauten Besitzer oder Unternehmer, die,
dem System als Lenker der Bewegung, dem Eigennutz,
zu folgen hatten. Die allmählige Einführung der Handelsfreiheitsgesetze, wie sie die Freihandelsgesetze nicht
alterirt hatte, alterirte auch deren Organe nicht, verlieh
ihnen vielmehr nur ein freieres Bewegungsvermögen zu
ihrer Säuberung. Wie die Vergleichung der Gesetzes-
resultate aus Baxter's und Colquhoun's Zeit über die
Wirksamkeit und den Werth der Gesetze entscheiden
wird, so auch dieselbe Vergleichung über die Wirksamkeit und den Werth der Organe.

Diese Organe sind auch gleichfalls, wie die Gesetze,
die sie zu erfüllen dienen, nicht natürliche, sondern
sociale Organe. In der Natur, dem Werke der
Schöpfung, kommen noch keine Grund- und Capital-
eigenthümer vor; erst in dem Werke der Geschichte,

der Gesellschaft, dieser dreieinigen Verbindung unter
den Menschen, von Sitte und Recht, von Sprache und
Wissenschaft, von Theilung der Arbeit und Wirthschaft,
die sich nach und nach zu Einem Willen, Einer Einsicht,
Einer Gewalt personificirt und als selbstschöpferischer
Organismus sich fortgesetzt auch seine Entwicklungsgesetze wie die zu ihrer Erfüllung nothwendigen Glieder
selbst giebt. — — — — — — — — — — —

Damit haben wir der Daten genug, um die Gesammt-
erfolge des Systems zuerst im Grossen überblicken zu
können.

Es liegt uns eine Periode seiner mehr und mehr
unbeschränkten Wirksamkeit von 60 Jahren vor, lang
genug zur Bewährung, Prüfung, Beurtheilung, Verwerfung
des Systems; eine Periode des Fortschritts sowohl der
Productivkraft der nationalen Arbeit — der Steigerung des
Arbeitsquantums durch Zunahme der Arbeiterbevölkerung
und bis vor einem Decennium auch der Arbeitszeit —
als auch der Productivität desselben Quantums nationaler
Arbeit — durch Vermehrung immer neuer und immer
wunderbarerer Maschinen, wie die Welt sie früher nicht
gekannt; dabei eine Periode der Freiheit der individualen
Kräfte, wie auch nie zuvor; endlich eine Periode der
Sicherheit der Person und des Eigenthums, wie gleichfalls die vorangegangenen Jahrtausende nicht aufzuweisen
gekonnt. Freiere Bahn hat nie ein sociales System
zur Erprobung seiner Segnungen — oder Verheerungen
gehabt.

Nun, — hier folgen aus dem reichsten Lande der
Erde, dem Staat, in dem zugleich die erste theoretische
und die erste practische Begründung des Systems vorgegangen ist; der es nach dem Charakter seiner Be-
wohner und dem Geist seiner Einrichtungen, nach seiner
Weltstellung und den Mitteln, in denen er der ganzen
übrigen Welt vorausgeeilt, zu handhaben verstehen musste,
wenn einer es zu handhaben verstand; und der es auch
vor anderen Staaten aus seinem inneren Geiste heraus,
ohne Furcht und taub vor Tadel noch handhabt, — hier
folgen jetzt in, von Anhängern des Systems selbst, con-
struirten Ziffern seine vielgepriesenen Resultate!

1) Das Nationaleinkommen hat von beinahe 383
bis auf 814 Millionen £, also um ca. 112 % zugenommen.

2) Die Gesammtbevölkerung hat von ca. 17 Mill.
bis zu 30 Millionen, also um ca. 86 % zugenommen.

3) Die Kopfzahl der arbeitenden Klasse ist von
etwa 50% auf 77 % der Bevölkerung gestiegen.

4) Die besitzende Klasse ist von etwa 40 % auf
20 % der Bevölkerung gefallen.

5) Innerhalb der besitzenden Klasse sind die beiden
obersten Einkommensklassen (S. 75, I. 1 und 2)
zusammen, die 1812 nur noch $^1/_{100}$ % der Bevölkerung
betrugen und nur etwas über 10 % des Nationaleinkommens bezogen, 1867 auf $^1/_1$ % der Bevölkerung gestiegen, und beziehen ca. 25 % des Nationaleinkommens.
Das Durchschnittseinkommen von I 1 ist von 9682 £ auf
14,820 £ gestiegen.

6) Was die Mittelklassen betrifft, d. h. die Klassen, die ein „mässiges Einkommen" nach Colquhoun und Baxter bezogen und beziehen, so sind sie von 25 % auf 10 % der Bevölkerung gefallen.

7) Diese middles- und small-incomes-Klassen zusammen bezogen zu Colquhoun's Zeit von 384 Millionen Nationaleinkommen 250 Millionen, also einige 60 % (genau 64,4) des Nationaleinkommens: zu Baxter's Zeit von 814 Millionen 280 Millionen, d. i. einige 30 % (genau 34,4) des Nationaleinkommens.

8) Die arbeitenden Klassen absorbirten in ihrem Lohn, 1812, von 383 Millionen 94 Millionen, also 24,6 %; 1867 von 814 Millionen nahe an 324 Mill., also fast genau 40 %. Indessen ist dabei das Realeinkommen derselben — die Pfunde Brod, Fleisch u. s. w., die zum Lebensunterhalt des Arbeiters dienen, — diejenige Einkommenssteigerung, auf die es den arbeitenden Klassen allein ankommt, dieselbe geblieben, 1812 wie 1867 dieselbe. Das Einkommen des Arbeiters ist somit ein immer kleinerer Theil seines Productwerthes oder ein verhältnissmässig immer kleinerer Theil des Nationaleinkommens geworden.

9) Die Zahl der staatlich Unterstützten — dieser traurige Bodensatz unserer socialwirthschaftlichen Verhältnisse — hat sich von 1812 bis 1867 — absolut — um das Doppelte, nämlich von 1½ Millionen auf 3 Millionen, im Verhältniss zur Gesammtbevölkerung von 8 % auf 10 % vermehrt.

10) Endlich, ward diese traurige Schaar von der
Gesellschaft ausgestossener Unglücklicher 1812 noch
ihrer Freiheit und ihrem Verdienst überlassen, aber
von den Gemeinden mit 9 Millionen ± unterstützt; 1867
muss sie, doppelt so gross, gegen 1 den. täglich und
1 Laib Brod wöchentlich für jedes Familienmitglied,
Steine klopfen.

Das sind die betrübendsten Resultate des Systems!
Es ist kaum nöthig, näher hervorzuheben, was von
einander absteht, resp. zusammengehört!

Es springt von selbst in die Augen, so dass man
ihnen kaum mehr trauen möchte. Aber Eines ist über
Alles zu beachten: Die Gesellschaft zieht sich in die
Extreme auseinander. Eine immer zunehmende besitz-
lose Masse nach Unten! Eine von immer aufgehäuf-
terem Reichthume strotzende, sich mindernde Relativzahl
nach Oben! Die diese Extreme vermittelnden, verbindenden, versöhnenden Klassen der Zahl und dem Einkommen nach in zunehmendem Schwinden begriffen! —
Als ob schon das Feld klar zum fürchterlichen socialen
Kampfe gemacht würde! Als ob man jeden Augenblick
schon die Schlachtdrommeten hören könnte!

Bei solcher Entwicklungsrichtung war das Baxter'sche
Bild geschmeichelt, unendlich geschmeichelt. Auf ihm
sehen die 77 % beinahe wie ein blumenreicher Anger
aus, auf dem der Besitz lustwandeln geht. Gewiss, was
irgend darauf wächst, pflückt dieser. Aber darum war,
wenn zu Colquhoun's Zeit noch die pyramidale Form zum

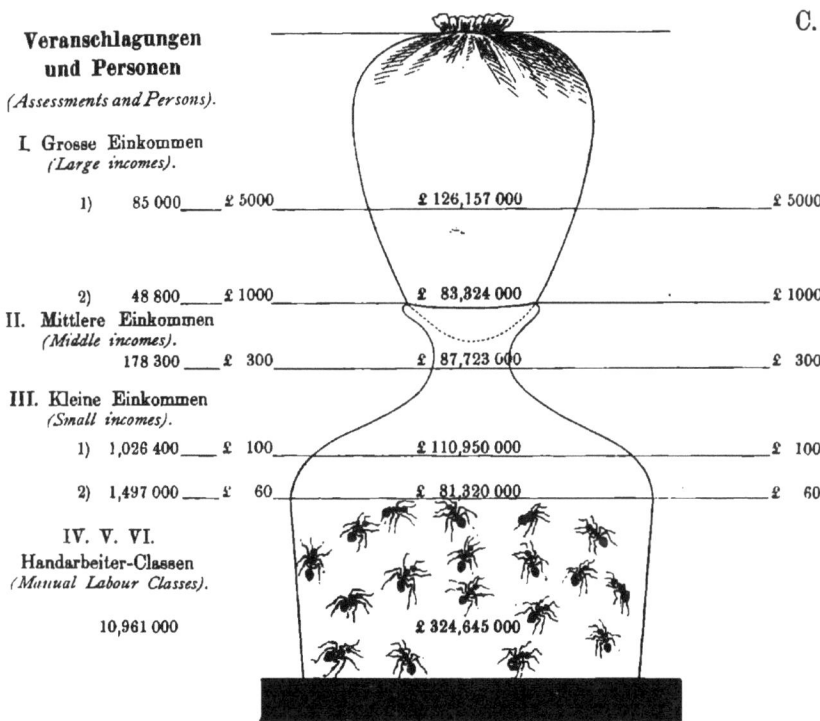

C.

Veranschlagungen und Personen
(Assessments and Persons).

I. Grosse Einkommen
(Large incomes).

1)	85 000	£ 5000	£ 126,157 000	£ 5000
2)	48 800	£ 1000	£ 83,324 000	£ 1000

II. Mittlere Einkommen
(Middle incomes).

178 300	£ 300	£ 87,723 000	£ 300

III. Kleine Einkommen
(Small incomes).

1)	1,026 400	£ 100	£ 110,950 000	£ 100
2)	1,497 000	£ 60	£ 81,320 000	£ 60

IV. V. VI.
Handarbeiter-Classen
(Manual Labour Classes).

10,961 000 — £ 324,645 000

Total 13,700 000 — Total £ 814,119 000

Kopfzahl nach Baxter:
30 Mill., davon 7 Mill. Besitzklasse
u. 23 Mill. Arbeiterklasse.

Rectificirte
Baxter'sche Nationaleinkommens-Figur, wie sie im Vergleich zu der
nach Colquhoun'schen Daten entworfenen Einkommenspyramide,
nach den inzwischen vorgegangenen Veränderungen in dem Antheilsverhältniss der verschiedenen Volksklassen am Nationaleinkommen, hätte gezeichnet werden sollen.

Lith. Anst. v. Winckelmann & Söhne in Porsen)Berlin.

Versinnlichen der Einkommensvertheilung zulässig, sie
es zu Baxter's Zeit nicht mehr. Die fürchterliche Ver-
schiebung oder Verzerrung, die einstweilen in den innern
Theilen der Gesellschaft vorgegangen war, musste der
Colquhoun'schen Pyramide gegenüber in einem Bilde
ausgedrückt werden. Es ist auf nebenstehendem Bilde C
versucht worden.

Als Symbol der Arbeiterregion schien mir die Ameise[1])
zulässig, als Symbol des strotzenden Reichthumsgegen-
satzes der Geldsack. Freilich nicht ganz zutreffend.
Alles was die emsigen Wesen da unten schaffen und
wirken, wird zu Rente und presst sich durch den sich
immer mehr verengenden Schlund in den zunehmend
anschwellenden Geldsack nach oben hinein! Das ist die
Signatur des Systems. Aber sie ist noch nicht ganz
enthüllt. Für diese weitere Enthüllung hat Baxter ein
unvergleichliches Verdienst. Er lässt uns gleichsam bis
in die Eingeweide des Systems . . . .[2])

---

[1]) Die Ameise treibt doch wenigstens der Instinct zu ihrem
geschäftigen Werk, den Arbeiter nur die Noth. Als selbstbe-
wusstes, ethisches Wesen, wie er ist, sollten es Lust und Liebe
thun. Aber die Verhältnisse verstatten es ihm nicht, diese Stufe
der Menschenwürde einzunehmen. So stehen sich denn im Bilde
mit Recht Ameise und Geldsack gegenüber. Die Geschichte von
Beiden, wie sie heute noch verläuft, ist kurz.
[2]) Das Manuscript, schwer leserliche Bleistift-Schrift von
Rodbertus' Hand, bricht hier ab. (A. W.)

IV.

In so unvernünftiger Entwickelung, so grundverkehrter Richtung spielt der auf den heutigen socialen Grundlagen sich selbst überlassene Verkehr, ungeachtet zunehmender Productivkraft und Productivität, ja, unter dem Anstoss dieser Zunahme, sich gleichsam nach zwei einfachen aber herzbrechenden Weisen, mechanisch wie eine Spieluhr ab. Sie heissen Handelskrisen und Pauperismus. Den Freihändlern freilich müssen diese Weisen wohlklingend sein, denn sie nennen sie „wirthschaftliche Harmonien." — Das ist doch in der That der wunderlichste Widerstreit der Ansichten in der Wissenschaft. — Nach dem Urtheil jedes Nationalöconomen von gesundem Menschenverstande geschieht es, dass, unter der bald wechselnden, bald zusammentönenden Begleitung dieser Weisen, — um mit unserem Motto zu reden: — der heutige Lenker der Bewegung, „Eigennutz"

> „Die Welt, die gleichgewogen ist an sich,
> Auf ebener Erde gerade hinzurollen"
> — — abwärts neigt von jedem Gleichgewicht,
> Von jedem Vorsatz, Richtung, Maass und Ziel." --

Nach den Freihändlern hingegen sollen diese vermeintlichen Harmonien vielmehr dazu dienen, das Gleichgewicht in der wirthschaftlichen Welt herzustellen, so dass, bei Zunahme der Productivkraft und Productivität unaus-

bleiblich eine gleichmässige ununterbrochene Erhebung
der wirthschaftlichen Lage aller Klassen vor sich gehe.¹)

Zur Beleuchtung dieses Gegensatzes der Ansichten,
glaube ich, kann ich nicht besser thun, als wenn ich
meinen ersten socialen Brief an von Kirchmann mit
geringen Veränderungen wieder abdrucken lasse.²)

¹) So sagte Simonde de Sismondi, als er noch Freihändler war,
in seinen Principes d'Economie politique: Quelque soit le nombre
des ouvriers proportionellement au capital, qui doit les nourir,
ils ne pourront se contenter longtemps d'un salaire moindre que
celui, qui leur est absolument nécessaire pour vivre: la misere
seroit bientôt suivie de la mortalité et l'équilibre seroit rétabli par ce contrepoids aussi redoutable qu'efficace! — Und
Bastiat in seinen Harmonies Economiques. im letzten Abschnitt:
Je ne crains pas de dire que le résultat de cette exposition peut
s'exprimer d'avance en ces termes: Approximation constante
de tous les hommes vers un niveau qui s'élève toujours,
— en d'autres termes: Perfectionnement et égalisation,
— en seul mot: **Harmonie,** indem er ausdrücklich auszuführen
sucht, dass diese approximation constante auf den heutigen Grundlagen des Grund- und Capitaleigenthums und der freien Concurrenz
vor sich ginge. Bastiat ist aber das Evangelium aller Freihändler,
und man muss es erlebt haben, wie sie rasten, als die „Harmonien"
erschienen.

²) In dem Manuskript von Schreibers Hand folgen hier in
Rodbertus' eigener Handschrift die Worte: „(Für den Setzer.)
(Hier folgt nun der Brief von der ersten bis zur letzten Seite,
soweit er roth eingeklammert ist, natürlich mit Fortlassung
der ausgestrichenen Stellen und Hinzunahme der zugesetzten.)"

Nach dieser Vorschrift hat der folgende Abdruck stattgefunden.
Da es aber von Interesse erschien, die Abänderungen gegen die
erste Ausgabe leicht vergleichen zu können, sind diese in besonderen Noten ersichtlich gemacht. Es ergiebt sich, dass die meist
auf kleine Wort-Abänderungen sich beschränkenden Zusätze
gering, doch hie und da charakteristisch sind. Letzteres gilt
noch mehr von den übrigens ebenfalls nicht zahlreichen und nicht

sehr erheblichen Streichungen von Stellen der 1. Ausgabe. Mehrfach tritt aus diesen Streichungen nur die noch schärfere principielle Auffassung, die Rodbertus inzwischen erreicht hatte, hervor. Die Durchsicht des Exemplars der 1. Ausgabe behufs dieses Wiederabdrucks ist in der letzten Zeit vor dem Tode von Rodbertus erfolgt, wie sich u. A. auch noch aus der Hinweisung auf die Eröffnungsrede des Reichstags 1875 (27. Oct.) ergiebt.

Den Wiederabdruck des Vorworts der 1. Ausgabe hatte Rodbertus nicht angeordnet. Er erfolgt hier gleichfalls. (A. Wagner.)

SOCIALE BRIEFE

an

von Kirchmann

von

Rodbertus.

Erster Brief:

Die sociale Bedeutung der Staatswirthschaft.

-oᴼᴼo — — --

Berlin 1850.

Bei Friedrich Gerhard.

Vorwort.

In diesen Briefen folgt im Wesentlichen die Fortsetzung einer vor acht Jahren von mir herausgegebenen Schrift „Zur Erkenntniss unserer staatswirthschaftlichen Zustände" etc. Seit der Zeit haben mich die Erfahrungen aus mancherlei Geschäften und Verhältnissen in dem Grundgedanken jener Schrift nur bestärken können: — dass nämlich die Ursache des Pauperismus und der Handelskrisen in nichts Anderem liegt, als dass in der heutigen staatswirthschaftlichen Organisation bei der steigenden Produktivität der Arbeit der Lohn der arbeitenden Klassen eine immer kleinere Quote des Nationalprodukts wird. Dieser Gedanke ist neu und ich nehme ihn als den meinigen in Anspruch. Kirchmann bestreitet indessen seine Richtigkeit in einer glänzenden Abhandlung in den demokratischen Blättern „über die Grundrente in socialer Beziehung". Er fügt dieser zwar noch eine zweite, „die Tauschgesellschaft" hinzu, die sich meiner Ansicht wieder nähert, indessen scheint mir auch die letztere mancherlei Gefahren eines Abweges von der Erkenntniss der socialen Probleme zu bergen. Ich will daher in diesen Briefen jenen Gedanken ausführlich zu begründen und einige der Kirchmann'schen Ansichten zu widerlegen suchen.

Rodbertus.

Man muss es Ihnen Dank wissen, mein verehrter
Freund, dass Sie durch Ihre Abhandlungen über die
„Grundrente in socialer Beziehung" und die „Tauschgesellschaft" auch die Theorie der Staatswirthschaft in den
Kreis der demokratischen Blätter gezogen haben.[1]
Von der Staatswirthschaft verlangen gegenwärtig die
grössten Fragen der Gesellschaft ihre Antwort, und man
darf es voraussagen, dass diese noch so junge und un-
vollkommene Wissenschaft bald alle ihre Schwestern über-
flügeln und ihrer Seits jenen umgestaltenden Einfluss auf
die übrigen Staatswissenschaften und die Gesellschaft an
sich reissen wird, den in den beiden vorangehenden Jahr-
hunderten das Naturrecht und natürliche Staatsrecht auf
dieselben Gebiete des Wissens und Lebens geübt haben.

Damals lag auf der Gesellschaft eine unerträgliche
Last einzelner historischer Berechtigungen, vor welcher
das natürliche Recht des Menschen nicht aufzukommen
vermochte. Jene Rechtsdisciplinen, deren Grundsätze
nach und nach alle socialen Wissenschaften durchdrangen,
bemächtigten sich vorerst in der Theorie jener gesellschaftlichen Hindernisse und ätzten sie mit ihrer kritischen Schärfe bis auf den Grund fort, im bürgerlichen
Recht bis auf die Begriffe der Freiheit der Person und

---

[1] Es wäre im höchsten Grade wünschenswerth, wenn diese
beiden ausgezeichneten Abhandlungen neu aufgelegt würden. (R.)

des Eigenthums und deren Konsequenzen, im öffentlichen
Recht bis auf den Begriff einer Regierung — wie es
damals hiess[1]) — des Volkswillens, wie es heute besser
heisst, des Staatswillens.[2]) Die Praxis folgte den neuen
Begriffen, wenigstens im Bereiche des bürgerlichen Rechts,
auf den Fersen nach. Im öffentlichen Recht ist der
kritische Prozess gegen die dem Staatswillen[3]) entgegen-
stehenden Gewalten noch in der Vollziehung begriffen,[4])
aber immer mehr neigt sich auch hier der Sieg der
Praxis dem Siege der Wissenschaft nach, immer mehr
wird auch in der Praxis des öffentlichen Rechts — es
kommt hier nicht auf Namen und Form, sondern auf
Sache und Wesen an — nichts übrig und geltend bleiben,
als die Regierung des Staatswillens.

Damit scheint das Recht einstweilen seine Mission
in Umgestaltung der Gesellschaft erfüllt zu haben und
nun seine Rolle an die Staatswirthschaft abtreten zu
wollen.

Nachdem auf dem Gebiet des bürgerlichen Rechts
nichts übrig geblieben ist, als die Freiheit der Person
und des Eigenthums und deren Konsequenzen, nachdem
auch auf dem Gebiet des öffentlichen Rechts wenigstens

---

[1]) Diese vier Worte Zusatz von Rodbertus für diese Ausgabe.

[2]) Desgleichen Zusatz von „wie es heute" an.

[3]) Abänderung von Rodbertus, früher „Volkswille". So auch
am Ende dieses Absatzes.

[4]) Aus der 1. Ausgabe hier der Satz gestrichen: dann und
wann wird auf diesem Gebiet noch ein Waffenstillstand zwischen
„freien Fürsten" und „freien Völkern" versucht.

nicht so viel mehr übrig geblieben ist, um den practischen
Erfolgen jener civilrechtlichen Konsequenzen, sowie dem
vernünftigen Willen des Staats,[1]) hindernd im Wege zu
stehen,[2]) treten plötzlich aus der Bewegung dieses neuen
Rechtszustandes die bedrohlichsten Erscheinungen hervor,
die offenbar nicht durch die Kraft der Einzelnen von der
Gesellschaft abgewehrt werden können und gegen die
daher im Namen und mit den Mitteln der Gesellschaft
selbst einzuschreiten, die allgemeine Forderung an die
Regierung ergeht.

Diese Erscheinungen sind wirthschaftlicher Natur
oder wurzeln doch in den wirthschaftlichen Verhältnissen
der Gesellschaft.

Mit der blossen Freiheit der Person und des Eigenthums liess nämlich das Recht für den staatswirthschaftlichen Zustand der Gesellschaft keine andere Form zurück,
als die nackte Theilung der Arbeit und dazwischen die
freie Konkurrenz. Aber auf seinem eigenen Gebiet hatte
es das Grund- und Kapitaleigenthum zurückgelassen
und dessen einschlagende Wirkungen prägen nun der
Theilung der Arbeit und der freien Konkurrenz einige
eigenthümliche Züge auf.

Weil aller Boden und alles Kapital in der Gesellschaft

---

[1]) Ist von „sowie“ bis „Staats“ Zusatz.
[2]) Hier sind von Rodbertus die Worte der 1. Ausg. gestrichen:
nachdem sich auch die Regierungen nothgedrungen immer mehr
anschickten, als Regierungen des Volkswillens die Gebote der gesellschaftlichen Vernunft auszuführen, (treten plötzlich u. s. w.
wie im Text).

7

nicht dieser als solcher, sondern einzelnen Privatbesitzern
gehört, die rechtlich mit der unbeschränkten Gewalt des
Eigenthümers über sein Eigenthum darüber verfügen
dürfen, so kann sich die Theilung der Arbeit nicht als
die staatswirthschaftliche Verbindung aller doch vom
Recht als gleich frei anerkannten Gesellschaftsglieder
darstellen, die durch ein Organ der Gesellschaft, eine
Behörde, nach Maassgabe der vorhandenen gesellschaftlichen Mittel und Bedürfnisse, im Interesse Aller geleitet
würde. Vielmehr üben jetzt die einzelnen Grund- und
Kapitaleigenthümer, welche die Functionen dieser Behörde
an sich gerissen haben, dieselben lediglich nach Maassgabe ihres Privatinteresses aus, und die Theilung der
Arbeit ist auf einen besonderen Stand, die zahlreiche
Klasse der Arbeiter, verengt, der im Dienst und Lohn
der Grund- und Kapitaleigenthümer die ihm geheissenen
Productionen vornimmt. Diese eigenthümliche Form der
Theilung der Arbeit ist zugleich auch auf die Vertheilung
des gesellschaftlichen Products von durchgreifender Wirkung. Diese beschränkt sich jetzt weder auf die Producenten, die Arbeiter, allein, noch geht sie, wie es
unter solcher Voraussetzung geschehen könnte und müsste,
nach einem durch das Recht bestimmten Maasse vor sich.
Sondern an der Vertheilung des gesellschaftlichen Products
nehmen jetzt ausser den Producenten, den Arbeitern,
auch die Privatbesitzer der gesellschaftlichen Productivfonds Theil, und während nur der Grund, der titulus
dieser verschiedenen Antheile rechtlich feststeht, bleibt

deren Maass der blinden Gewalt des Verkehrs überlassen.
Um die Erlangung dieses Maasses sinkt die Gesellschaft in
einen wirthschaftlichen Naturzustand zurück. Ein bellum
omnium contra omnes bricht los, ein unaufhörlicher Kriegs-
zustand, in welchem die Kämpfer in Folge des Grund-
und Kapitaleigenthums noch dazu mit sehr ungleichen
Waffen ausgerüstet sind, wüthet, um diejenige Portion am
Gesellschaftsproduct zu erlangen, die in solchem Zustande
das Recht zu bestimmen versäumt oder unvermögend ist.

Diese Grundzüge des heutigen Verkehrs, die lediglich
das Resultat jener Reihe von Rechtsemanzipationen sind,
die von einer anderen Seite für eben so viele Rechts-
verletzungen gehalten werden, muss man festhalten. In
ihnen liegt die Ursache jener merkwürdigen beiden Erscheinungen verborgen, auf die sich alle wirthschaftlichen
Leiden, die heute die Gesellschaft heimsuchen, zurückführen lassen. ich meine die Ursache des Pauperismus
und der Handelskrisen.

Der Pauperismus ist ein vielbesprochener Gegenstand,
bei dem ich mich kurz fassen kann. Die Handelskrisen
sind noch nicht im Zusammenhange behandelt.[1] für sie
muss ich mir daher längeres Gehör erbitten.

Zuerst der Pauperismus.[2]

Seit mehreren Decennien hat man die Bemerkung
gemacht, dass die Verarmung in steter Zunahme

---

[1] Dieser Brief erschien einige Jahre früher als die Geschichte
der Handelskrisen von Max Wirth. (Zus. v. Rodbertus).

[2] Abänderung des Absatzes durch Rodbertus.

7*

begriffen ist, und dass sie in einzelnen Ländern selbst
in grösserem Verhältniss zunimmt, als die Bevölkerung.
Sie hat heute eine Ausdehnung gewonnen, dass ein
sehr grosser Theil des Volkes nicht mehr aus eigenen
Mitteln zu leben vermag, sondern in irgend welchem
Wege auf die Unterstützung des übrigen Theils der
Gesellschaft angewiesen ist. Diese Thatsachen sind als
bekannt vorauszusetzen, sie werden auch von keinem
Staatswirth oder Statistiker von Ruf bestritten. Das
Wachsen des Armenbudgets der einzelnen Kommunen
im Verhältniss zum Wachsen der Bevölkerung derselben,
obgleich doch die Privatwohlthätigkeit, sei es aus welchem
Motiv sie wolle, heute Grösseres verrichtet, als je früher,
ist eine Thatsache, die tausendfache Belege für jene
Zunahme der Verarmung giebt. Was Büret[1]) im
Grossen in England nachgewiesen hat, kann sich bei
uns im Kleinen die eigene Erfahrung durch den Besuch der Arbeiterquartiere in jeder Preussischen Stadt
sammeln.

Dieser Thatsache läuft eine andere, eben so un-
zweifelhafte Thatsache parallel, die jene noch auffallender
macht: Auch der Nationalreichthum hat zu gleicher
Zeit zugenommen. Nicht bloss das Nationalvermögen
ist grösser geworden, weil die Bevölkerung sich vermehrt
hat und die vermehrte Bevölkerung mehr producirt,
sondern, wenn man das gestiegene Nationalvermögen

---

[1]) De la misère des classes laborieuses en Angleterre et en
France. Bruxelles 1842. (Zus. v. Rodbertus).

auf die Köpfe der gestiegenen Bevölkerung repartirt, kommt auf jeden Kopf eine grössere Summe.

Dieterici berechnet z. B., dass in Preussen

1815 auf den Kopf 15 Rthlr.

1831 „ „ „ 25 „

1843 „ „ „ 30 „

kamen. Die einzelnen Summen mögen falsch sein, die Verhältnissmässigkeit der Steigerung ist gewiss annähernd richtig. Ein ähnliches Verhältniss der Zunahme des Nationalreichthums hat in den meisten übrigen civilisirten Ländern stattgefunden, in England ein bei weitem grösseres. — Auch besteht diese Zunahme des Nationalreichthums nicht bloss in einer Zunahme der Werthsumme, — diese hätte stattfinden können, weil alle Producte theurer geworden wären, so dass im Grunde daraus eine Zunahme von Mangel, der sich ja nach der Menge und nicht dem Werth der Waare bemisst, zu erklären wäre. Dieterici weist in seinen verdienstlichen Werken über die Production und Consumtion im Zollverein nach, dass von den meisten und wichtigsten Waaren steigend auch mehr Quantität auf den Kopf gekommen ist. Ich halte mich bei dieser Thatsache nicht länger auf, sie ist gleichfalls in der Statistik unbestritten.

Diese beiden Thatsachen gehen also merkwürdiger Weise neben einander auf: die Verarmung in der Nation wächst in grösserem Verhältniss als die Bevölkerung, während zugleich auch das Nationalvermögen in grösserem Verhältniss als die Bevölkerung wächst,

während also zu gleicher Zeit der Nationalreichthum
steigt. Die Möglichkeit dieser Gleichzeitigkeit liegt
offenbar darin, dass von dem steigenden Nationalvermögen nur ein Theil der Gesellschaft, mit Ausschluss
des andern profitirt, und dass also jene statistische
Repartion, mit der die Zunahme des Reichthums bewiesen
wird, wenigstens insoweit eine ideelle Täuschung ist,
als der bedürftige Theil der Gesellschaft immer nicht
reicher durch die Zunahme des Reichthums geworden
ist. Selbst wenn constatirt würde, dass, während der
Nationalreichthum steigt, die Verarmung nur in demselben Verhältniss wie die Bevölkerung zunimmt, oder,
wenn die Verarmung selbst abnimmt, nur nicht in dem
Verhältniss abnimmt, als der Nationalreichthum zunimmt,
so würde darin schon eine der grausamsten Abweichungen
von den natürlichen Regeln der Billigkeit und Gerechtigkeit liegen. Die Verschiedenheit des Einkommens ist
in ihrem tiefsten Grunde sicherlich gerechtfertigt, aber
unmöglich lässt sich mit dieser natürlichen Verschiedenheit rechtfertigen, dass beim Steigen des Nationalreichthums der eine Theil der Gesellschaft immer mehr,
der andere immer weniger davon bekommen soll.

Eine genauere Betrachtung der staatswirthschaftlichen Zustände überzeugt davon, dass es die arbeitenden
Klassen sind, welche diesem unglücklichen Schicksal
anheimfallen.

Man hat zwar, um dem schweigenden Vorwurfe,
der schon in dieser Bemerkung liegt, zu entgehen, den

Begriff der arbeitenden Klassen im Gegensatz anderer
thätiger Klassen der Gesellschaft angefochten, aber Sie,
mein verehrter Freund, werden mir zugeben, mit Unrecht.
Die Arbeit, welche mehr dem Körper als dem Geiste
angehört, mehr der Uebung als der Idee gehorcht, sich
nach Zeit und Product messen lässt, und deshalb auch
maassweise, nach Stunden oder Stückzahl, vergütet
werden kann, lässt sich ohne Zweifel nach diesen Merk-
malen von jeder übrigen menschlichen Thätigkeit unterscheiden. Dass es eine oder die andere giebt, zwischen
welcher und der „Arbeit" die Grenze fast verwischt
scheint, macht die Unterscheidung nicht schlechter. In
der realen Welt bildet Alles eine allmälig in einander
gehende Kette, und man wird den Unterschied zwischen
einer Eiche und einem Pferde nicht bestreiten wollen,
weil es organische Bildungen giebt, in welchen der Unterschied zwischen dem Thier- und Pflanzenreich ebenfalls
verwischt scheint. Dasselbe gilt von dem Bereich der
Geschichte, die häufig an der Hand solcher ineinander-
laufender Begriffe ihre höheren Stufen erklimmt. Es
ist auch historisch begründet, dass gerade die durch
diese Merkmale characterisirte Thätigkeit vorzugsweise
Arbeit genannt wird. Es ist nicht minder historisch
begründet, dass diese vorzugsweise „Arbeit" genannte
Thätigkeit fast ausschliesslich einem und demselben
Theile der Bevölkerung zugefallen ist, und es ist daher
auch eine ebenso natürliche als eigenthümliche Folge,
dass dieser Theil fast ausschliesslich seinen Erwerb und

Unterhalt in dieser Arbeit findet, einen Unterhalt, der
ihn noch dazu von den Wohlthaten der Civilisation bisher
so gut wie ausgeschlossen hat. Bei dem Zusammen-
treffen so vieler charactecristischer Umstände haben sich
daher der Sprachgebrauch wie die Wissenschaft nicht
an die Einwürfe gegen den Begriff und die Bezeichnung
der arbeitenden Klassen gekehrt. Wort und Sache
könnten nur verschwinden, wenn einst die Wohlthaten
der Civilisation Gemeingut, die Arbeit Gemeinlast in der
Gesellschaft geworden wären. Inzwischen aber vergilt
eine instinctive Gerechtigkeit die grössere Lebenslast
dieser Klassen mit dem ausschliesslichen Schmuck jener
Bezeichnung, und — mit dem Anrecht, was die Geschichte daraus zu entwickeln im Begriff ist.

Diese Klassen also, die den mechanischen Arbeiten
fast allein und ausschliesslich obliegen, die aus diesen
fast ausschliesslich ihren Unterhalt ziehen, diese Klassen
bis in die Reihen jener Capitalisten hinauf, die heute
den „kleinen Handwerkerstand" bilden, und gleichfalls
hauptsächlich „von ihrer eigenen Hände Arbeit", wenn
auch am eigenen kleinen Capital leben, diese arbeitenden
Klassen sind es, die von jener Zunahme der Verarmung
betroffen werden. Auf ihren Kreis beschränkt sich diese
zum gesellschaftlichen Problem gewordene Erscheinung.
Wenn die der Selbsterkenntniss der Gesellschaft dienende
Statistik[1]) auch noch so weit zurück ist, dass sie keine

---

[1]) In 1. Ausg. lauteten diese Worte: Wenn die Statistik, die
Selbsterkenntniss der Gesellschaft.

Zahlenbeläge für diese Behauptung beizubringen vermag, so überzeugt doch auch hiervon der genauere
Blick in jeden communalen Armen-Etat.[1])

Diese Erscheinung ist neu in der Geschichte. Es
hat ohne Zweifel Perioden gegeben, in welcher bei
fortschreitender Reichthumsaufhäufung bei immer Wenigeren,[2]) eine allgemeine zunehmende Verarmung
stattgefunden hat; eine solche muss die Zeit des Verfalls des römischen Reiches gewesen sein. Es hat auch
Perioden gegeben, in welcher eine einzelne Klasse unter
einem vorübergehenden Drucke geseufzt hat; deren[3])
haben die Klassen der Grundbesitzer und Capitalisten
öfter zu erdulden. Aber die Geschichte hat keine
frühere Zeit aufzuweisen, in welcher eine andauernd zunehmende partielle Verarmung der Gesellschaft, eine
stete Zunahme der Verarmung einer und derselben
Klasse des Volks, zugleich bei andauernd steigendem
Nationalreichthum, stattgefunden hätte. Dass am wenigsten je früher die arbeitenden Klassen dies Schicksal

---

[1]) Folgender Satz der 1. Ausg., der hier folgte, von Rodbertus gestrichen: Es sprechen auch noch andere allgemeine
Gründe, als die Zunahme des Nationalreichthums überhaupt, dafür,
dass in den übrigen Klassen die Verarmung in der neueren Zeit
abgenommen hat. Die verschiedenartigen Creditinstitute, Ver-
sicherungsanstalten, Pensionskassen u. dgl. sind alle neueren
Ursprungs, von unzweifelhaft schützender Wirkung gegen die Verarmung und kommen fast ausschliesslich anderen Klassen als
den arbeitenden zu gut.

[2]) „Bei fortschreitender" bis „Wenigeren" Zusatz von Rodbertus.

[3]) In 1. Aufl. „davon" statt „deren."

erduldet haben, hat in deren früheren Rechtsverhältnissen
seinen Grund gehabt. Zwar Seuchen und Hungerjahre
müssen dann und wann noch furchtbarer unter ihnen
gewüthet haben, aber weder die Sclaverei, noch die
verschiedenen Stufen der Hörigkeit und Unterthänigkeit,
noch das jus prohibendi des strengen Zunftrechts können
den Pauperismus kennen, wenn sie auch Schlimmeres
gekannt haben. Der Sprachgebrauch hat daher auch
mit einem neuen Namen die neue Sache bezeichnet,
einem Namen, der fast schon durch seine Wortbildung
daran mahnt, dass die Sache eine Barbarei inmitten der
Civilisation ist.

Kaum geringeres Leid als der Pauperismus haben
die Handelskrisen der Gesellschaft zugefügt.

Ungefähr seit eben so lange als der Pauperismus
die allgemeine Aufmerksamkeit auf sich zieht, richten
in periodischer Wiederkehr sogenannte Handelskrisen
ihre Verheerungen im Verkehr an. Die äusserlichen
Kennzeichen dieser wirthschaftlichen Weltplagen sind
unschwer zu fassen. Eine plötzliche Stockung des eben
noch so blühenden Absatzes in den Hauptzweigen der
Industrie, die sich bald auch allen übrigen Gewerben
mittheilt; ein rasches Sinken aller Waarenpreise, die
noch vor Kurzem so lohnend waren; eine bis zur Ent-
werthung gehende Werthverringerung der productiven
Vermögen; eine fast allgemeine Unmöglichkeit, ein-
gegangenen Verpflichtungen nachzukommen; zahllose
Bankerotte oder Zahlungseinstellungen; zeit- oder theil-

weise Beschränkung oder Einstellung der Production: Brodlosigkeit von Tausenden von Arbeitern — das sind die
in rascher Folge und Wechselwirkung sich äussernden
Symptome von Erscheinungen, die das Capital decimiren
und dem Arbeiter auch noch seine Lumpen rauben.[1]

Diese Krisen heben immer in den Weltcentren
des Verkehrs an und pflanzen von da ihre Wirkungen
bis zu den letzten Handelsplätzen beider Hemisphären
fort. Grade dort, wo sich alle Bedingungen nationalen
Wohlstandes am üppigsten vorfinden, die Capitalien
am häufigsten sind, der Credit am ausgebildetsten
ist, die Productivität am höchsten steht, die Arbeiter sich am freiesten regen, machen sich zuerst
jene Schläge fühlbar, die bald die ganze verkehrende
Welt treffen. Auch am härtesten fallen sie dort
nieder, und in unbegreiflichem Widersinn wird der Fluch
des Elends dort und zu der Zeit am lautesten, wo und
wann die Wunder des Kunstfleisses am höchsten aufge-
häuft sind.

So viele solcher Krisen bereits über die verkehrende
Welt fortgegangen sind, sind doch alle von Umständen
begleitet, deren Gleichartigkeit auf eine und dieselbe
tiefliegende Ursache schliessen lässt. Wie die Geschichte
der Staatswirthschaft solche Katastrophen erst kennt,
seitdem der allgemeine Frieden von 1815 den Nationen

---

[1] S. meine später herausgekommene Schrift: „Die Handelskrisen und die Hypothekennoth der Grundbesitzer." Berlin 1858
bei Ferdinand Schneider. (Zusatz von Rodbertus.)

ihre ungetheilte Kraft den Schöpfungen der Industrie
zuzuwenden gestattete und die grossen gewerblichen Erfindungen der vorangehenden Decennien in vollerem
Maasse sich geltend machen konnten; wie diese Katastrophen also erst eintraten, seitdem der Reichthum aller
civilisirten Nationen einen rascheren und von fremd-
artigen Einflüssen unbehinderteren Aufschwung genommen
hat, als je zuvor, so ist auch jede einzelne derselben auf eine hervorstechende Periode in-
dustrieller Blüthe gefolgt.[1]) Allen ohne Ausnahme
gingen Anzeichen voran, die gerade auf einen ungewöhnlichen Grad von Wohlstand schliessen liessen.
Jedes Mal standen vorher die Waarenpreise hoch genug,
um ansehnliche Gewinne abzuwerfen; jedes Mal mehrten
sich die productiven Unternehmungen in ungewöhnlicher
Zahl oder hatten ihre Productivität durch Einführung
neuer Erfindungen erhöht; jedes Mal war die Capitalan-
sammlung in steigendem Maasse vor sich gegangen und
der Zinsfuss gesunken; jedes Mal flossen die National-
banken, die grossen Geldbehälter der Gesellschaft, von
Depositen und Baarschaften über; jedes Mal hatte der
Credit eine Leichtigkeit gewonnen, die die Negoce von
Millionen gestattete; jedes Mal war der Arbeitslohn im
Steigen gewesen und gewährte nach jener entwürdigenden
Ansicht, welche die Höhe desselben nur nach dem Lohn-
punkt des nothwendigsten Bedürfnisses bemisst, ein

---

[1]) Nach Rodbertus' Angabe diese Worte in dieser Ausgabe
durchschossen gedruckt.

reichliches Auskommen. Und auf diese glänzende Höhe
herab schmetterte jedes Mal plötzlich der Blitz! Jene
ganze Reihe sich entwickelnder Glückseligkeiten stürzte
Glied für Glied rascher, als sie sich an einander gesetzt hatte, wieder zusammen. Zuweilen hob der Verfall mit einem Anstoss des Credits an, zuweilen mit bedeutendem Kapitalverlust, zuweilen mit einer Missernte,
am häufigsten mit dem allgemeinsten und durchgreifend-
sten in allen Krisen sich wiederfindenden Symptom,
mit dem Sinken der Waarenpreise. Der Absatz war
gestockt. In seinen Canälen hatten sich die Waaren
angehäuft, wie die Wassermasse eines Stromes vor dem
thürmenden Eise aufschwillt. Aber hiermit hört auch
das Bild schon wieder auf wahr zu sein. Der Strom
richtet seine Verheerungen an, weil er sich nun in die
Niederungen und Ebenen stürzt; von jenem aufgestauten
Waarenstrom¹) ergiesst sich nichts in die bedürftigen
Regionen der Gesellschaft. Dieser verharrt, weil er in
seiner starren Anhäufung verharrt. Nur sein Werth
verrinnt zum Nachtheil seiner Besitzer und zu Niemandes
Vortheil in der Gesellschaft. Mit dieser Absatzstockung
beginnen dann die niederschlagenden²) Rückwirkungen
durch jene ganze Kette von Wohlstandsbedingungen und
Reichthumsbeweisen hindurch.³) Sie enden beim Arbeiter, der jetzt aufhört, weniger als das nothdürftige

---

¹) In 1. Ausg. „Wasserstrom" (Aenderung von Rodbertus).
²) „niederschlagenden" Zus. v. Rodbertus.
³) „hindurch" Zus. v. Rodb.

Brod zu bekommen, weil er brodlos wird, der, weil
er selbst kein Brod mehr zu kaufen hat, auch noch
wieder das Brod dessen verkümmert, der es zu verkaufen hat.[1] Erst wenn die Production zum Theil
oder eine Zeit lang stillgestanden hat, wenn das von
der Waarenmasse gleichsam erdrückte Bedürfniss sich
wieder erholt hat, wenn die Kanäle allmälig wieder
zu fliessen anfangen, beginnt sich hie und da wie
schüchtern auch die Production wieder zu regen, und
die dunkle Aussicht für Capitalisten und Arbeiter sich
wieder aufzuklären. Wenn dann[2] am Ende solcher
Vernichtungsscenen die Nationalöconomie ihre Todten
zählt, so rechnet sie den Ruin der Capitalisten nach
Millionen Werthe, und den der Arbeiter nach tausend
und über tausend Familien, die sich niemals wieder in
in ihren Kellern und unter ihren Dächern aus ihrem
Elend aufzuraffen vermögen.

Von Mal zu Mal, im Verhältniss der Zunahme des
Reichthums hat sich die Furchtbarkeit dieser Krisen
gesteigert, sind die Opfer, die sie verschlungen, grösser
geworden. Die Krisis von 1818/19, so sehr sie schon
den Schrecken des Handels und die Bedenken der Wissenschaft erregte, war verhältnissmässig unbedeutend gegen
die von 1825/26. Die letztere schlug dem Capitalver-
mögen Englands solche Wunden, dass die berühmtesten
Staatswirthe die vollständige Ausheilung derselben be-

---

[1] In 1. Ausg.: „besitzt" statt „zu verkaufen hat."
[2] In 1. Ausg. „denn" (Aender. d. R.)

zweifelten, sie ward dennoch von der Krisis von 1836/37
übertroffen. Die Krisen von 1839/40 und 1846/47 richteten
noch wieder stärkere Verheerungen an, als die vorangehenden. Wenn eine solche Calamität vorübergezogen
war, siechte der Verkehr, wie ein schwacher Recon-
valescent, noch eine kurze Zeit fort, richtete sich bald
lebendiger wieder auf, that nach wenigen Jahren aufs
Neue Wunder der Production, um, wie es scheint, dem
neuen Ungewitter nur Stoff zu grössern Trümmern zu
bieten. Es ist unberechenbar, wie hoch der gesellschaftliche Reichthum schon hätte gestiegen sein können, wenn
ihn die Staatswirthschaft vor diesen tödtlichen Krankheiten zu bewahren gewusst hätte.

Indessen nach der bisherigen Erfahrung kehren dieselben in immer kürzeren Intervallen wieder. Von der
ersten bis zur dritten Krisis verflossen 18 Jahre; von
der zweiten bis zur vierten 14 Jahre; von der dritten
bis zur fünften 12 Jahre. Schon mehren sich die Anzeichen eines nahe bevorstehenden neuen Unglücks, obwohl unzweifelhaft das Jahr 1848 dessen Ausbruch auf-
gehalten hat. Es ist, als ob die früheren durch lange
Zwischenräume getrennten Krisen einen akuteren Character
gehabt hätten, als die späteren. Mindestens sind die
Intervalle der letzteren nie mehr so vollständig von
den Nachwirkungen der Krankheit geheilt worden.
Diese späteren und heftigeren Anfälle scheinen nur
fruchtlosere Anstrengungen der Gesundheit gegen ein
schleichend gewordenes Leiden zu bezeichnen.

Es ist eben so lehrreich als interessant, die Wahrheit dieser allgemeinen Beobachtungen auch an den einzelnen Krisen nachzuweisen.[1])

Das Land England ist in gewerblicher Beziehung die Stadt[2]) des Erdkreises und die übrigen Länder verhalten sich mehr oder minder wie das weite Weichbild dieser Stadt. Hier sind die mechanischen Künste in höchster Blüthe, hier herrscht die Industrie vor, hier bringt der weite Umkreis der Stadt seine Rohproducte zu Markte und führt Fabrikate dafür zurück, hier fliesst das Kapital zusammen, hier leihen die Staaten der Erde wie der Landmann in der Stadt, mit einem Wort, hier lebt das ausgeprägteste Bild des heutigen Verkehrs mit allen seinen Eigenthümlichkeiten, seinen Vorzügen wie seinen Fehlern. In dieser Stadt der Welt ist, wie es bisher[3]) alle späteren sind, auch die erste Handelskrisis von 1818/19 ausgebrochen.

Während die Reihe von Kriegen, welche der französischen Revolution folgten, das Festland verwüstete, nahm England daheim seinen mächtigsten Aufschwung. Alle jene wunderbaren Erfindungen von Watt, Arkwright, Crompton und Cartwright, die das mechanische Genie des englischen Volks bald noch so ausserordentlich ver-

---

[1]) Die folgenden statistischen Daten sind aus den bewährtesten Handelsschriftstellern, namentlich von Gülich und Mac Culloch, sowie aus den vortrefflichen Börsennachrichten der Augsb. Allg. Zeitg. entnommen.

[2]) Durchschossen nach R. Angabe.

[3]) 1850. („Bisher" u. „1850" Aenderung von R.)

besserte. entfalteten während dieser Zeit immer mehr
ihre zauberartige Kraft. Die Kohlen- und Eisenproduction.
die Zinn- und Kupferminen. die Spinnereien und Webereien
sind die Schachte des englischen Reichthums, erst in
diesem Zeitraum wurde er in immer staunenswertherem
Maasse zu Tage gefördert. Gegen die letzten Decennien
des vorigen Jahrhunderts drohte die Eisenproduction
Englands an Holzmangel zu enden, das Gebläse der
neuen Maschinen gestattete die Anwendung von Coaks.
Watt's und Bolton's Erfindungen vermochten Lasten aus
der Tiefe zu heben, zu denen die halbe Bevölkerung
Englands nicht genügt hätte. Damit war der Flor des
Bergbaues für die Jahrtausende gesichert, für die man
den Kohlen- und Eisenvorrath der englischen Erde noch
anschlägt. — Wo war der Markt, die Nachfrage. welche
während dieser Zeit so ungeheure Kräfte in Bewegung
setzte und in Athem erhielt? England schuf sie sich
selbst! — Es ist ein merkwürdiger Zufall, aber wir
werden ihn fast bei allen späteren Krisen wiederfinden.
— die eigenen Mittel Englands, nur in ein anderes Land
verlegt, und anderen Händen übertragen, bildeten diesen
Markt und diese Nachfrage. Diese Bemerkung ist
wichtig, denn sie deutet schon in dieser Allgemeinheit
auf die Nothwendigkeit eines Gleichgewichts der Kauf-
kräfte hin. Wie sich vor der zweiten Krisis an den
englischen Anleihen, die nach dem Continent und Süd-
amerika flossen, die Production abermals ins Ungeheure
steigerte, wie sich dies vor der dritten und vierten

8

Krisis an den Anleihen nach Nordamerika wiederholte,
so verrichteten vor der ersten Krisis die Subsidien
Englands an seine Verbündeten die Dienste solchen
Hebels. England zahlte während der Kriege gegen
60 Mill. Pfd. Sterl. Hülfsgelder und es zahlte im Grunde
50 Millionen davon in Fabrikaten. An diesem Begehr
hatte sich die Production in die Höhe gerichtet, vermochte sich die Productivität Englands zu üben und
zu steigern. Die Maschinen, die zu Watt's Zeit mit
einem Scheffel Steinkohlen 7700 Quart Wasser aus einer
Tiefe von 350 Fuss gehoben hatten, vermochten um die
Zeit der ersten Krisis zehn mal so viel, also 77,000 Quart
damit aus gleicher Tiefe zu heben. Die Maschinen, die
zu Arkwright's Zeit in ganz England erst 50,000 Spindeln
in der Baumwollenfabrikation gedreht hatten, setzten
1817 mit einer Kraft von 21 Tausend Pferden deren
sechs und eine halbe Million in Bewegung. Die Steigerung
der Production entsprach der Productivität. England
hatte im weitesten Maasse die Bemerkung A. Smith's
bethätigt, dass Kriege nicht mit Geld, sondern mit Waaren
geführt werden und der Barbier von Preston und der
Mechaniker von Glasgow waren es gewesen, die den
Kriegsfürsten aller Zeiten, Napoleon, überwunden hatten.

Diese ungeheure Zunahme der Productivität und
der Production steigerte sich noch in den nächsten
Jahren nach dem allgemeinen Frieden, als die Märkte
der Welt eine kurze Zeit den englischen Schiffen offen
standen. Der Dampfwebestuhl, obgleich 1784 erfunden,

war bis 1815 kaum gebraucht worden: im Jahre 1818
besass Manchester allein 2000 solcher Stühle. Von 1790
bis 1814 hatte sich die Einfuhr von Baumwolle von
31 Millionen Pfund auf 73 Millionen Pfund gehoben;
von 1814 bis 1818 stieg sie auf 173 Millionen Pfund.
Der Werth der Gesammteinfuhr Englands, der 1812 noch
25 Millionen Pfund Sterling betragen hatte, betrug im
Jahre 1818 nicht weniger als 36 Millionen; die Ausfuhr
hatte in demselben Zeitraume von 38 Millionen auf 51
Millionen zugenommen. Der Wohlstand des Landes entsprach diesen Productionsverhältnissen. Es waren nicht
bloss Fabrikate, deren Menge gestiegen und deren Preis
gefallen war, die Production und der Preis der Lebensmittel waren der Art, dass sie das Korngesetz von 1815
veranlassten. Der Verbrauch von Zucker, Thee, Kaffee
nahm in dieser Zeit nach dem Frieden in jenem merk=
würdigen Maasse zu, das noch heute die Consumtion
Englands und selbst seiner arbeitenden Klassen auszeichnet. Ungeachtet der Misserndten von 1816 und
1817 strömte das Geld vom Continent nach England
zurück, so dass in dem letzteren Jahre der Baarvorrath
der Bank, obgleich die Restriktion noch bestand, über
11 Millionen Pfd. Sterl. 29 Millionen Noten gegenüber
betrug. — Da plötzlich waren die Absatzcanäle voll,
und der Reichthum löste sich in Mangel und Elend auf.

Es ist interessant, aus jenen Tagen das Zeugniss
eines berühmten Mannes zu hören, der durch diese Krisis
aus dem eifrigsten Anhänger des Smith'schen Systems

dessen entschiedenster Gegner wurde, — Simonde de Sismondi.

„Handelsberichte, Reisebeschreibungen, Zeitungen" — sagt er — „alle sind voll von dieser jede Consumtion übersteigenden Production. Die Fabrikation richtet sich nicht mehr nach dem Begehr, sondern nach der Menge der Kapitalien, die man nur anzulegen wünscht. Der Handel überströmt sofort jeden neuen Markt, und stürzt sich, anstatt gewinnbringend zu sein, aus einem Verlust in den andern. Die italienischen Märkte waren so von Waaren jeder Art, namentlich englischen Manufacturwaaren, überfüllt, dass die Verkäufer sie mit einem Viertel oder Drittel Verlust statt mit so viel Gewinn fortzuschlagen genöthigt waren. Von Italien ergoss sich diese Waarenüberschwemmung über Deutschland, Russland und Brasilien, um hier nur demselben Mangel an Absatz zu begegnen. Von gleichen Verlusten wird noch aus anderen Ländern der neuen Welt geschrieben. Auf dem Kap der guten Hoffnung klagt man schon im August 1818, dass alle Lager voll von europäischen Waaren seien, die, ohne Absatz zu finden, wohlfeiler als in Europa selbst ausgeboten würden. Dieselben Klagen hört man aus Calcutta. Hier hatten merkwürdiger Weise englische Baumwollenwaaren schon mit den Fabrikaten der halben indischen Bevölkerung concurriren können, und dadurch deren Loos nur noch elender gemacht; jetzt hat sich das Blatt gegen England gewandt, und die englischen Waaren sind augenblicklich in Ostindien

wohlfeiler als in England selbst. Von Neuholland muss
der Ueberfluss europäischer Waaren wieder nach Europa
zurückgeführt werden. Nicht minder aus Buenos Ayres,
Columbia, Mexico und Chili. In Scaron's Reise in den
Vereinigten Staaten, die schon mit dem Frühling 1818
beendigt wird, findet sich dasselbe Bild mit noch stärkeren
Farben gemalt. Von einem Ende bis zum andern dieses
weiten und fruchtbaren Landes ist keine Stadt, kein
Flecken, wo nicht das Waarenangebot die Mittel der
Käufer unendlich übersteigt, obgleich diesen durch alle
denkbaren Erleichterungen, durch lange Creditbewilli-
gungen, Terminal- und Naturalzahlungen, der Kauf so
anlockend als möglich gemacht wird."

Von nun an traten die Rückwirkungen ein. —
Die Ausfuhr Englands fiel im Jahre 1819 von 51 Mill.
Pfd. Sterl., die sie in dem vorhergehenden betragen,
auf 33 Millionen, die Einfuhr in derselben Zeit von
36 Millionen auf 29 Millionen. Nicht weniger als 3552
Bankerotte waren in diesem einen Lande und in dem
einem Jahre 1819 die Folge davon. Der Baarvorrath
der Bank ging wieder auf 3 Millionen 25 Mill. Noten
gegenüber zurück. Das mächtige Räderwerk Arkwright's
und Watt's schien mit aller seiner Kraft regungslos
still stehen zu wollen und mit ihm eine Unzahl von
Arbeitern, die das Maschinenwesen selbst nur wie ein-
greifende Räder behandelt. In Birmingham, Manchester,
Glasgow verringerte sich die Consumtion von Fleisch
und anderen nothwendigen Lebensbedürfnissen um ein

volles Dritttheil. Ein Drittel Nahrungsmittel hatten
also die arbeitenden Klassen weniger zu verzehren.
Eine Adresse der Strumpfwirker von Nottingham schildert
die Leiden dieser Klassen ebenso einfach als ergreifend:
„Bei einer täglichen Arbeit — heisst es darin — von
14 bis 16 Stunden verdienen wir doch nur wöchentlich
für uns, für Frau und Kind, 4 bis 7 Schillinge. Statt
von der nahrhaften Kost, die sich sonst überreichlich
auf den Tischen englischer Arbeiter fand, leben wir jetzt
von Wasser und Brod und Kartoffeln und Salz, und dennoch können wir versichern, dass nicht selten nach der
angestrengtesten Tagesarbeit wir und unsere Kinder haben
hungrig zu Bette gehen müssen. Wir rufen den Himmel zum
Zeugen an, dass wir seit achtzehn Monaten nicht wissen,
was es heisst, nicht vom Hunger gequält zu werden."

Aus diesen Jahren datiren jene allgemeinen Ar-
beiterbewegungen, denen auch England gewaltsam unter-
liegen wird, wenn es ihre Vertreter nicht in seinen
Rath zulässt. Aus diesen Jahren haben Owen, die
St. Simonisten und Fourieristen die Beläge zu ihren
Ideen geschöpft. Diese Jahre gaben die erste Veran-
lassung zu den Zweifeln an der Unfehlbarkeit des
Smith'schen Systems und riefen jenen interessanten
Streit zwischen Ricardo und Say einer- und Sismondi
und Malthus andererseits über die Möglichkeit einer
Ueberproduction hervor, den auch Sie, mein verehrter
Freund, in Ihrem Aufsatz „die Tauschgesellschaft" dem
Leser vorführen. —

Und doch genügten nach diesem jähen Fall wenige
Jahre, um England noch wieder auf eine höhere Stufe
zu heben, als die es eben erklommen gehabt; freilich,
um durch die zweite Krisis von 1825/26 nur abermals
von derselben herabgestürzt zu werden.

Die Katastrophe von 1818/19 war vorüber, eine
kurze Beschränkung der Production hatte der Consumtion
Zeit gelassen, die ungeheuersten Vorräthe zu verschlingen,
und Englands Thätigkeit und Energie setzten aufs Neue
seine Productivmittel in Bewegung. Neue Etablissements
in allen Gewerben, vermehrte und erhöhte Maschinenkraft steigerten diese Mittel noch in einem Maasse,
hinter welchem selbst das Jahr 1818 immer weiter
zurückblieb. Manchester und Umgegend allein waren
1824 in der Baumwollenfabrikation im Besitz einer so
grossen Maschinenkraft. als 1817 ganz Grossbritannien.
Hier allein hatten sich die Dampfwebestühle von 2000
auf 20,000 vermehrt. Die Vermehrung der Dampfmaschinen im Bergbau war noch von Verbesserungen
begleitet gewesen. Die Eisenproduction hob sich von
1816 bis 1824 von 38,000 Tons auf 600,000 Tons.
Fultons Welttheile nähernde Erfindung von 1807 trat
mit dem Anfang der zwanziger Jahre zu den alten
Kräften als eine ebenbürtige neue hinzu. Mit dem
Jahre 1821 war daher schon die letzte Spur von Calamität von 1818/19 verschwunden. Ein allgemeiner Flor
des Handels entfaltete sich. Vier Jahre hindurch stand
der auswärtige Wechselcurs hoch. Geldzufluss nach

England und Geldüberfluss in England waren die Folge
davon. In den drei Jahren von 1822 bis 1824 stand
die Baarschaft der Bank stets im Verhältniss wie ½ zu
⅔ ihrer Verbindlichkeiten. Sie nahm schon im Jahre
1821 ihre Baarzahlung wieder auf, obgleich sie es nach
der Peelsbill erst mit dem Jahre 1823 nöthig hatte.
Die Regierung vermochte die Zinsen der Nationalschuld
um 1½ Mill. Pfd. Sterl. herabzusetzen, aber die Handels-
gewinne waren so lockend, dass viele Staatsgläubiger
die Auszahlung des Kapitals vorzogen.[1])

Aber so ungeheuere Mittel würden kaum in Thätigkeit zu erhalten gewesen sein, wenn nicht Grossbritannien
abermals sich selbst seine Nachfrage im Auslande geschaffen hätte. Von 1821 bis 1824 betrugen die Anleihen, die der Continent und die südamerikanischen
Freistaaten in England machten, 43 Millionen Pfd. Sterl.,
und man darf abermals rechnen, dass 30 Millionen
davon für englische Fabrikate zurückkehrten. — Nun
war erst der Wind gegeben, der die Segel der englischen
Production noch stolzer schwellen konnte.

Eine unerhörte Gewerbthätigkeit begann sich zu
regen. Zu der Vermehrung und Erweiterung der bisherigen Etablissements bildeten sich 245 neue Gesellschaften mit einem Nominalkapital von über 159 Mill.
Pfd. Sterl., einem eingezahlten Kapital von 17½ Mill.
Dasselbe wurde fast ganz in südamerikanischen Unter-

---

[1]) Abänderung im Absatz des Drucks nach R. Der frühere
Absatz begann beim zweitfolgenden Satze: „Von 1821" u. s. w.

nehmungen angelegt und gab damit ein neues Gewicht
für die Nachfrage englischer Waaren ab. Eine unglaubliche Leichtigkeit des Credits unterstützte alle Specula-
tionen. Die Ein- und Ausfuhren stiegen zunehmend bis
in's Jahr 1825. Die durchschnittliche Ausfuhr der eigenen
Erzeugnisse Englands in den beiden Jahren 1824 und 25
betrug 47 Millionen Pfd. Sterl., während die der Jahre,
welche der ersten Krisis vorangingen, nur 32¹⁄₂ Millionen
betrug. Der Baumwollenwaaren - Export allein, der
1820 schon die Summe von 20 Mill. Pfd. Sterl. betragen
hatte, hob sich 1825 auf über 26 Millionen. In allen
Zweigen des Nationaleinkommens äusserte diese Reich-
thumsvermehrung ihre wohlthätige Wirkung. Die Gewinne beförderten eine immer reissendere Kapitalansammlung. Der Arbeitslohn stieg wieder auf die Höhe
der besten Zeiten Alt-Englands. Die Grundrente nahm
einen neuen Aufschwung durch die vermehrte Consumtion
von Victualien aller Art Seitens der arbeitenden Klassen.
Die Minister beglückwünschten das Parlament wegen
der Zunahme des allgemeinen Wohlstandes: es habe
seit 1816 der inländische Verbrauch von

Bier	um	16¹⁄₂ Procent,	
Thee	„	20	
Kaffee	„	43	„
Branntwein	„	53	„
Papier	„	51	„
Baumwollenwaaren		119	„

zugenommen. Gegen das Ende 1824 schienen die Vorräthe aller Art so eingeschmolzen, dass man bei dem Ueberfluss von Kapital Mangel an Material befürchtete. Eine allgemeine Preissteigerung bis gegen die Hälfte des Jahres 1825 war das Resultat dieser Besorgnisse. Es stieg der Preis

von Kaffee	über	30	Procent,
Talg und Tabak	„	33	„
Zucker	„	38	„
Eisen	„	76	„
Salpeter	„	80	„
ostindischer Baumwolle	„	95	„
amerikanischer „	„	100	„

Und die Länder der Erde antworteten nun auf diese gesteigerte Nachfrage mit ihren Reichthümern. Es war die Durchschnittseinfuhr in England gewesen

in den Jahren 1822, 23 u. 24				und war im Jahre 1825		
von Wolle	20 Mill. Pfd.			40 Mill. Pfd.		
„ Baumwolle	161	„	„	229	„	„
„ Seide	2½	„	„	3	„	„
„ Flachs	600,000	„	„	1	„	„

Und mit einem Male zerrannen wieder diese Reichthümer! Die an's Ausland geliehenen oder dort angelegten Kapitalien schienen ihre Wirkung erschöpft zu haben. Eine Windstille des Begehrs trat ein und das Schiff sass an derselben Klippe fest, an der es 1819 gestrandet war. Sieben Monate nach jener Preissteigerung waren die Preise von

Baumwolle von 18 Pence auf 7 Pence
Kaffee „ 88 Schill. „ 50 Schill.
Salpeter „ 36 „ „ 23 „
Pfeffer „ 9¼ Pence „ 5 Pence
Macisnüsse „ 23 Schill. „ 4½ Schill.
Tabak „ 6½ Pence „ 3¼ Pence

gefallen. In denselben Verhältnissen waren auch die
Kapitalien verloren gegangen. Mit den Kapitalverlusten
fiel auch das stolze Gebäude des Credits in Trümmer.
In den drei Monaten December, Januar, Februar 1825/26
brachen 80 Landbanken in England. Ende 1825 besass
die Londoner Bank 32 Millionen Verbindlichkeiten gegenüber nur noch Einer Million Baarschaft in ihren Kassen.[1]
Sie kam um Erneuerung der Restriktion ein, die ihr
abgeschlagen ward. Um den weitern Abfluss des Goldes
in den inneren Verkehr zu verhindern, der bei dem
Bruch der Landbanken anderer Cirkulationsmittel bedurfte, beschloss sie Einpfundnoten auszugeben, wozu
sie noch berechtigt war. Die Anfertigung derselben
würde so viel Zeit geraubt haben, dass einstweilen ihr
Bruch unvermeidlich geworden wäre. Da fand sich zu-
fälliger Weise in ihren Gewölben noch aus älterer Zeit
her eine Kiste mit einer Million Einpfundnoten, die der
Vernichtung entgangen waren; diese wurden jetzt ausgegeben. „So weit ich es beurtheilen kann — sagte
bald darauf ein berühmter Kaufmann vor dem Ausschuss

---

[1] In 1. Ausg.: Verbindlichkeiten gegenüber nur noch Eine
Million Baarschaft. (Aenderg. v. R.)

des Unterhauses — rettete diese Maassregel den Kredit
des Landes." Derselbe Minister, der noch vor wenigen
Monaten dem Parlament seinen Glückwunsch dargebracht
hatte, gestand: „Das ganze Land war auf dem Punkte,
binnen 24 Stunden vertauscht (?) werden zu müssen."[1]) —
Das Räderwerk Englands war abermals gehemmt worden,
und inmitten eines nie gesehenen Ueberflusses von Waaren
verloren die Kapitalisten ihre Vermögen und wurden die
Arbeiter in das Elend zurückgeschleudert, dem sie seit
wenigen Jahren erst entronnen waren.

In der zweiten Ausgabe seiner „Nouveaux principes
d'économie politique" schildert Sismondi auch noch diese
zweite Krisis in allgemeinen Zügen. „Sie ist — heisst
es — heftiger wiedergekehrt als je. Den Fabriken fehlen
Bestellungen und Absatz. Die Löhne sind unter den
nothwendigen Unterhalt gefallen, und dennoch finden viele
Arbeiter keine Arbeit. Die Kapitalien der Fabrikanten
stecken in den Waarenvorräthen, welche die Lager über-
füllen. Ueberall Missverhältniss zwischen Production
und Consumtion. Das Elend des Volkes ist gross und
dauert vielleicht lange, denn der falsche Glanz des vorigen
Jahres hat die Lage Englands ausserordentlich verschlimmert. England hat den verschiedenen Staaten, die
bei ihm geliehen haben, 40 Millionen Pfund Sterling —
eine Milliarde Franks — vorgeschossen und eben so viel den
verschiedenen Gesellschaften, die sich in jene riesenhaften

---

[1]) Vergl. Stellung und Aussichten des Welthandels u. s. w.
von Vincent Nolte.

Unternehmungen eingelassen hatten. Diese beiden in den
letzten zwei oder drei Jahren verausgabten Milliarden
lassen sich in den nächsten zwei oder drei Jahren nicht
noch einmal ausgeben, ja es ist selbst wahrscheinlich,
dass die Zinsen jener Anleihen lange auf sich warten
lassen werden. An die Stelle der künstlichen Steigerung,
welche die Consumtion durch die Anleihen erfahren
hatte, muss daher jetzt ein ungeheures Deficit treten."
— Und an einer anderen Stelle: „Man darf die Grösse
des Elends nicht bloss nach der Zahl der Bankerotte
beurtheilen. Die, welche Stand gehalten haben, haben
meistens eben so viel verloren, als die, welche zu Grunde
gingen; die Einen haben nur den letzten Heller auch
noch verloren, die Anderen haben ihn noch behalten.
So sind alle Klassen der Gesellschaft ohne Unterschied
getroffen worden, und in den schlimmsten politischen
Krisen sind Verlegenheit, Verlust und Schrecken nicht
so gross gewesen. Ungefähr siebenhundert der reichsten
Familien der Nation sind plötzlich ruinirt, die Spar-
pfennige der Armen, die in den Privatbanken angelegt
waren, sind verloren gegangen, die Reservesummen,
welche die Vermögenden für ihre laufenden Ausgaben
vorräthig zu halten pflegen, sind verschwunden, und die
meisten Fabrikanten können nicht mehr arbeiten lassen,
weil sie kein Geld haben, um Lohn zu zahlen."

So Sismondi, der die damals ziemlich allgemein
verbreitete Meinung getheilt zu haben scheint, dass diese
zweite Krisis als der Beginn des Verfalls englischer

Handelsgrösse zu betrachten sei. Dennoch stand diese im Jahre 1836 schon wieder blühender da, als je zuvor, um freilich im Jahre 1837 einer noch furchtbareren Calamität zu unterliegen.

Man kann die von jetzt an auf einander folgenden Krisen nicht verstehen, wenn man sich nicht die seit den zwanziger Jahren veränderten Verkehrsverhältnisse klar macht. Zwei Umstände waren es, welche vorzugsweise auf diese Veränderung hingewirkt hatten: die Dampfschifffahrt, zu der bald noch die Eisenbahnverbindungen traten, und die Papierbörse.[1]

Die erstere machte alle Meere um %10 ihrer Breite schmäler, und die Eisenbahnen verlegten die Häfen in's Innere des Landes. Sie hoben damit die Isolirung, in welcher sich der Verkehr der einzelnen Länder oder der einzelnen Orte eines Landes befunden hatte, immer mehr auf und schufen aus dem Verkehr der verschiedenen Länder mit einander in Wahrheit Einen Weltverkehr. Aus diesem Grunde haben sich alle folgenden Krisen mehr über die ganze Erde verbreitet, und man ist oft zweifelhaft, wo man deren letzten Ursprung suchen soll. Namentlich gilt dies von England und Nordamerika, deren Handelsverbindungen nach und nach so in einander gewachsen waren, dass von jetzt an die Erschütterungen Beiden in gleicher Stärke gemeinsam werden.[2]

[1] Hier neuer Absatz im Druck, nach R.'s Angabe.
[2] Desgl. wie in voriger Note.

Die Papierbörse, wenigstens in ihrem grossartigen heutigen Umfange, ist zunächst das Resultat der während und nach den französischen Kriegen gemachten Staatsanleihen und der Actienform, in welcher die grossen Privatunternehmungen der neuesten Zeit ihre Kapitalien zusammenbrachten und ausdrückten; weiter zurück das Resultat der ungeheuren Ansammlung von Kapitalvermögen, die zu ihrem Dokument die bequemere Inhaberform gewählt hatten. Der Handel mit diesen Papieren ward seit dem allgemeinen Frieden ein immer grösserer Zweig des allgemeinen Handels und gerieth in immer tiefere Wechselwirkung mit diesem. Die Reservefonds, welche die grossen productiven Unternehmungen bedürfen, werden häufig in solchen Papieren niedergelegt. Wird also die Börse in Schrecken gesetzt, so wird dadurch auch die Solidität der productiven Unternehmungen berührt, denn mit dem Fall der Papiere verringern sich jene Fonds. Erleiden die productiven Unternehmungen Verluste, so wird auch die Börse in Schrecken gesetzt, denn jene Reservefonds müssen nun angegriffen, d. h. die Papiere zum Verkauf gebracht werden. Dieser Zusammenhang ist so innig, der täglich ausgegebene Curszettel ein so zugängliches Anzeichen, die Betheiligung an den Wechselfällen der Börse so allgemein, dass die Börsenkrisen fast die Handelskrisen verdecken und die Klagen der hungernden Arbeiter und der bankerotten Unternehmer von dem Geschrei der verlierenden Börsenspeculanten übertäubt werden. Dazu kommt, dass die grossen Geldinstitute,

nach den bitteren Erfahrungen von 1819 und 26, mehr
und mehr das drohende Ungewitter zu bekämpfen suchen,
und zwar mit dem Mittel der Erschwerung oder Ent-
ziehung des Credits, ein Mittel, das sich abermals nur
im Geldverkehr, d. h. auf der Oberfläche des Verkehrs
äussert. Deshalb treten alle folgenden grossen Krisen
mehr äusserlich als Geldkrisen oder Börsenkrisen in
die Erscheinung, während man festhalten muss, dass auch
sie nichts sind als Waarenkrisen, und dass eine reine
Börsenkrisis, die etwa davon herrührt, dass eine Revolution
den Credit einer Regierung erschüttert, oder dass die
Zinsen einer Anleihe nicht bezahlt werden, nur eine
leichte und vorübergehende Wirkung auf den productiven
Verkehr üben kann.

So rasch als der Schlag 1825/26 gekommen war,
so rasch hatten sich auch seine Folgen wieder verloren,
wenigstens für die Unternehmer; nur die Lage der Arbeiter kümmerte länger fort, als dies zwischen der ersten
und zweiten Krisis der Fall gewesen war. Schon im
Jahre 1827 war die Nachfrage nach englischen Waaren
wieder lebendig und die Production in Thätigkeit. Im
Jahre 1833 war der Flor der Gewerbe wieder hergestellt
und nahm abermals bis ins Jahr 1836 in beispielloser
Weise zu. Der Zinsfuss sank und der Arbeitslohn stieg,
in manchen Gegenden um 27 Procent, während die Getreidepreise um die Hälfte niedriger als seit 70 Jahren
standen. Die Leichtigkeit des Kredits war wieder so
gross als früher. Die Staatseinkünfte — das sicherste

Zeichen eines blühenden Verkehrs bei dem Abgaben-
system Grossbritanniens — vermehrten sich. Der ge-
uaueste Kenner des Handels, der Banquier L. Loyd,
bezeugte dessen glücklichen Zustand vor einem Aus-
schusse des Unterhauses: „Ich habe, sagte er, niemals
das Land so glücklich gesehen. Alle Waarenpreise sind
billig, der Risiko ist in allen Unternehmungen klein und
den Gewinnen angemessen. Und wenn diese auch nicht
gross sind, so ist doch der Handel in einem ungewöhulich
gesunden Zustande."

In der That konnten sich die ungeheuren Productivkräfte Englands, die sich noch vermehrt und deren
Productivität sich noch gesteigert hatte, wieder unge-
hemmt regen. Porter berechnet, dass selbst die Productivität der Landwirthschaft so zugenommen hatte,
dass am Anfange der dreissiger Jahre vier Familien so
viel Lebensmittel hervorbrachten, als um das Jahr 1811
nur fünf vermocht hatten — kein geringer Beleg zur
Widerlegung der Ricardo'schen Grundrententheorie, auf
die ich später zurückkommen werde. Die Anzahl der
Baumwollenfabriken war gegen das Ende des Jahres 1835
auf 1262 gestiegen, die der Baumwollenarbeiter auf
221,000. In den 4 Grafschaften Chester, Derby, Lan-
caster und York trieben 473 Wasserwerke und 992 Dampfmaschinen, letztere bis zu 140 Pferde-Kraft, diese eine
Fabrikation. Ein sachkundiger Zeuge sagte vor einem
Parlamentsausschusse aus, dass in 169 Baumwollenfabriken, die er kenne, in neuester Zeit Verbesserungen

9

angebracht seien, die eine Zusatzkraft von 7500 Pferden
repräsentirten. Während es im Jahre 1826 in diesem
ganzen Industriezweige erst 40,000 Dampfwebestühle
gegeben hatte, gab es im Jahre 1835 deren 110,000.
In der Wollenwaarenmanufactur waren sie früher kaum
angewendet worden, jetzt gab es auch in diesem Gewerbe
5000. Eisenbahnen und Locomotiven sind Transportations-
maschinen von ungeheuererer Wirkung als irgend eine
Fabrikationsmaschine. Diese neuen Steigerungsmittel
der Productivität traten 1834, 35 und 36 zahlreich in's
Leben. Wenn man daneben die Wirkungen des Eisen-
bahnbaues, die Wirkungen der vermehrten Baumwollen-,
Wollen- und Leinenmanufactur, die alle hauptsächlich
durch Dampfmaschinen getrieben wurden, auf die Eisen-
und Kohlenproduction erwägt, wenn man die Ausdehnung
dieser letzteren Productionen wieder mit der Zunahme
der Maschinen in Verbindung bringt, die dazu nöthig
wurden, um in solchem Maasse sich vermehrende Lasten
aus der Erde zu heben, — so erhält man doch nur
einen annähernden Begriff der Millionen lebloser, aber
unermüdlicher Arbeiter, die in der Gestalt von Eisen
und Dampf den Reichthum der Gesellschaft Englands
schufen und auch den seiner beseelten Arbeiter — hätten
schaffen können.

Ohne Zweifel richtet sich, wenn die einheimische
Vertheilung des Nationalproducts auch noch so schlecht
ist, aber nur die Productivität bei anderen Völkern auch
zunimmt, die Production schon immer an dem aus-

wärtigen Handel in etwas auf: aber bei der in Rede
stehenden Zunahme der englischen Production trat abermals der Umstand ein, dass ein Theil derselben als
Kaufkraft in gegenüberstehende Hände gelegt ward.
Wie es während der Kriege die englischen Subsidien,
nach den Kriegen die englischen Darlehne waren, welche
die Nachfrage nach den Producten Englands einiger
Maassen auf die Höhe seiner Productivität hoben, so
waren es jetzt die Anleihen, die unter verschiedenen
Formen von den Vereinigten Staaten Nordamerika's gemacht wurden, so wie die Entschädigung der Westindischen
Pflanzer für die Sclavenemancipation, welche eine gleiche
Wirkung übten. Von letzterer kamen im Jahre 1835
ungefähr 10 Millionen Pfd. Sterl. in den Verkehr. Die
ersteren betrugen bis zum Jahre 1836 nicht weniger
als 75 Millionen Dollars, von denen England ungefähr
zwei Drittel dargeliehen hatte.

An diesem neuen Begehr allein vermochte die Productivität Englands jene unermesslichen Vorräthe aufzu-
häufen, welche das Jahr 1836 unerreicht von sieben
folgenden Jahren bleiben lassen. Es genügt in dieser
Beziehung zwei Industriezweige ins Auge zu fassen,
denjenigen, dessen Werth fortan den grössten Theil der
englischen Ausfuhr bildet, die Baumwollenfabrikation,
und denjenigen, der in England die Basis aller übrigen
ist, die Kohlenproduction. Der Baumwollenverbrauch
stieg von 1827 bis 1836 von 700.000 Ballen auf 1,200,000
Ballen. Die Kohlenproduction wurde im Jahre 1835

auf 18,300,000 Tonnen, die Tonne zu 20 Centner geschätzt. Sie war seit Anfang der dreissiger Jahre um
3 Millionen gestiegen. Dennoch muss man sich erinnern,
dass die Productivkräfte, die durch die Kohlenanwendung
gebildet werden, in noch grösserem Verhältniss haben
zunehmen müssen, als die Kohlenproduction selbst, da
in Folge der Verbesserungen der Maschinen, dasselbe
Kohlenquantum eine drei-, vier-, zehnfach grössere Wirkung erlangt.

In allen Unternehmungen waren bei voller Anstrengung dieser Productivkräfte die Gewinne lohnend,
in einigen ungewöhnlich gross. Letztere fielen in den
Handelsunternehmungen ab, die in Folge der Aufhebung
des Ostindischen Monopols nach dem Süden und Osten
Asiens eingegangen wurden. Demnach war auch die
Kapitalanhäufung beispiellos. Die Depositen der Londoner Bank betrugen 19 Millionen Pfd. Sterl. Man konnte
zu beliebigem Belauf angeliehen bekommen. Der Credit
vermehrte noch die disponiblen Kapitalien und erleichterte
ihre Anwendung. Das Bankgesetz von 1833, das zur
Sicherheit des Publikums gegeben war, rief eine Menge
Actienbanken in's Leben; es gab 1827[1]) deren 47, im
Jahre 1836 deren 100. Dennoch schien dem Speculations-
geist keine Genüge geschehen zu sein. Der Handels-
minister Paulet Thompson hielt es für seine Pflicht, dem
Unterhause die Anzeige zu machen, dass sich zwischen

---

[1]) In 1. Ausg. 1837 (Druckfehler, verbessert v. R.).

300 und 400 Actiengesellschaften, zum Theil Actienbanken mit einem einzuzahlenden Kapital von 200 Mill.
Pfd. Sterl. zu bilden im Begriff wären.

Ein immer grösserer Theil der so gesteigerten Production ging auf die Märkte Nordamerikas. Beide Länder
theilten fortan ihre Handelsschicksale. Die Ausfuhr von
englischen Fabrikaten nach den Ver. Staaten stieg von
1830 bis 1836 von 6 Millionen auf 12½ Millionen Pfd.
Sterling, von noch nicht ⅛ bis über ¼ der Gesammt-
ausfuhr. Sie hatte in dem ersteren Jahre die Ausfuhr
nach demjenigen Lande, das seiner commerciellen Wich-
tigkeit nach für England das zweite geworden war, nach
Deutschland, um ein Drittel übertroffen, sie übertraf
dieselbe in dem letzteren Jahre um das Dreifache. Hier,
in den Ver. Staaten, die jetzt so innig mit England verbunden waren, nahm die Gewerbe- und Handelsthätigkeit
zu derselben Zeit in noch kolossalerem Maassstabe zu.
Mit der ihnen eigenthümlichen Energie warfen sich die
Amerikaner auf den Anbau von Ländereien, den Bau
von Eisenbahnen und Kanälen. Die Anlage von Baum-
wollplantagen wurde in grösster Ausdehnung betrieben.
Ländereien und Sclaven waren auf Credit zu haben. Im
Jahre 1836 waren hundert neue Eisenbahnen und eben
so viele Canäle mit einem Anlagekapital von 300 Millionen
Dollars projectirt. Die blosse Speculation in Bauplätzen
war ein Handelszweig, der Millionen beschäftigte. Der
Zinsfuss stand in Amerika hoch, in England niedrig,
deshalb fand der lebendigste Wechselverkehr zwischen

beiden Ländern statt. Es gab Bankiers in London, die
für 5 Millionen Pfd. St. amerikanische Wechsel acceptirt
hatten. Von 1830 bis 1836 steigerte sich die Ausfuhr
der Ver. Staaten von 59 Millionen auf 101 Millionen, die
Einfuhr von 54 auf 153 Millionen Dollars. Die Hälfte
dieses Handels bewegte sich zwischen den Vereinigten
Staaten einer Seits und England und seinen Colonien
anderer Seits.

Und plötzlich zum dritten Male stürzte dies pracht-
volle Gebäude des Reichthums und Ueberflusses, das auf
den unerschöpflichen Hülfsquellen zweier Hemisphären
gegründet schien, wie ein Kartenhaus zusammen.

Die charakteristischen Erscheinungen von 1819 und
26 waren wiederum die Vorboten und Begleiter dieses
Sturzes, wenn sie auch dies Mal durch die Bewegungen
des Geldmarktes und ein anderes zufällig dazwischen
spielendes Ereigniss etwas verhüllter auftreten.

Dies letztere war die Revolution in Lissabon im
September 1836. In Folge der westlichen Quadrupel-
Allianz hatten die englischen Kapitalisten bei dem niedrigen
inländischen Zinsfuss ausserordentlich grosse Summen
in den Staatspapieren der pyrenäischen Halbinsel angelegt.
Jene Revolution entwerthete die portugiesischen Papiere
plötzlich und setzte alle Börsen Europa's, namentlich
die Londoner Börse, in Schrecken. Die Meinung des
Tages, die auf das Geschrei der ruinirten Börsenspeculanten achtete, brachte damals den bald darauf erfolgenden
Ausbruch der Handelskrisis mit jener Revolution und dem

Fall der portugiesischen Papiere als mit seiner Ursache
in Verbindung. Dass diese Meinung irrig war, dass
niemals die Verluste in dem portugiesischen Papierhandel
das Jahr 1837 hätten heraufbeschwören können, geht
schon daraus hervor, dass die Londoner Börse im Jahre
1835 von einem gleichartigen, aber noch weit heftigeren
Schlage getroffen wurde, nämlich von der Revolution in
Madrid desselben Jahres, und dass dennoch, unmittelbar
nach den viel grösseren Verlusten, welche diese Katastrophe im spanischen Papierhandel verursachte, das
blühende Handelsjahr 1836 eintrat.

Die eigentliche Handelskrisis verlief in der That
an der alten gewohnten Kette von Ursache und Wirkung:
Fallen der Waarenpreise, die eben noch so lohnend
waren, Fallimente in allen Zweigen des Verkehrs, Einstellung der Production, Brodlosigkeit der Arbeiter. Die
Operationen der Creditinstitute verwischten nur in etwas
den reinen Charakter dieses Ausbruchs und Verlaufs.
Die dominirenden Geldinstitute hatten es nämlich seit
1826 als ihre Pflicht erkannt, ähnlichen Krisen wo möglich vorzubeugen. Sie, die gleich dem grössten Theile
der Handelswelt ihre Ueberzeugungen nur von der Oberfläche des Verkehrs schöpften, sahen die letzte Ursache
solcher Uebel in nichts Anderem, als in maasslosen Spe-
culationen, die ein unbesonnener Kredit hervorrufe. Sie
suchten daher, wenn ihnen Anzeichen eines neuen Ausbruchs zu drohen schienen, wie Aerzte, die nach den
oberflächlichsten Symptomen kuriren, durch die ver-

schiedenen Mittel, die ihnen zu Gebote stehen, den Credit
zu schwächen. Aber diejenige Thätigkeit, die in den
erweiterten Unternehmungen engagirt war, suchte ihn
wo möglich noch mehr zu beleben. So entspinnt sich
ein gegenseitiger Kampf der Creditinstitute unter einander, der mitunter den Ausbruch der Krisis beschleunigt,
mitunter das erste Symptom derselben, das Fallen der
Waarenpreise hinausschiebt, hinter welchem aber jedenfalls erst die wahren Ursachen der Krisis zu suchen sind.

Bei der fortwährenden Steigerung der Production
und des Handels seit dem Ende der zwanziger Jahre
wurde mit dem Jahre 1835 wieder die Besorgniss rege,
die Vorräthe würden der Consumtion nicht genügen
können. Damit begann das Steigen der Preise der Roh-
stoffe bis ins Jahr 1836 hinein, damit der Abfluss des
Geldes aus den Banken und aus dem Lande, damit die
Besorgniss vor einem neuen Ausbruch. Nun fingen die
Gegenoperationen an. Die Erhöhung des Zinses der
Schatzkammerscheine und der ostindischen Obligationen
sollten das Geld aus den productiven Unternehmungen
fortlocken und im Inlande festhalten. Die Erhöhung
des Zinsfusses der Bank sollte die Unternehmungen er-
schweren und einschränken. Fast alle Banken Europas
folgten im Herbst 1836 diesem Beispiele. Die Vereinigte
Staatenbank hatte dieselbe Maassregel schon früher ergriffen; sie hatte in den letzten 9 Monaten ihre Circula-
tion von 18 Mill. auf 9 Millionen und den Betrag ihrer
Wechsel um 3½ Mill. Dollars verringert. Aber der

Privatcredit operirte überall noch ziemlich wirksam dagegen, und noch im October 1836 war der Handelsdiscont Englands niedriger als der Bankdiscont. Auch können die dominirenden Creditinstitute das eingeschlagene Verfahren niemals consequent verfolgen, denn sie dürfen die grossen Unternehmungen, welche Hunderte der Kleinen in ihrem Sturze mitbegraben, kaum stürzen lassen, und doch sind es jene grossen Unternehmungen, welche an der ungeheuren Anhäufung der Waarenmassen den Hauptantheil haben. Daher trat auch bei der dritten Handelskrisis schon eine Geldkrisis ein, ehe die eigentliche Krisis, die Waarenkrisis, erfolgte.

Aber man kann den Ausbruch eines organischen Leidens nicht verhüten, wenn nicht das Organ selbst geheilt wird. Die Absatzkanäle vermochten die Massen der Waaren nicht mehr fortzuführen und mit den ersten Monaten des Jahres 1837 trat in allen Ländern ein allgemeines Fallen der Preise ein.

Nach welchen Märkten und auf welche Artikel man zu dieser Zeit seinen Blick richtet, überall tritt ihm eine und dieselbe Erscheinung entgegen. Der Ausfuhrhandel der Vereinigten Staaten von Nordamerika nach Grossbritannien wurde hauptsächlich durch drei Häuser in London vermittelt, deren Geschäftsumfang ungeheuer war. Durch die Unterstützung der Londoner Bank war es ihnen gelungen, bis zum 1. Juni aufrecht zu bleiben. Der Handelsstand von Havre, dem französischen Baumwollendepot, hatte eine Unterstützung von

10 Millionen Franken von der Pariser Bank erhalten.
Beides verzögerte noch den jähen Fall des Baumwoll-
preises die ersten Monate des Jahres 1837 hindurch;
vom Mai an trat er unaufhaltsam ein. Die Fabrikate
waren schon früher im Preise gesunken. Auf der Leipziger Ostermesse waren alle Baumwollenwaaren um
50 Prozent wohlfeiler. Der damalige Fall der Schaf-
wollpreise ist den deutschen Landwirthen noch im Ge-
dächtniss. Im Mai 1837 lag in Leeds noch so viel
deutsche Wolle, als die Fabriken dieses Orts für Ein
Jahr bedürfen. In Neapel fiel Seide und Oel. In Lyon
hatten die Fabriken sechs Jahre hindurch in unausgesetzter Thätigkeit gearbeitet, jetzt fiel der Preis der
Seidenwaaren um 30 Prozent. Die Berichte jener Zeit
von allen grossen Handelsorten des Continents, der
Schweiz, Paris, Bremen, Hamburg, Berlin, Pest, Constantinopel melden dieselbe Thatsache. In Bremen be-
fanden sich ausserordentlich grosse Lager amerikanischer
Waaren, auf die bedeutende Vorschüsse erhoben waren,
sie wurden jetzt zu immer niedrigeren Preisen verkauft.
Ein Schreiben aus Hamburg von dieser Zeit klagt:
„Es sind nicht blos Colonialproducte, die hier für englische Rechnung verschleudert werden, sondern auch
europäische Erzeugnisse werden uns zum Versilbern zu-
geschickt, wodurch die Preise derselben immer mehr ge-
drückt werden." Die Erweiterung des ostindischen und
chinesischen Handels in Folge der Aufhebung des Monopols hatte die Preise der Producte dieser Länder an

Ort und Stelle um 30 bis 40 Prozent gesteigert, aber
sie waren bereits um dieselbe Zeit um eben so viel in
Europa gefallen. In Folge davon verlor der englische
Handelsstand allein in den beiden Artikeln, Thee und
chinesische Seide, 5 Millionen Pfund Sterling.

Eine unerhörte Anzahl von Zahlungseinstellungen
und Bankerotten in allen Ländern der Welt folgte diesen
Preisveränderungen.

Bis zum 10. April hatten 93 Häuser in New-York
mit über 60 Millionen Dollars fallirt: bis zum 15. Mai
stellten noch 107 ihre Zahlungen ein. In New-Orleans
betrugen die Bankerotte bis zum April die Summe von
20 Millionen Dollars. Es gab einzelne Fallimente von
15 Millionen, mehrere von 8 Millionen Dollars. Im Mai
stellten auch die meisten Banken in Nordamerika ihre
Baarzahlungen ein. Der Bruch der englischen Häuser
begann schon im Spätherbst 1836. Die bedeutende
Agriculturbank in Irland brach schon im November
dieses Jahres. Mit den ersten Monaten des Jahres 1837
folgten sich in London, in Liverpool, in Manchester, in
Birmingham Bankerotte auf Bankerotte in allen Zweigen
des Handels, mit den grossartigsten Summen. Von
England aus verbreitete sich der Sturz weiter über alle
Hauptplätze der Welt. In Havanna fielen 12 Häuser,
in Bremen 15. Lissabon. Kopenhagen, Danzig, Elbing,
Königsberg, Constantinopel, Triest, Wien — kaum eine
Stadt mit bedeutendem Handelsverkehr wurde ver-
schont.

Und der Druck von allen diesen Ruinen lastete
zuletzt wieder auf den arbeitenden Klassen!

Im November 1836 war in England bereits die
Hälfte der Seidenweber brodlos, die andere Hälfte war
vier Tage in der Woche beschäftigt. Zu gleicher Zeit
wurden die Eisenbahnarbeiten eingestellt. Um dem
Mangel zu entgehen, versuchten die Arbeiter mancher
Industriezweige im Januar 1837 durch vollständige Ar-
beitseinstellung höhere Löhne zu erzwingen. So ver-
dammten sich die Spinnereiarbeiter in Preston, die
Töpfereiarbeiter in Staffordshire, die Kohlengräber in
Newport selbst zur Unthätigkeit. Mit dem April nahm
die Stockung in der Fabrikation, die Entlassung der
Arbeiter und deren Brodlosigkeit noch mehr zu. Die
Fabriken, die überhaupt noch arbeiten liessen, thaten
es nur die halbe Zeit. In Manchester waren im Juni
50,000 Arbeiter brodlos, in Birmingham 8000. Ein
einziger Fabrikant an letzterem Orte, der alle Arbeit
einstellte, pflegte wöchentlich 2000 Pfund Sterling an
Arbeitslohn zu zahlen. Aber nicht die arbeitenden
Klassen Englands allein waren es, die litten, überall,
so weit als der Druck des Marktes reichte, reichte auch
das Elend dieser Klassen. In unserem deutschen Erzge-
birge sanken die Löhne um 100 Prozent. Selbst in
Nordamerika, dem Lande des hohen Arbeitslohnes, entstanden Arbeiterunruhen.

Ich kann hier eine Bemerkung nicht zurückhalten,
die von einem Theile der deutschen Demokratie beachtet

zu werden verdiente. Sie betrifft die Associationen, auf
welche die Theorie — die Praxis in Deutschland kennt
sie noch kaum — für die Lösung der socialen Frage
einen zu grossen Werth zu legen scheint. Ich meine
diejenigen Associationen, die den Unternehmern gegenüber einen besseren Lohn bewirken sollen, nicht diejenigen, die die Unternehmer überhaupt entbehrlich
machen sollen, auf welche letztere ich später zurückkommen werde. — England hat schon in den dreissiger
Jahren die Arbeiterassociationen ersterer Art gründlich
erprobt, sie haben sich indessen ungenügend erwiesen.

Um die Zeit dieser dritten Krisis nehmen nämlich
die Proletarierbewegungen eine festere Gestalt an. Die
Arbeiter associiren sich, um der Gewalt des Kapitals
eine gleichere Macht entgegenzustellen. Die innere Berechtigung eines Versuches, ihre Lage zu verbessern,
fanden sie sicherlich in dieser Lage selbst. Diese war
seit dem allgemeinen Frieden anhaltend schlechter geworden. Die Jahre 1817 und 18, 1824 und 25, 1835
und 36 waren nur Ausnahmsjahre gewesen, während die
dazwischen liegenden Perioden immer grössere Entbehrungen gebracht hatten, und die beiden letzten blühenden
Jahre nicht mehr den Jahren 1824 und 25 gleichge-
kommen waren. Es gab Industriezweige, wie die Weberei,
in denen 1835 und 36 kaum eine Verbesserung zu spüren
gewesen war. Auch das Gesetz gestattete ihnen jetzt
die Associationen. Diese waren in Bezug auf Lohnver-
abredungen bis zum Jahre 1825 verboten gewesen. Mit

den liberalen Grundsätzen der Huskisson'schen Gesetzgebung fiel dies Verbot und die Arbeiter machten von
der Aufhebung desselben im weitesten Maasse Gebrauch.

Ihre Verbindungen, die sich nach und nach über
ganz Grossbritannien erstreckten, vereinigten zuerst die
verschiedenen Arbeiter einer und derselben Fabrik, oder
auch die Arbeiter desselben Gewerbes an einem und
demselben Orte. Diese einzelnen Vereine communicirten
durch Abgeordnete mit einander. Ihr Zweck ging nicht
blos auf Lohnerhöhung und gegenseitige Unterstützung,
sie beanspruchten sogar, über die Kunstfertigkeit der
Arbeiter zu entscheiden und den Unternehmern deren
Reihenfolge zu bestimmen. Niederlegen der Arbeit in
Masse sollte das Zwangsmittel gegen die Unternehmer
sein und wöchentliche Beiträge der Bundesmitglieder
sollten den Aermeren einstweilen den Unterhalt gewähren.
Dies Mittel wurde unter allen Conjuncturen geübt, in
dem blühenden Jahre 1836, in dem Hungerjahre 1837,
in dem guten Jahre 1838, in dem schlimmeren Jahre
1839. In den letzten beiden Jahren besassen diese
Vereine eine Ausdehnung und innere Organisation, dass,
wenn sie überhaupt auf die Lösung der Frage von Einfluss hätten sein können, sie es jetzt auch hätten
werden müssen. Sie selbst behaupteten, eine Million
Bundesglieder zu zählen, und gewiss ist, dass jedes Mitglied eidlich verpflichtet war, den Bundesbeschlüssen zu
gehorchen. Zu dem wirthschaftlichen Ferment kam noch

ein politisches hinzu, die characteristische Forderung des
allgemeinen Stimmrechts. Die Pläne. welche die Vereine hegten, waren in der That auch ihrer Ausdehnung
und der Grösse ihres Zieles angemessen. Sie entsprachen
den beiden Hauptparteien der Bewegung, den physical
force men und den moral force men. Die Ersteren
trieben es bis zu den blutigen Bewegungen in Manchester, Birmingham und Süd-Wales. Beide vereint beschlossen das grossartigste Mittel, das auf dem Wege
solcher Associationen liegen kann, einen „Nationalfeiertag", einen „heiligen Monat", an dem alle Arbeit ruhen
sollte. Aber der talentvollste, wenn selbst heftigste
Führer dieser Bewegung, der Geistliche Stephens, erkannte
selbst schon die Unausführbarkeit solchen Mittels. „Bedenkt euch zweimal — rief er — ehe ihr einmal diesen
Weg einschlaget. Sehet zu, ehe ihr über diesen Graben
zu springen suchet, sonst könnte es geschehen, dass ihr
mitten hinein fallet. Ein Nationalfeiertag bedeutet allgemeine Anarchie und Verwirrung — den Aufstand eines
Theils der Nation, und zwar des schwächsten, in sich
uneinigsten, gegen andere Theile der Nation, die wie
ein Leib sind, gelenkt und geleitet von Einem Haupt.
Könnt ihr unter so ungleichen Umständen, könnt ihr
gegen die Uebermacht kämpfen? Könnt ihr es, dann
seid ihr stärkere Burschen, als ich glaubte. Ein Nationalfeiertag bedeutet einen nationalen Kampf." — Auch
scheiterte der heilige Monat an dem Mangel eben so
sehr von materiellen Mitteln als moralischer Kraft.

In der That, als wirthschaftliches Mittel, zur Erhöhung des Einkommens der Arbeiter, haben sich die
Associationen als ungenügend erwiesen. In dieser Beziehung gilt der einfache Ausdruck für die Frage, dass
der, welcher Lebensmittel besitzt, länger zu hungern im
Stande ist als der, welcher keine besitzt. Die Association von Tausenden, die keine besitzen, kann dessen
Wahrheit nicht ändern. — Als politisches Mittel liegen
die Associationen ausserhalb der vorliegenden Betrachtung,
aber man darf nicht vergessen, dass, wenn dieselben auch
den arbeitenden Klassen die volle politische Gewalt zu-
wenden könnten, doch dieser Gewalt, wenn sie wirthschaftlich helfen sollte,[1] immer noch zu wissen übrig
bliebe, was sie wirthschaftlich[2] zu decretiren hätte. —

Noch eine zweite Bemerkung muss ich hier anti-
cipiren.

Man hat bisher die Ursache der Handelskrisen in
anderen Umständen gesucht, als wo sie wirklich zu finden
ist. Die der dritten Krisis, welche den Verkehr der
ganzen Welt so tief erschüttert, glaubte man in dem
„imaginairen" Reichthum des Papiergeldes der Vereinigten
Staaten zu entdecken. Ein Bericht der Bankcommission
des Staates New-York vom Frühling 1837 beweist indessen, dass dieser Vorwurf unbegründet war. Ungeachtet der zahlreichen Banken Nordamerika's hatte seit
1830 doch noch eine stärkere Vermehrung von Metallgeld

---

[1] „Wenn sie wirthschaftlich helfen sollte." Zus. v. R.
[2] In 1. Ausg. „staatswirthschaftlich," Abänderg. v. R.

als von Zetteln stattgefunden, und das Verhältniss der
Vermehrung des Umlaufsmittels überhaupt (Currency)
und der Steigerung der Handelsthätigkeit war ungefähr
dasselbe geblieben. Nach diesem Bericht betrug in den
Jahren   1830. 1831. 1832. 1833. 1834. 1835. 1836.
die Ausfuhr
in Mill. D.   59.   62.   63.   70.   74.   98.   101.
die Einfuhr „ 54.   79.   77.   89.   100.   130.   153.
die Einfuhr
von Species   8.   7.   6.   7.   18.   13.   12.
also Einfuhr
von Waaren   46.   72.   71.   82.   82.   117.   141.

Currency. Noten. Species. Einfuhr. Ausfuhr.

	Currency.	Noten.	Species.	Einfuhr.	Ausfuhr.
1834 Mill. D.	88.	49.	39.	82.	74.
1836 „ „	148.	75.	73.	141.	101.
Vermehrung in %	68.	53.	87.	72.	36.

In der That war auch der Segen, der zum Unsegen
ward, nichts weniger als eingebildet. Er bestand in
voller Handgreiflichkeit in einer ungeheuren Masse der
verschiedenartigsten Waaren, die eben so wenig „ima-
ginair" waren, als das Elend der zahlreichsten Klasse
des Volkes unmittelbar daneben. Es machte sich, wie
früher, in dem Gesellschaftskörper nur der organische
Fehler wieder geltend, der den Abfluss dieser Voll-
säftigkeit in das verkümmerude Glied verhindert. — Ich
werde später auf die Ursache solcher Handelskrisen, als
auf den Hauptgegenstand dieser Briefe an Sie, mein verehrter Freund, zurückkommen: ich konnte es aber nicht

10

unterlassen, schon hier mit diesem wichtigen statistischen
Beleg den vorgefassten Meinungen Anderer entgegenzu-
treten. — Dass der Credit die Production zu erhöhen im
Stande ist, ist bekannt und ist sein einziges Verdienst.
Wenn man aber dies Verdienst unmöglich dann schon
als Uebertreibung anklagen kann, wenn noch die Hälfte
der Gesellschaft in Armuth schmachtet, d. h. sich ohne
den Besitz genügender Resultate der Production befindet,
so kann man auch unmöglich den Credit als die Ursache von Handelskrisen anklagen, welche diese Armuth
sogar noch vergrössern. Ein unbefangener Blick muss
den Fehler wo anders suchen.

Von jetzt an kann ich mich kürzer fassen. Derselbe
Charakter, derselbe Verlauf, nur grössere Ziffern kehren
wieder. Es gilt nun noch die Mittel ins Auge zu fassen,
durch welche der Verkehr, aus dessen Schooss diese
Krisen hervorgingen, sie von sich abzuhalten suchte,
und die traurige Bemerkung zu constatiren, dass das
Uebel von der dritten Krisis an, einen chronischen
Charakter annimmt.

Nur ein einziges Jahr war dies Mal dem Verkehr
zur Erholung beschieden, das Jahr 1838. Das voran-
gehende war das Verwüstungsjahr des Welthandels gewesen, das Jahr 1839 brachte eine neue, die vierte Krisis.

Schon zu ihrer Zeit ward diese von den erfahrenen
Blicken des englischen Handelsstandes als eine Fortsetzung der von 1837 erkannt. Heute, wo die Fülle
der lebendigen Thatsachen, die damals die Handelswelt

bewegten, historisch vorliegt, kann man jene Ansicht
bestätigen, indem man sie zu begründen vermag.

Am 1sten April 1837 erliess ein in der Handelsge-
schichte Nordamerika's berühmter Mann, der Präsident
der Vereinigten Staaten-Bank, Niklas Biddle, folgendes
Antwortschreiben auf die Unterstützungsgesuche des
immer härter mitgenommenen New-Yorker Handelsstandes:

„Ich habe Ihr Schreiben erhalten, in dem Sie die
Vermittelung der Bank ansprechen, um zur Beseitigung
der jetzigen Handelsklemme mitzuwirken. Das Bureau
der Directoren hat mich beauftragt, die wirksamsten
Mittel zu diesem Zwecke ausfindig zu machen. Alle
von ihnen vorgelegten Pläne werden eben so unverweilt
als sorgfältig geprüft werden. Zugleich folgt hier meine
Meinung darüber, was mir meinen Beobachtungen zufolge
als Ursache dieser Störungen erscheint. Neuere Ereignisse
im Süden und in Europa haben nebst anderen älteren
Ursachen eine Lähmung des öffentlichen Credits herbei-
geführt, welche auf unser ganzes Verkehrssystem nach
innen und aussen störend einwirkt. Gegen dieses Uebel
erscheint mir als das beste Mittel, den bekannteren und
besser begründeten Credit der Bank der Vereinigten
Staaten so lange an die Stelle des Privatcredits zu
setzen, bis das öffentliche Vertrauen zu den Privaten
Zeit gefunden hat, wieder aufzuleben. Ich werde dies
heilsame Mittel auf die ausländischen Wechselbriefe an-
wenden, indem ich gegen diese Privatpapiere Bankscheine
in London, Paris und Amsterdam zahlbar, ausgebe. Es

10*

werden dieselben für das nächste Packetboot in Bereit-
schaft sein und das Land in den Stand setzen, seinen
Verpflichtungen gegen das Ausland ohne Schaden Genüge
zu leisten, indem es ganz einfach seine Producte und
sein baares Vermögen verpfändet. Dieselbe Maassregel
möchte ich auch für das Innere empfehlen. Dies sind
die beiden Maassregeln, die mir den bestehenden Umständen am angemessensten erscheinen; sie werden das
Land auf das Glänzendste aus den vorübergehenden
Verlegenheiten ziehen, in die es verwickelt ist. Um
Anderen Vertrauen einzuflössen, müssen wir Vertrauen
in uns selbst haben. Wir haben Schwierigkeiten von
weit beunruhigenderer Art überwunden. Es sei mir erlaubt, nicht einen Augenblick daran zu zweifeln, dass
diese Stadt ihren hohen Ruf in den Augen der Welt
nicht durch einige vorübergehende, für ihren Credit und
ihre Ehre unerlässliche Opfer bewahren werde."

Dies Schreiben griff wirksam in die Bewegung ein
und vertagte den Rest der natürlichen Opfer des Jahres
1837 auf die Jahre 1839 und 40.

Es war klar, dass wenn es möglich werden konnte,
die ungeheuren Zahlungsverbindlichkeiten Nordamerika's
zu prolongiren, es auch bei dem eben so ungeheuren
Productenreichthum dieses Landes und dem Bedarf dieser
Producte in Europa möglich sein konnte, die Krisis zu
suspendiren und ihre noch ausersehenen Opfer zu retten.
Unzweifelhaft war dieser kühne Plan von vorn herein
erschwert. Der ganze Werth der Mehreinfuhr der ver-

einigten Staaten in den letzten drei Jahren, wie der
Anleihen, die sie gemacht hatten, war in Ansiedelungen,
Eisenbahnen und Kanälen festgelegt, d. h. zu Unternehmungen verwandt, die den Gegenwerth nicht rasch,
sondern nur nach und nach in Gestalt von mehr oder
weniger hohen Zinsen zu Markte bringen. Auch blieb
diese Schwierigkeit noch im Steigen. Von 1836 bis
1839 betrugen die Anleihen der Vereinigten Staaten in
Europa abermals 75 Mill. Dollars, die zu ähnlichen
Zwecken ausgegeben wurden. Der Absatz der amerikanischen Producte musste also nicht bloss gesichert
bleiben, sondern noch zunehmen, wenn dadurch so viel
Zeit und Gewinn erreicht werden sollte, um einen
grossen Theil des fremden Kapitals binnen Kurzem in
eigenes zu verwandeln. Und dennoch konnte der Plan
leicht gelingen.

Wie die Baumwollenmanufacte die englische Ausfuhr dominiren, so beherrscht die rohe Baumwolle den
amerikanischen Markt. Fand also Baumwolle fortdauernd
einen lohnenden Absatz nach Europa, so konnte die
Intervention der Bank ihr Ziel nicht verfehlen. Das
Jahr 1838 schien auch dem Verfahren der Bank Recht
zu geben und weitere günstige Aussichten zu bieten.
Der Handelsverkehr Englands hob sich rascher wieder,
als man hätte erwarten dürfen. Seine Einfuhr überstieg
nach offiziellem Werth die von 1837 wieder um 6 Mill.
Pfd. St., seine Ausfuhr nach declarirtem Werth um
8 Mill. Pfd. St. Die Schifffahrt nahm von 1837 bis

1839 von 3,400,000 Tonnengehalt und 191,000 Mann an
Bord auf fast 4,000,000 Tonnengehalt und 223,000 Mann
an Bord zu. Die Ausfuhr nach den Vereinigten Staaten,
die 1837 um 8 Mill. Pfd. St. gegen das vorhergehende
Jahr gefallen war, hob sich 1838 wieder um 3 Mill.,
1839 abermals um 2 Mill. Die Eisenproduction, die wie
die Steinkohlenproduction einen allgemeinen Maassstab
für die Zunahme der englischen Gewerkthätigkeit abgiebt, stieg von 1837 bis 1839 noch um 150,000 Tonnen.

Dennoch scheiterte der Plan Biddles an zwei Umständen, von denen der eine am 1sten April 1837 nicht
zu übersehen, der andere nicht vorauszusehen gewesen
war, an der vermehrten Baumwollenproduction der Vereinigten Staaten selbst und den von 1838 ab aufeinander
folgenden schlechten Erndten Englands.

Um den ersteren, die plötzliche Zunahme der Baumwollenproduction zu begreifen, muss man einen kurzen
Blick auf die Verhältnisse der Plantagen zurückwerfen.
Eine Baumwollenplantage braucht von ihrer Anlage an
ungefähr drei Jahre, um einen vollen Ertrag zu liefern.
Der steigende Preis der Baumwolle in der ersten Hälfte
der zwanziger Jahre hatte eine grosse Vermehrung der
Plantagen bewirkt, die ihre Producte mit dem Jahre 1827
zu Markte brachten und das Fallen der Baumwollenpreise
bis 1831 hin bewirkten. Diese Preisverhältnisse hatten
von neuen Anlagen zurückgehalten, während die Fabrikation von Jahr zu Jahr zugenommen hatte. Deshalb
trat im Jahre 1833 eine neue Preissteigerung ein, die,

bei den schlechten Baumwoll-Erndten 1834 und 35,
beide Jahre hindurch anhielt, aber nun auch bei den
oben geschilderten Creditverhältnissen des Jahres 1836
in noch grösserer Ausdehnung die Anlage neuer Plantagen
veranlasste, als je zuvor. Das Mehrproduct dieser neuen
Plantagen kam mit dem Jahre 1839 auf den Markt und
war der eine Faktor, der die Rechnung Biddles kreuzte.

Und doch hätten vielleicht noch die Operationen
der Vereinigten-Staatenbank gegen die Zunahme der
Baumwollen-Production Stand zu halten vermocht, wenn
nicht die gleichzeitigen Getreide-Misserndten Englands
noch ein zweites Gewicht gegen sie in die Schale geworfen hätten. England musste in den Jahren 1838
und 39 nicht weniger als 8½ Mill. Quarter Getreide
einführen. Die Millionen Werthe, die es dafür zu bezahlen
hatte, konnten immer nur zu einem kleinen Theile durch
eine Verringerung der Baarschaft des Landes gedeckt
werden, sie mussten zum grössten Theil von anderen
Consumtionen abgespart werden. An dem Hinzutritt
dieses zweiten Umstandes mussten alle Bankoperationen
machtlos werden. Biddle's Plan war darauf berechnet,
dass der Kleiderstoff wenigstens denselben Werth und
den gleichen Absatz behalten würde, aber die Production
des Stoffes hatte zugenommen, und der Verbrauch von
Kleidern musste abnehmen, weil der Magen vorher sein
Recht verlangte. In so einfachen Wahrheiten liegen am
häufigsten die Aufschlüsse über die grossartigsten und
buntesten Handelsereignisse.

Im Juni 1839 machte die Vereinigte-Staaten-Bank noch eine letzte Anstrengung, um das schon drohende Ungewitter zu beschwören. Sie suchte den Baumwollenhandel zu monopolisiren, um Europa den Preis dictiren zu können. Aber er fiel dennoch. Die Baumwollhändler dehnten diese Operation noch dahin aus, dass sie beschlossen, 14 Cent als Basis des Baumwollenwerths anzunehmen und jedem Baumwollbesitzer bis zu ³/₄ dieses Werthes Vorschüsse zu geben. Aber alle solche Anstrengungen sind fruchtlos. Es giebt kein materielles Mittel, das stark genug wäre, einen Artikel des Weltmarktes hoch zu erhalten, wenn die Millionen Consumenten insgesammt Hand daran legen, ihn herabzuziehen. Im November war das Spiel zu Ende. Die Vereinigte-Staaten-Bank stellte ihre Zahlungen ein und fast alle Banken der südlichen Staaten folgten ihr nach.

Ich will zum Zeugniss, dass das traurige Schauspiel aller früheren Krisen sich auch jetzt wiederholte, noch einige Handelsberichte aus der damaligen Zeit selbst sprechen lassen.

Vom October 1839 lautet die Klage: „Während des ganzen laufenden Jahres war die Baumwollenmanufactur in einem flauen kränklichen Zustande; schien sie auch hie und da einiges Leben zu gewinnen, so waren es nur kurze Hoffnungsblicke, die sich zeigten, um sogleich wieder zu verschwinden. Jetzt, wo der Winter vor der Thüre ist, muss ein solches Darniederliegen von Handel und Gewerbe ernstliche Beunruhigung erregen und die

Regierung zur grössten Aufmerksamkeit ermuntern, denn ausser der Noth und Unzufriedenheit, die schon unter gewöhnlichen Umständen die natürliche Folge mangelhafter Beschäftigung und verkürzter Arbeitslöhne sein würden, herrscht unglücklicher Weise als Nachwehe neuerlicher politischer Agitation noch eine fieberhaft aufgeregte Stimmung im Lande. An roher Baumwolle wurden in diesem Jahre in den englischen Fabriken gegen 200.000 Ballen weniger verarbeitet, als während der gleichen Periode im vorigen Jahre, und obwohl die Einfuhr über 300,000 Ballen weniger betrug, so ist der jetzt noch daliegende Vorrath doch um mehr als 60,000 Ballen grösser, als um diese Zeit im vorigen Jahre. Beim regelmässigen Gange der Nachfrage wäre jetzt die Jahreszeit zu starken Verschiffungen, besonders an Baumwollengarn nach Norddeutschland und der Ost-see, ehe der Winter eintritt und Flüsse und Häfen durch das Eis unzugänglich werden. Aber man hört keine Nachfrage, und es ist wenigstens für die zwei noch übrigen Monate dieses Jahres kein Besserwerden zu hoffen. Die Fabrikherren denken, wie wir hören, an eine Verminderung der Arbeitsstunden und wollen nur bei Tageslicht arbeiten lassen. Die Arbeitslöhne würden dadurch ungefähr um die Hälfte reducirt werden, und dies in einer Periode des Jahres, wo bei der Strenge der Witterung die Natur einen nahrhaften Unterhalt erheischt und Feuerung ein unentbehrliches Lebensbedürfniss ist."

Ein anderer Bericht von Ende November. „Der Zustand von Manchester ist fast so schlimm, als er nur sein kann. Zwar Leute, die darauf spekuliren, dass die Waaren nicht mehr wohlfeiler werden können, als sie bei den jetzigen Preisen des Rohmaterials sind, haben in letzter Zeit ziemlich viel Einkäufe gemacht und dadurch ein Steigen der Callico's um 1½ bis 3 Pence per Stück veranlasst. Das hilft aber Alles nichts. In der Umgegend arbeiten die Fabriken nur die halbe Zeit und die Arbeitsleute erhalten nur halben Lohn, so dass sie bei den um 30 pCt. gestiegenen Brodpreisen eben nur die allerunentbehrlichsten Lebensbedürfnisse bestreiten können. Wir fürchten einen schrecklichen Winter." Vom December desselben Jahres: „Wir würden das Publikum täuschen, wenn wir zu verhehlen suchten, dass nach allen Anzeichen Handel und Manufactur des Landes in diesem Winter allgemein darnieder liegen werden. Jeder Zweig desselben wird leiden. Der grosse Baumwollen-Bezirk ist gegenwärtig in arger Bedrängniss, der grosse Wollen-Bezirk ist nicht viel besser daran, die Messerschmiede von Sheffield, die Borten- und Strumpfwirker von Nottingham, die Strumpfweber von Leicester und Derby, die Eisenwaaren-Fabrikanten von Birmingham und Wolverhampton, die Töpfer von Staffordshire, die Baumwollspinner und Weber von Glasgow und Paisley, die Leinenweber von Dundee und die grossen Handelsinnungen von London, Liverpool, Bristol, Hull und Newcastle leiden alle unter einer Gewerbestockung,

welche die Interessen der Kapitalien verschlingen und
viele Tausende von Arbeitern ohne Arbeit und Brod
lassen wird."

Alle Befürchtungen wurden noch übertroffen. Die
Leiden der arbeitenden Klassen wurden in dem folgenden
Jahre zum Gegenstand parlamentarischer Erörterungen. Es
ist bemerkenswerth, wie sich das bekannte toryistische
Mitglied Sinclair in dieser Frage aussprach. Er begann
mit einer Anspielung auf das Verhalten der beiden
grossen Englischen Parteien den arbeitenden Klassen
gegenüber: „Vor einigen Jahren" -- begann er — „ent-
schloss sich ein unglücklicher Invalide, der von vielen
complicirten Krankheiten befallen war, zwei ordentliche
practicirende Aerzte zu Rathe zu ziehen, auf deren Geschicklichkeit und Urtheil er das unbeschränkteste Vertrauen setzte. Nach einer sehr eiligen und oberflächlichen
Befragung versicherten ihm beide, dass seine Krankheit
bloss Einbildung sei, und dass sie ihm nichts Besseres
empfehlen könnten, als der Vorsehung zu vertrauen und
Gerstenschleim zu trinken. Damit eilten sie jedweder
in seinen Wagen und fuhren so schnell als ihre Pferde
laufen konnten zu einem Schmause in Blackwall. Wenige
Dinge sind für einen, der wirklich weiss, dass er leidet,
Unwillen erregender, als wenn er hören muss, dass sein
Uebelbefinden nichts zu bedeuten habe. Der Patient,
der sich täglich schlimmer fühlte, bat die Doctoren, ihn
mit einem zweiten Besuch zu beehren, und machte ihnen
dann über die Hast und Ungerechtigkeit ihres ersten

Ausspruchs lebhafte Vorwürfe. Beide überlegten den
Fall also reiflicher und gestanden nun wirklich ein, dass
er krank sei. Zugleich aber erklärten sie im Tone von
Hiobs Tröstern sein Leiden für ein chronisches und
durchaus unheilbares, und sagten, es sei unnütz. ihm
dagegen irgend ein Recept zu verschreiben."[1] — Er
fuhr dann weiter fort: „Ich ergreife diese Gelegenheit,
um dem Hause mitzutheilen, was ich für die wirkliche
Lage und Stimmung der arbeitenden Klassen halte. Sie
sind, wie ich nicht zweifle, durchaus geneigt, unsere
bürgerlichen und religiösen Institutionen zu verehren und
aufrecht zu halten, falls sie nur unter deren Schutz
einen mässigen Grad von Wohlstand und Unabhängigkeit
geniessen dürfen, und vielleicht ist keine Klasse der
Gesellschaft dankbarer Gesinnung und offener Anhäng-
lichkeit mehr fähig. Aber zugleich herrscht unter ihnen
in einem Umfange, von dem die meisten ehrenwerthen
Mitglieder schwerlich einen Begriff haben, ein immer
wachsendes Misstrauen, eine immer wachsende oft bis zum
verachtenden Hass gesteigerte Entfremdung hinsichtlich
dieses Hauses. Sie halten uns für bewundernswerthe
Vertreter der Mächtigen und Reichen, aber für sehr
missmuthige Gesetzgeber zu Gunsten der Arbeitenden
und Dürftigen. Wir sind, wie sie meinen, sehr eifrig,
die Verschwendung des Hofes zu unterstützen, aber sehr
wenig geneigt, uns um die Bedürfnisse des Armen zu

[1] Sagt der Schlusspassus der Eröffnungsrede des diesjährigen
(1875) Reichstags etwas Anderes? (Note von R.)

bekümmern." — Er schloss endlich: „Fassen wir nicht
so schnell als möglich einen Beschluss, die Lage der
arbeitenden Klassen genauer zu untersuchen, und ihrem
Wohlsein und ihrer moralischen und religiösen Erziehung
etwas von unserm Wohlsein zum Opfer zu bringen, so
wird der Tag der Rechenschaft und Rache näher sein,
als die unruhigsten Politiker und scharfsinnigsten Philo-
sophen sich jetzt einbilden." —

In der That, das Leiden der Arbeiter wie der
Unternehmer schien chronisch geworden zu sein! Nach
den ersten beiden Krisen hatte der Verkehr immer in
wenigen Jahren Alles wieder abgestreift, was an seine
Niederlage erinnern konute, er war in allen Beziehungen
und in steigendem Maasse wieder aufgeblüht. Nach der
Krisis von 1839/1840 nahmen zwar Production und
Handel gleichfalls wieder von Jahr zu Jahr zu, aber sie
blieben niemals mehr ganz frei von den Symptomen, die
sich früher in den engen Zeitraum einer Krisis zusammen-
gedrängt hatten. Es wurde jetzt zur Regel, dass die
grossen productiven Unternehmungen ihre Thätigkeit beschränken mussten, um den vorhandenen Producten erst
Zeit zum Abfluss zu gestatten. Es verging kaum eine
Woche, in der nicht in den grossen Fabrikstädten Englands Bankerotte vorfielen. Die Lage der Arbeiter war
dem Unglück der Unternehmer entsprechend. Der gewerbliche Zustand überhaupt, wie der der arbeitenden
Klassen insbesondere war bei fortdauernd zunehmender
Production gegen das Ende 1841 der Art geworden, dass

die Führer beider parlamentarischer Parteien, Russell
sowohl wie Peel, ihn öffentlich als ungewöhnlich, bedenk-
lich und der Hülfe bedürftig schilderten.

Bald darauf ergriff auch das Parlament eine der
wichtigsten Maassregeln, welche die englische Handels-
geschichte aufzuweisen hat.

Man hatte sich gewöhnt, das Uebel von seinem
ersten Auftreten an als die Folge einer zu grossen Production und diese als die eines unbesonnenen Credits
zu betrachten. In diesem Sinne hatte man ihm auch
von Anbeginn entgegenzuwirken gesucht. Schon die
Krisis von 1818/19 trug wahrscheinlich zum Erlass
der sogenannten Peels-Akte bei, nach welcher die Banken
wieder ihre Baarzahlungen aufzunehmen hatten. Die
Krisis von 1825/26 veranlasste das Gesetz, welches die
Emission von Einpfund-Noten verbot und die Beschränkung
der Zahl der Theilnehmer der Provinzialbanken auf sechs
Personen aufhob. Im Jahre 1833 wurden noch Aktien-
banken erlaubt, deren Noten jedoch nur 6 Monate nach
Sicht lauten sollten. Die Krisis von 1836/37 brachte
endlich in einem grossen Theile des englischen Handelsstandes neue Ideen über den Werth des Papiergeldes
zur Reife, Ideen, die abermals Peel in seinem bekannten
Bankgesetz von 1844 zur Ausführung brachte. Diese
Ideen bestanden darin, dass die faktische Convertibilität
der Noten gegen Metall nicht genüge, um den Verkehr
vor den Ausschreitungen des Credits zu bewahren,
sondern dass die Noten auch ihrer Menge nach Re-

präsentanten des Metallgeldes bleiben müssten, mit
anderen Worten, dass nicht mehr Noten cirkuliren dürfen,
als wirklich Metall in den Geldbehältern vorhanden sei.
Die Vortheile des Papiergeldes sollten also fortan auf die
Bequemlichkeit, die es für den Verkehr in sich trägt,
und auf den Vortheil, dass es das Metallgeld vor Abnutzung bewahrt, beschränkt werden, die eigentlichen
Vortheile der Banknoten, die Vortheile des Credits, die
ihnen innewohnen, sollten beseitigt werden.

Diese Creditvortheile der Banknoten sind bemerkens-
werther Art, ihnen allein eigen, und ich muss mir daher
erlauben, sie in Kürze zu charakterisiren. — Wenn ein
derartiger Credit nicht besteht, so kann heute keine
neue productive Unternehmung in's Leben treten, so kann
sich also die Production nicht vermehren, ohne dass
irgendwo in der Gesellschaft eine neue Kapitalansammlung stattgefunden hat. Die eigentlichen naturalen Kapitalgegenstände, oder der Stoff dazu, könnten
hinlänglich vorhanden sein, es kann dort Holz und Eisen
zum Bau von Maschinen, hier Stein und Kalk zu Ge-
bäuden, an einem dritten Orte Wolle zur Verarbeitung
vorhanden sein, — wenn aber nicht zugleich bei Jemandem
ein neues Kapitalvermögen entstanden ist, um jene
naturalen Gegenstände zu kaufen, und zu einer neuen
productiven Unternehmung zu vereinigen, so kann nimmer-
mehr das blosse Vorhandensein jener Materialien dazu
genügen. Solche neue Ansammlung eines Kapitalver-
mögens kann auf dem gewöhnlichen Wege, wie man sich

ausdrückt,[1]) nur durch Sparen geschehen. Es muss
irgendwo ein solches Vermögen sich neu bilden, um
dasselbe als neues Kapital zu verwenden.[2]) Es ist klar,
dass es lediglich die Schuld des Privateigenthums an
Boden und Kapital ist, dass sich die Vermehrung des
Nationalkapitals, also auch die Vermehrung der Nationalproduction und des Nationalreichthums durch eine so
umständliche Form hindurchwinden muss, denn bestände
diese Institution nicht, gehörten die productiven Unternehmungen der Gesellschaft selbst, so würde schon ein
Dekret der gesellschaftlichen Behörde genügen, um jene
naturalen Gegenstände zu einem neuen Unternehmen
zusammenzubringen, und es bedürfte deren Production
gegenüber nicht auch noch einer Aufsparung ihres Werthes.
Es ist auch klar, dass diese Folge des Grund- und Kapitaleigenthums dem Fortschritte des Nationalreichthums
ausserordentlich hinderlich sein muss, und dass er weit
reissender zunehmen müsste, wenn dieselbe in irgend
einer Weise umgangen werden könnte. Die Möglichkeit
solchen Umgehens geben nun die Zettelbanken an die
Hand. Indem diese eine Summe Papierstreifen ausleihen,
die den Werth des Geldes haben, fingiren sie wirksam
ein Kapitalvermögen, was nicht angesammelt[3]) ist, gewähren die Möglichkeit, ohne solche vorhergegangene

---

[1]) „Wie man sich ausdrückt", Zus. v. R.

[2]) Dieser hier von R. abgeänderte Satz lautete in der 1. Ausgabe: Es muss irgendwo am Einkommen abgebrochen werden,
um daraus neues Kapital zusammenzusetzen.

[3]) In der 1. Ausg. „aufgespart", Abänd. v. R.

Ansammlung[1]) dennoch die neuen[2]) productiven Unternehmungen zu beginnen und beseitigen auf diese Weise
jenes Hinderniss einer rascheren Zunahme der Production,
das sich aus den heutigen Eigenthumsverhältnissen entwickelt. Zettelbanken verhalten sich daher zu den
Fehlern des heutigen Verkehrs ungefähr wie die Ein-
kommensteuer: beide sollen die Folgen des Grund- und
Kapitaleigenthums, soweit sie nachtheilig sind, rectificiren.
Letztere soll den heute unverhältnissmässig steigenden
Renten- und Gewinnbetrag in der Nation zum Besten
also der arbeitenden Klassen kürzen; erstere sollen auch
demjenigen, der kein neues Kapital ansammeln[3]) kann,
weil er kein altes hat, die Möglichkeit gewähren an dem
steigenden Renten- und Gewinnbetrag Antheil zu nehmen.

Von diesem Standpunkte begreift man die Stärke
der Triebfeder, mit welcher Zettelbanken[4]) in den Verkehr

[1]) In der 1. Ausg. „Aufsparung", Abänd. v. R.
[2]) In der 1. Ausg. „anderen", Abänd. v. R.
[3]) In der 1. Ausg. „aufsparen", Abänd. v. R.
[4]) Es versteht sich von selbst, dass die Zettelbanken gewisse
Operationen vornehmen müssen, um den Werth ihres Papieres
aufrecht zu erhalten. Ich verweise übrigens auf eine von mir
1845 herausgegebene kleine Schrift, „die preussische Geldkrisis",
wo ich die Natur und Wirksamkeit der Zettelbanken umständ-
licher erörtert habe. — Es ist unbegreiflich, wie viele Partien der
Staatswirthschaft noch im Dunkel liegen, so namentlich auch die
Natur und Vermehrung des Kapitals. Man vermag kaum einen
anderen Grund dafür aufzufinden, als die bisherige abergläubische
Scheu, das Grund- und Kapitaleigenthum einer kritischen Untersuchung zu unterwerfen. Aber gründet man diese Institution
nicht fester, wenn man die Hindernisse, die sie dem Verkehr in

11

eingreifen und die Production befördern. Sie sind das
zu den Maschinen gehörige Seitenstück, das unter den
heutigen Verhältnissen noch hinzukommen muss, um
immer geschwinder die volle Kraft jener gewerblichen
Cyklopen spielen zu lassen. Von diesem Standpunkte
begreift man auch, wie ausserordentlich die Zunahme
der Production gehindert werden muss, wenn diese Triebfeder zerbrochen wird und die Kapitalansammlung wieder
in den langsamen Gang individueller Ansammlung[1] vor
sich gehen soll. Nichts desto weniger schlug Peel diesen
Weg ein. Die Zettelsumme, die nicht durch Metall
gedeckt zu werden braucht, wurde für ganz England
auf eine feste Summe beschränkt, die nicht grösser ist,
als der englische Verkehr zum Cirkulationsmittel auch
in gewöhnlichen Zeiten bedarf. Jede weitere Vermehrung
der Noten muss fortan von einer gleichen Vermehrung
des Metallvorrathes in den Gewölben der Bank begleitet
sein. Die Bank von England war damit im Grunde aus
einer Notenbank eine blosse Girobank geworden, eine
Bank, die zwar noch Kapital verleiht, aber wie ein
reicher Kapitalist, nur angesammeltes.[2]

Auf Kosten der Zunahme der Production sollte
England also vor den Handelskrisen behütet werden!
Auf Kosten des Nationalreichthums sollten dessen Krank-

---

den Weg wirft, beseitigt? Und kann man diese Hindernisse beseitigen, ehe man sie erkannt hat?

[1] In 1. Ausg. „der Aufsparung", Abänd. v. R.

[2] In 1. Ausg. „aufgespartes", Abänd. v. R.

heiten geheilt werden! In der That ein Mittel, das man
von vorn herein mit Argwohn betrachten durfte. Die
arbeitenden Klassen Englands litten mehr, als die aller
übrigen Länder, und jene wie diese besitzen überall
weniger Einkommen, als ihnen nach ihren übrigen socialen
Verhältnissen gebührt. Woher anders kann eine Vermehrung desselben geschöpft werden, wenn nicht aus
einer Steigerung der Production. Sie, mein verehrter
Freund, deuten auf die bekannte Berechnung hin, wie
wenig, wenn das ganze Nationaleinkommen gleich vertheilt
werden sollte, davon auf jeden Kopf kommen würde
Aus welcher anderen Quelle könnte auch eine Vermehrung
des Totaleinkommens entspringen, als wieder nur aus
einer Steigerung der Production? Diese Betrachtungen
allgemeinster Art hätten schon misstrauisch machen und
den letzten Sitz des Uebels wo anders suchen lassen
sollen, als in der Zunahme der Production und deren
mächtigsten Hebel, dem Credit.

Die Erfahrung lehrte auch bald, dass das Mittel
fruchtlos war. Peel hat ohne Zweifel der Geschwindig-
keit des Fortschritts des englischen Nationalreichthums
ein wirksames Hemmniss in den Weg geworfen und
dadurch vielleicht die Intervallen der Krisen verlängert;
— dass sie selbst nicht dadurch verhindert werden
konnten, bewies schon das Jahr 1847, wo die letzte
Krisis, die wir erlebt haben, mit der Heftigkeit der
vorangehenden wüthete. Schon im April 1847 wurde
das Ministerium um Suspension der Bankbill angegangen.

Es lehnte das Gesuch ab. Die Wirkung, welche die Gewährung gehabt haben würde, hätte auch in der That eben so wenig als die Ablehnung das Elend verscheuchen können, was sich jetzt wieder auf die englischen Märkte niederliess und sich abermals über alle Fabrikdistrikte unseres Welttheils verbreitete. Mögen wieder darüber ein Paar Handelsberichte ein unmittelbares Zeugniss ablegen.

„Ausführlichere Berichte aus den Fabrikstädten — heisst es vom Mai — bestätigen die schon gegebene Nachricht, dass die wirklichen Einkäufe von Fabrikwaaren für amerikanische Märkte wesentlich geringer sind, als die voriges Jahr um diese Zeit effectuirten. Zwar sind nicht unbeträchtliche Aufträge eingelaufen, aber zu so geringen Preisen, dass die Fabrikanten schwere Verluste dabei erleiden würden. In der That sind die jetzigen Preise wesentlich dieselben als die des Octobers v. J. und zwar trotz der seitdem eingetretenen bedeutenden Steigerung der Preise des Rohstoffes. Schon die Octoberpreise warfen keinen Gewinn mehr für den Fabrikanten ab, jetzt also ist zu diesen Preisen gar kein Verkaufen mehr möglich. Zu diesen drückenden Verhältnissen tritt nun noch die Geldklemme. Denn die Bankiers der Fabrikstädte können jetzt nicht mehr wie es ihnen früher so leicht war, die bei ihnen eskomptirten Wechsel der Fabrikanten in London wieder umsetzen. Sie können also ihren bisherigen Kunden nicht mehr mit baarem Gelde beispringen, so dass diese genöthigt sind,

für ihre Wechsel untereinander eine Art lokaler Cirku-
lation herzustellen, was dann aber auch nur so lange
möglich ist, als gegenseitiges Vertrauen herrscht. Geld
wird daher hier immer knapper. Anderer Seits nimmt
natürlich auch das Schliessen der Fabriken und besten
Falls das Verringern der Arbeitszeit in Manchester und
anderen Fabrikorten immer mehr zu, was übrigens auch
die einzige Möglichkeit ist, wieder einmal der Ueber-
füllung aller grossen Märkte ein Ende zu machen. So
stehen z. B. in Rochdale 15 bis 18 Fabriken schon still
und werden mit jeder Woche Nachfolger finden. So
haben in Aston und Tolybadge mehrere jetzt kurze Zeit
arbeitende Firmen beschlossen, sofort nach Erschöpfung
ihrer vorhandenen Baumwollvorräthe ihre Fabriken zu
schliessen. Dasselbe gilt von Oldham, Blackburn, Stockport, Preston. Welche Wirkung diese immer grössere
Brodlosigkeit bei der Theuerung der Lebensmittel auf
die Fabrikarbeiter haben müsse, das lässt sich nicht
schildern. Die Journale der Fabrikstädte wagen kaum
die leisesten Andeutungen Betreffs des Elends, das ent-
stehen muss. Die Arbeitshäuser in allen Orten sind
obendrein schon jetzt überfüllt, und wie wird es erst
in den nächsten vier Wochen aussehen?" —

Zwei andere Berichte melden: „Die Nachrichten aus
den Fabrikbezirken lauten immer niederschlagender. Eine
Fabrik um die andere beschränkt ihre Arbeiten, oder
stellt sie ganz ein. Letzteres hat so eben die grosse
Fabrik von Worstedwaaren von Samuel Lee in Wake-

field gethan, und 200 Arbeiter sind dadurch brodlos
geworden." — „Wie es in Manchester steht, zeigen am
besten folgende Zahlen. Am 14ten Mai waren von 177
Fabriken 98 in voller, 50 in halber, 29 ganz ausser
Arbeit; 21,507 Arbeiter waren ganz, 9287 waren halb,
9539 gar nicht beschäftigt. Die Noth unter den Arbeitern nimmt, selbst nach dem Eingeständniss des Fabrik-
herren-Blattes, Manchester Guardian, mehr und mehr
überhand, und obgleich sich bisher noch keine Symptome
eines Ausbruchs der allgemeinen Unzufriedenheit der
Arbeiter gezeigt, sind doch die Besorgnisse vor einem
solchen weit verbreitet, so dass sich am 14ten die Friedens-
richter des Ortes privatim versammelten, um die nöthigen
Schritte zur Aufrechthaltung der Ruhe und Unterdrückung
etwaiger Ausbrüche zu verabreden. Verkäufe in Zeugen
und Garnen[1]) konnten übrigens nur zu ruinirend niedrigen
Preisen effektuirt werden, und so lange sich die Ueber-
füllung auf den asiatischen und europäischen Märkten
nicht etwas hebt, können die ziemlich guten Bestellungen
aus Amerika nichts helfen." — —

Pauperismus und Handelskrisen — das sind also die
Opfer, um welche die Gesellschaft ihre Freiheit erkauft
hat. Mit Hülfe des Rechts entledigt sich diese aller
ihrer früheren Fesseln, sie setzt sich in den vollen Gebrauch ihrer productiven Kräfte, Mechanik und Chemie
leihen ihr die Gewalt der Natur, der Credit bietet die

---

[1]) In der 1. Ausgabe heisst es „Verkäufe und Zeuge in Garnen."
D. Herausg.

Aussicht, andere Hindernisse zu überwinden, mit einem
Wort, die materiellen Vorbedingungen die freie Gesellschaft auch zu einer glücklichen zu machen, sind im
vollen Maasse vorhanden, — und siehe da, das alte Unrecht wird nur durch eine neue Noth ersetzt. Die arbeitenden Klassen, die früher einem rechtlichen Privilegium geopfert wurden, werden jetzt einem thatsächlichen
zur Beute, und dies thatsächliche Privilegium kehrt sich
mit vernichtender Gewalt zu Zeiten selbst gegen die
Privilegirten.[1])

---

[1]) Nachdem ich den Brief schon geschlossen, kommen mir
Zeitungsartikel über die Irrlehren einer zunehmenden Verarmung
zu Gesicht, die nicht zögern, das Dasein einer ausgemachten Sache
zu bestreiten. Sie stützen sich auf nichts als eine höchst oberflächliche Stelle in der sonst so vortrefflichen Geschichte Englands
von Macaulay. Ich will die Stelle vollständig hersetzen.

„Man muss sich erinnern — sagt M. — dass diejenigen Arbeiter, welche im Stande waren, sich und ihre Familie durch Arbeitslohn zu ernähren, nicht die Bedürftigsten der Gesellschaft
waren. Unter ihnen stand ein grosse Klasse, welche nicht ohne
einige Beihülfe von dem Kirchspiel bestehen konnte. Es kann
kaum eine wichtigere Probe der Lage des gemeinen Volkes geben,
als das Verhältniss, in welchem diese Klasse zu der ganzen Gesellschaft steht. Gegenwärtig stellen die Männer, Weiber und
Kinder, welche Unterstützung empfangen, nach den amtlichen
Listen in den schlechten Jahren $\frac{1}{10}$, in guten $\frac{1}{13}$ der Einwohner
Englands dar. Gregor King schlug sie zu seiner Zeit auf mehr
als $\frac{1}{3}$ an, und diese Schätzung, die für übertrieben zu erklären
unsere ganze Achtung vor seiner Autorität uns kaum verhindern
wird, wurde von Davenant für ungemein einsichtsvoll erklärt. —
Wir sind nicht ganz ohne die Mittel eine eigne Schätzung vorzunehmen. Die Armentaxe war unstreitig die schwerste Steuer, die
unsern Altvordern in jenen Tagen auflag. Sie ward unter der
Regierung Carls II. auf ziemlich 300,000 Pfd. jährlich berechnet,

Ihnen, mein verehrter Freund, brauchte ich
weit mehr als der Ertrag sowohl der Accise als der Zölle und
nicht viel weniger als die Hälfte des ganzen Einkommens der
Krone. Die Armentaxe fuhr fort in reissender Schnelle zu
wachsen und scheint sich in einer kurzen Zeit auf zwischen
800,000 und 900.000 Pfd. jährlich. d. h. auf ¹/₆ ihres jetzigen Betrages erhoben zu haben. Die Bevölkerung war damals weniger
als ¹/₃ ihres jetzigen Standes. Das Minimum des Lohnes in Geld
geschätzt war die Hälfte von dem, was es jetzt ist, und wir können
kaum annehmen, dass die durchschnittliche Verabreichung an
einen Armen sich auf mehr als die Hälfte ihres jetzigen Betrages
belaufen haben kann. Hieraus scheint zu folgen, dass der Theil
des Englischen Volks, welcher Kirchspiel-Unterstützung empfing,
verhältnissmässig grösser gewesen sein muss, als der, welcher
jetzt unterstützt wird. Es ist gut, über solche Fragen mit Misstrauen zu sprechen, aber sicherlich ist es noch niemals bewiesen
worden, dass der Pauperismus des letzten Viertels des 17ten Jahrhunderts eine weniger schwere Last oder ein weniger ernstes
sociales Uebel gewesen sei."

In einer Anmerkung setzt M. hinzu: „Vierzehnter Bericht
der Armengesetz-Commissarien, Anhang B. No. 2, Anhang C.
No. 1. 1848. Von den zwei Schätzungen der Armentaxe, die im
Text erwähnt sind, wurde die eine von Arthur Moore, die andere
einige Jahre später von Richard Dunning entworfen. Moores
Schätzung findet sich in Davenants Versuch über Mittel und
Wege: die Dunnings in Sir Friedrich Edens werthvollem Werk
über die Armen. King und Davenant schlugen die Armen und
Bettler 169 · auf die unglaubliche Anzahl von 1,330,000 bei einer
Bevölkerung von 5,500,000 an. 1846 stellt sich die Zahl der
Personen, welche Unterstützung empfingen nach den amtlichen
Listen auf nur 1,332,089 bei einer Bevölkerung von ungefähr
17 Millionen dar." —

In dieser Stelle Macaulay's laufen zwei Beweisführungen
durcheinander: der Vergleich der King'schen Notiz mit der Armenverpflegung von 1846, und die eigene aus dem Vergleich der
früheren und der heutigen Armentaxe geschöpfte Argumentation
Macaulay's. Beide sind leicht zu widerlegen.

Um mit der letzteren zu beginnen, so gehört bekanntlich

solche Unvernunft in einer Gesellschaft vernünftiger

Macaulay derjenigen Partei an, welche 1834 die Veränderung der Armengesetzgebung durchführte. Bis dahin wurden die Hülfsbedürftigen von ihrem Kirchspiel in ihren eigenen Wohnhäusern unterstützt. Nach dem neuen Gesetz wurden Arbeitshäuser errichtet, und die Unterstützung der Arbeitslosen ausserhalb derselben in der Regel verweigert. Bekannt ist, dass in Folge dieses Gesetzes sich die Armentaxe bedeutend verminderte, sowohl wegen der knapperen Unterhaltung der Armen, als auch wegen des Widerwillens der Arbeiter, die lieber hungern als in die „Arbeitsbastillen" sich einsperren lassen wollten. Es ist nun Macaulay begegnet, die Höhe der Armentaxe aus dem einen Zustande der Gesetzgebung mit der Höhe derselben aus dem andern zu vergleichen, ein Verfahren, das offenbar unzulässig ist, insofern man daraus auf einen Vergleich der Zahl der Armen in beiden Zuständen schliessen will, denn wenn die Gesetzgebung des früheren Zustandes die Zahl der Unterstützten begünstigte, wie ihr vorgeworfen ist, die des spätern sie aber beschränkte, so darf man einleuchtender Weise um die Zu- oder Abnahme der wirklichen Armuth im Lande zu deduciren, nur die Ziffern aus demselben Zustande vergleichen. Ein solches richtiges statistisches Verfahren ergiebt ganz andere Resultate. Ich will annehmen, dass sich die Armentaxe gegen das Ende des 17ten Jahrhunderts wirklich auf 800,000 bis 900,000 Pfd. belaufen habe, obgleich es gewiss ist, dass sie um die Mitte des vorigen Jahrhunderts immer nur etwas über 700,000 Pfd. betrug. Indessen wird folgende Tabelle darthun, dass wenn man nur vergleicht, was zu vergleichen ist, Macaulay auf das Schlagendste widerlegt wird. Es betrug nämlich:

die Bevölkerung von England und Wales	die Armentaxe
im Jahr 1750 6,039,846	713.000 Pfd. Sterl.
„ „ 1800 9,187,176	3,861.000 „ „
„ „ 1810 10,407,556	5,467.000 „ „
„ „ 1820 11,957.565	7,329.000 „ „
„ „ 1831 13,840.751	8,280.000 „ „

Diese Tabelle beweist das gerade Gegentheil von dem, was M. beweisen will, man mag seine Angaben von der Höhe der Armentaxe am Ende des 17ten Jahrhunderts und von der Höhe der

damaligen Unterstützung der einzelnen Armen für richtig halten
oder nicht. — Ebenso beweist eine Vergleichung der Jahresziffern
unter der gegenwärtigen Armengesetzgebung die Zunahme des
Pauperismus. Kirchmann hat in seinem Aufsatz „die Tauschgesellschaft" die Belege dafür beigebracht. Im Jahre 1840 betrug
die Zahl der Armen in England und Schottland 7,7 % der Bevölkerung; im Jahre 1844 schon 9,0 % ; im Jahre 1847 bereits
10,1 %.

Der Vergleich der King'schen Notiz mit dem Resultat der
Armenverpflegung von 1846 beruht nicht minder auf falschen Prä-
missen. Zuvörderst muss man sich bei der Beurtheilung der
King'schen Ziffer erinnern, dass, wenn es heute schon seine
Schwierigkeit hat, die Zahl der Armen eines Landes zu ermitteln,
diese Schwierigkeit zu King's Zeit fast unübersteiglich war. M.
zweifelt daher auch selbst an der Richtigkeit dieser Angabe.
Sodann scheint es M. entgangen zu sein, dass das Jahr 1696, von
dem die Kingsche Angabe gilt, in Folge einer Misserndte höhere
Getreidepreise hatte, als die 33 vorangehenden und die 12 nach-
folgenden Jahre. (Man sehe Mac-Cullochs Dictionair.) Es versteht
sich aber von selbst, dass in früherer Zeit, wo die Communications-
mittel schlecht waren, Misserndten ein noch grösseres Verderben
über alle Klassen der Bevölkerung brachten als heute. Die Vergleichung eines einzigen solchen Hungerjahrs, noch dazu aus der
Zeit der früheren Armengesetzgebung, mit irgend einem Jahre
aus der der veränderten Gesetzgebung verstösst gegen alle statistische Wahrheit. Vergleicht man aber nur das Jahr, aus dem
die King'sche Ziffer geschöpft ist, unter Voraussetzung selbst ihrer
Richtigkeit, mit einem andern spätern Hungerjahr unter derselben
Armengesetzgebung, so ergiebt sich auch dann eine Zunahme der
Verarmung. Nach den Statistical illustrations of the territorial
extent and population of the british empire, III. Edit. London 1827,
wird von dem Jahr 1813, wo der Durchschnittspreis des Weizens
89 Sch. betrug, nachgewiesen, dass die Zahl der Armen 44 %
der Bevölkerung betrug. Wenn übrigens die aus einem einzigen
Hungerjahr gezogene Berechnung King's die Zahl der Armen auf
$1/_3$ der Bevölkerung schätzte, so schätzte sie der bekannte Statistiker de Morogues in den zwanziger Jahren unseres Jahrhunderts
durchschnittlich auf $1/_4$.

Auch in Bezug auf die Lohnverhältnisse der früheren und der neueren Zeit sind die Folgerungen Macaulay's falsch. Wenn man auch die Geldlöhne zum Grunde legt, die er aus der früheren und der gegenwärtigen Zeit mit augenscheinlicher Parteilichkeit zu sammenstellt, und wenn man auch in Berücksichtigung der verhältnissmässig noch billigeren Waarenpreise der früheren Zeit, den damaligen Naturallohn für die geleistete Arbeit nicht höher halten will, als heute, so führt doch M. selbst die Gründe an, weshalb sich dessen ungeachtet die Arbeiter damals besser standen. Vier Fünftheile der Arbeiter-Bevölkerung Englands waren damals Landarbeiter, und diese vier Fünftheile genossen bei den grossen ungetheilten Gemeindeweiden alle die Vortheile — freie Hütung, freie Feuerung etc. —, die solche Landverhältnisse mit sich bringen. Diese Vortheile haben aufgehört, und diejenigen, die nach M. an deren Stelle getreten sind, kommen sicherlich nicht in dem Maasse, als die entzogenen, den arbeitenden Klassen zu gut. Was hilft zum Beispiel die Gaserleuchtung, die M. auch unter diesen Ersatzvortheilen aufführt, demjenigen, der an seiner Nahrung so viel verloren hat, dass er hungert? — Etwa, dass er bei Lichte betteln kann? — Ich verweise übrigens in Betreff des Sinkens der Englischen Arbeitslöhne seit dem allgemeinen Frieden auf v. Gülich's Geschichtliche Darstellung u. s. w. 3. Bd., p. 133 Anm. 2.

Aber die Lohnfrage ist nicht einmal mit der Verarmungsfrage identisch. Nach allen genauen und unparteiischen Berechnungen ist dasjenige Maass von naturalen Unterhaltungsmitteln — von Nahrung, Wohnung, Kleidung u. s. w. — was die Mehrzahl der zu den arbeitenden Klassen gehörigen Familien durch ihren Lohn für sich aufzuwenden vermögen, seit 30 bis 40 Jahren immer geringer geworden. Dazu haben viele Umstände beigetragen, die man neben der blossen Berechnung der Lohnsumme ins Auge fassen muss. Das Höchste, was die Gegner mit einem Schein von Wahrheit behaupten könnten, wäre, dass dies Maass sich gleichgeblieben sei. Aber angenommen selbst, dies wäre der Fall, so finde ich, dass eine zunehmende Verarmung unter den arbeitenden Klassen nothwendig hat stattfinden müssen. Denn was sind, grade nach dem Maassstabe einer Gesellschaft, die nach Reichthum und Klassen geschieden ist, Armuth und Hülfsbedürftigkeit Anderes,

Wesen[1]) nicht weiter auszumalen: Sie haben sie mit
beredteren Worten geschildert als ich. Aber es mag
Leser dieses Briefes geben, die bisher gedankenlos oder
abgestumpft an dem allerwärts und alltäglich sich zeigen-
den Widersinn dieser beiden Erscheinungen vorüberge-
gangen sind, — das Alltägliche entzieht sich ja oft am
längsten der Erkenntniss, und namentlich der Erkenntniss der Menge — diesen Lesern kann man den in der
Staatswirthschaft gegenwärtig herrschenden, schreienden
Widerspruch zwischen Möglichkeit und Wirklichkeit,
zwischen den vorhandenen Bedingungen und den vorhandenen Erfolgen[2]) nicht oft genug vor die Augen
bringen. In der That: Fünf Sechstheile der Nation

als dass Jemand die berechtigten Bedürfnisse seiner Klasse nicht
zu befriedigen vermag? Armuth ist also ein gesellschaftlicher
d. h. relativer Begriff. Nun behaupte ich, dass der berechtigten
Bedürfnisse der arbeitenden Klassen, seitdem diese im Uebrigen
eine höhere gesellschaftliche Stellung eingenommen haben, bedeutend mehrere geworden sind, und dass es ebenso unrichtig
sein würde, heute, wo sie diese höhere Stellung eingenommen
haben, selbst bei gleichgebliebenem Lohn, nicht von einer Ver-
schlimmerung ihrer materiellen Lage zu sprechen, als es unrichtig
gewesen sein würde, früher, wo sie jene Stellung noch nicht inne
hatten, nicht von einer solchen zu sprechen, wenn ihr Lohn gefallen wäre. Wenn dann noch dazu kommt, dass die Zunahme
des Nationalreichthums die Mittel zur Erhöhung ihres Einkommens
bietet, während sie lediglich den andern Klassen zu gut kommt,
so ist es wohl klar, dass in diesem Zwiespalt zwischen Anspruch
und Befriedigung, zwischen Reiz und nothgedrungener Entsagung
die ökonomische Lage der arbeitenden Klassen zerrüttet werden
muss.

[1]) In 1. Ausg. „Weise", Abänd. v. R.
[2]) In 1. Ausg. „dem Erfolge", Abänd. v. R.

werden bisher durch die Geringfügigkeit ihres Einkommens
nicht blos von den meisten Wohlthaten der Civilisation
ausgeschlossen, sondern unterliegen dann und wann den
furchtbarsten Ausbrüchen wirklichen Elends und sind
immerdar dessen drohender Gefahr ausgesetzt. Dennoch
sind sie die Schöpfer alles gesellschaftlichen Reichthums.
Ihre Arbeit beginnt mit aufgehender, endigt mit nieder-
gehender Sonne. erstreckt sich bis in die Nacht hinein,
aber keine Anstrengung vermag dies Loos zu ändern.
Ohne ihr Einkommen erhöhen zu können, verlieren sie
nur noch die letzte Zeit. die ihnen für Bildung ihres
Geistes hätte übrig bleiben sollen. Wir wollen annehmen,
dass der Fortschritt der Civilisation so viel Leiden zu
seinem Fussgestell bisher bedurfte. Da leuchtet plötzlich
die Möglichkeit einer Aenderung dieser traurigen Nothwendigkeit aus einer Reihe der wunderbarsten Erfindungen, Erfindungen, welche die menschliche Arbeitskraft mehr als verhundertfachen. Der Nationalreichthum
— das Nationalvermögen im Verhältniss zur Bevölkerung
— wächst in Folge dessen in steigender Progression. --
Ich frage: Kann es eine natürlichere Folgerung, eine ge-
rechtere Forderung geben, als dass auch die Schöpfer
dieses alten und neuen Reichthums von dieser Zunahme
irgend wie Vortheil haben? — als dass sich entweder
ihr Einkommen mit erhöht, oder die Zeit ihrer Arbeit
ermässigt, oder immer mehrere Mitglieder von ihnen in
die Reihen jener Glücklichen übergehen, die vorzugsweise die Früchte der Arbeit zu brechen berechtigt sind?

Aber die Staatswirthschaft oder besser die Volkswirthschaft[1]) hat nur das Gegentheil von dem Allen zu Stande
zu bringen vermocht. Während der Nationalreichthum
wächst, wächst auch die Verarmung jener Klassen, müssen
Specialgesetze sogar der Verlängerung der Arbeitszeit
in den Weg treten und nimmt endlich die Zahl der arbeitenden Klassen in grösserem Verhältnisse zu, als die
der anderen.[2])

Aber nicht genug!

Die hundertfach erhöhte Arbeitskraft, die schon
Fünf Sechstheilen der Nation keine Erleichterung zu gewähren vermochte, wird periodisch auch noch der Schrecken
des letzten Sechstheils der Nation, und damit der ganzen
Gesellschaft. Die Bemerkung ist alt aber zu wahr und
zu wenig beachtet, als dass sie nicht Wiederholung verdiente: Mit den Maschinen wurde die Gesellschaft mit
einer neuen Art der geschicktesten Sclaven beschenkt,
die niemals durch die Rechtsidee erlöst zu werden
brauchten. Wenn, ohne sie, im Alterthume ein Theil
der Gesellschaft das Sclavenloos auf sich nehmen musste,
so konnte jetzt der ganzen Gesellschaft das Loos der
Freien des Alterthums zufallen. Der Verlauf ist der
umgekehrte gewesen. Die 300 Millionen Sclaven, welche
die Englische Maschinenkraft repräsentirt, haben einen

---

[1]) „oder besser die Volkswirthschaft" Zus. v. R.

[2]) Im Jahre 1762 lebten in Grossbritannien unter 15 Mill.
Einwohnern 2 Mill. Handarbeiter, im Jahre 1817 unter 20 Mill.
6 Mill. — Siehe Allg. Geschichte u. Statistik der europäischen
Civilisation von Johann Schön.

Theil der Gesellschaft nur zu ihres Gleichen. d. h. ebenfalls zu Maschinen gemacht. Und dieser Fall ist der
günstigste; die Arbeiter müssen hungern, wenn sie nicht
täglich 12 Stunden Maschinen sein können. — So lange
die Gesellschaft über Mangel an Gütern zu klagen hat,
ist es offenbar widersinnig, dass vorhandene Productivkräfte, die hinreichend Güter hervorbringen könnten, dem
Mangel nicht abzuhelfen vermögen. Aber dieser Widersinn ist gering gegen den, welchen die Steigerung der
Productivkräfte heute erzeugt. Heute ist es sogar der
Ueberfluss, das Resultat der gesteigerten Productivkräfte,
der den Mangel hervorbringt. Dass diese erhöhten Productivkräfte, welche auf neuen Grundlagen des Glücks
die ganze Gesellschaft zu etabliren vermöchten, dann
und wann ihre Allgewalt zeigen, dann und wann Güter-
massen an's Tageslicht fördern, hinreichend, um Allen zu
helfen, — ist heute vielmehr der Grund, dass sich noch
das Elend der Einen erhöht und dem Glücke der Anderen die empfindlichsten Schläge versetzt werden. „So
lange noch ein sichtbares Eigenthum existirt, darf kein
Armer verhungern!“ — das sind Pitt's Worte, nicht
die meinigen. Seitdem ist aber der Widersinn der gesellschaftlichen Organisation so gross geworden, dass die
Armen gerade dann verhungern, wenn des sichtbaren
Eigenthums so viel geworden ist, dass auch die Reichen
davon in's Unglück gestürzt werden. Wenn die leitenden
Mächte der Production diese aus irgend welchem Be-
weggrunde anspornen, wenn sich so eben der Gesellschaft

eine allgemeine Fülle von Reichthum und Glück darbieten
will, verwandelt sich plötzlich für die danach langende
Hand jene Fülle in neue Entbehrung. — Die Mythe des
Tantalus scheint sich an der ganzen Gesellschaft bei den
Wundern des Kunstfleisses verwirklichen zu sollen! —

Offenbar arbeiten sich diese beiden Erscheinungen,
der Pauperismus und die Handelskrisen, gegenseitig in
die Hände. Die Armuth der arbeitenden Klassen lässt
niemals zu, dass ihr Einkommen ein Bett für die an-
schwellende Production abgebe. Das Uebermaass von
Producten, das in den Händen der Arbeiter nicht bloss
deren Lage verbessern, sondern zugleich ein Gewicht abgeben würde, um den Werth des bei den Unternehmern
verbleibenden Restes zu steigern, und diesen damit die
Bedingung der Fortsetzung ihrer Betriebe in dem bisherigen Umfange zu gewähren, drückt auf Seiten der
Unternehmer den Werth des ganzen Products so tief,
dass jene Bedingung verschwindet, und überlässt im
besten Fall die Arbeiter ihrem gewohnten Mangel. Die
Handelskrisen ihrer Seits lassen niemals zu, dass die
arbeitenden Klassen, durch irgend welche Umstände begünstigt, aus dem Pauperismus sich erheben, und den
besitzenden Klassen, wenn auch in bescheidenem Abstande, in Theilnahme an den Wohlthaten der steigenden
Productivität folgen könnten. Kaum dass solche Erhebung
begonnen hat, schleudert die eintretende Krisis sie in
ein tieferes Elend zurück, und bereitet sich selbst dadurch
nur eine leichtere Wiederkehr.

Während dermassen das neue gesellschaftliche Leben
verunstaltet ist, macht es aber gerade die entgegengesetzten Ansprüche. Während das Resultat der heutigen
Production und Vertheilung der Pauperismus ist, bedarf
die Gesellschaft als einer unumgänglichen Bedingung
ihres Fortbestandes, der materiellen Erhebung der arbeitenden Klassen. Während ein anderes Resultat die
Beschränkung der Anwendung der Productivkräfte und
die Einstellung der Production ist, bedarf die Gesellschaft
einer ungehinderten Zunahme ihres Reichthums.

Ich muss dies näher zu begründen suchen.

Die arbeitenden Klassen besitzen heute die volle
persönliche Freiheit und sind zu gleichen Rechten und
Pflichten wie die besitzenden, in den Staatsverband aufgenommen. Wo dies noch nicht vollständig der Fall ist,
hat doch das eine Jahr 1848 diese Frage um Decennien
gereift, wie es denn überhaupt unmöglich ist, dass Denen
das gleiche politische Recht noch lange vorenthalten
werden kann, die bereits das gleiche bürgerliche Recht
und die gleichen politischen Pflichten überkommen haben.
Damit ist aber die ganze Gesellschaft in den Staat aufgenommen.[1]) Dieser Satz schliesst wie ein Saamenkorn
eine Fülle der natürlichsten Entwickelungen und Folgerungen ein. Es hat der Zustand aufgehört, in welchem,
wie im Alterthum, der grösste Theil der Gesellschaft als
Fremde oder Sclaven ausserhalb des Staates standen,

----

[1]) In der 1. Ausg. lautet dieser Satz: Damit ist aber der Staat
zur Gesellschaft geworden. Abänd. v. R.

und dieser von wenigen Freien geschlossen und getragen
war. Es hat auch der Zustand aufgehört, wo, wie im
Mittelalter, zwar die ganze Gesellschaft sich schon innerhalb des Staats befand, dieser aber in einem Konglo-
merat einzelner einander über- und untergeordneter
Verbände bestand, in welchen die staatlichen Rechte und
Pflichten der Gesellschaftsglieder vollständig abgegrenzt
waren. Es ist an deren Stelle jetzt der Zustand getreten, in welchem die Gesellschaft das weite unter-
schiedslose Bild gleichberechtigter Staatsbürger vorstellt.
Damit sind alle Consequenzen der früheren Zustände
gefallen und haben sich neue aus dem neuen Zustande
ergeben. Es ist damit die Consequenz gefallen, welche
die arbeitenden Klassen von der Berücksichtigung des
Staats ausschloss, weil sie entweder, wie im Alterthum,
überhaupt kein Recht der Berücksichtigung Seitens desselben hatten, oder weil sich, wie im Mittelalter, dies
Recht in der blossen Berücksichtigung Seitens des
betreffenden Verbandes erschöpfte; — und es ist an
deren Stelle die entgegengesetzte Consequenz getreten,
welche ein Recht der Berücksichtigung dieser Klassen
unmittelbar Seitens der neuen Staatsgesellschaft verleiht.
Es ist ferner damit die Consequenz gefallen, dass die
materielle Lage dieser Klassen entweder, wie im Alterthum, indifferent für den Staat, dem Eigennutz Einzelner
überlassen ist, oder sich, wie im Mittelalter, mit dem
noch so geringfügigen Maasse des betreffenden Rechts-
verbandes zu genügen hat, und es ist an deren Stelle

die entgegengesetzte Consequenz getreten, dass dieselbe
eine Theilnahme unmittelbar an den Schätzen der Gesellschaft beansprucht. Ohne Zweifel giebt es auch in
dieser neuen Gesellschaft Gründe des Rechts und der
Politik, welche dieser Theilnahme der arbeitenden Klassen
an den Schätzen der Gesellschaft ein Maass zuweisen,[1])
aber unstreitig hat auch der freie Bürger, der seine
Pflichten gegen die Gesellschaft erfüllt, an diese selbst
eine Rechtsforderung auf einen angemessenen Antheil
an dem gemeinschaftlich hergestellten Product, wenn
man nicht etwa den Begriff einer Forderung ohne
Schuldner zugeben will.

Noch lauter als das Recht der neuen Gesellschaft
befürwortet deren Politik solche Ansprüche.

Wo die gesellschaftliche Entwickelung nicht, wie in
der orientalischen Despotie, in der Vorstellung vom
Eigenthumsrecht des Despoten über Land und Leute
untergegangen ist, giebt es für den Staat nur zwei
Systeme, zwischen denen er zu wählen hat. — das der
äusseren Zucht des einen Theils der Gesellschaft über
den anderen, und das der inneren Zucht des eigenen
Willens. In jedem dieser Systeme ist die Sittlichkeit
eine andere: dort Autorität und Treue, hier freie Selbst-
bestimmung und gleiche Achtung des Anderen. In jedem
sind auch die Mittel der Pflege dieser Sittlichkeit andere:
dort Unterordnung und deren verschiedene Institutionen,

---

[1]) Der Satz in Parenthese: — ich werde in den folgenden
Briefen hierauf zurückkommen — von R. hier gestrichen.

hier Unterricht und dessen verschiedene Einrichtungen.
Es ist Thorheit, zu glauben, dass die Gesellschaft sich
auf dem zitternden Schwebepunkte des Polizeistaats
dazwischen sollte erhalten können, und es ist Thorheit
zu glauben, dass eines dieser Systeme mit den Mitteln
des anderen sollte bestehen können.

Heute befindet sich aber die Gesellschaft sogar ohne
das eine und ohne das andere. Der Polizeistaat, der in
der Lücke zwischen beiden Systemen seinen Platz auf-
geschlagen hatte und dem, wenn er überhaupt eine ge-
geschichtliche Berechtigung in Anspruch nehmen durfte,
mindestens die Pflicht oblag, die Brücken von dem einen
in das andere System zu schlagen, hat die Zeit und die
Mittel zu diesem Bau vergeudet, und gegenwärtig, wo
er selbst im Zusammenbrechen ist, finden sich in der
Gesellschaft kaum noch einige unbrauchbare Trümmer
des alten Systems und kaum erst die unwirksamen
Fundamente des neuen.

Die Gesellschaft hat also schleunigst dem Mangel
einer sittlichen Unterkunft abzuhelfen, sie hätte schleunigst
wieder eine Wahl zwischen beiden Systemen zu treffen,
— wenn ihr dieselbe noch frei stände. Aber das Recht
hat sie bereits derselben überhoben, und auch dem Eigennutz bleibt nichts übrig, als dem Fortschritte nachzugeben
und für die Pflegemittel der neuen Sittlichkeit der Gesellschaft sorgen zu helfen.

Aber siehe da! — der Erfolg aller Unterrichtsan-
stalten des Volkes würde an der gegenwärtigen materiellen

Lage der arbeitenden Klassen scheitern. Nicht bloss
deshalb, weil ihnen in allen Lebensaltern die Zeit zur
Aufnahme der Lehre gebricht, nicht bloss deshalb, weil,
wenn der Zwang ihnen diese in der Jugend verschafft,
die spätere Lastthierarbeit alle Spuren der Unterweisung
wieder verwischt, sondern deshalb, weil bei ihrer heutigen
materiellen Lage Lehre und Beispiel in unaufhörlichem
Widerspruche mit einander stehen würden. Mit einem
Worte, es ist unmöglich, dass das Wort auch einer
immer besseren Schule eine gute Stelle in der immer
grösseren Noth des Hauses finde.

So hat also auch die Politik die entschiedenste
Aufforderung einzuschreiten, wenn sie nicht den ganzen
Organismus der neuen Gesellschaft zerstören lassen will.
Die arbeitenden Klassen, die bisher so willig in dem
Joch einer unbelohnenden Arbeit einhergingen, bäumen
sich heute nicht blos vor der Unerträglichkeit ihrer
Leiden und der Peinlichkeit unzulänglicher Heilversuche
auf, sondern sind im Gefühl ihres Rechts im Begriff,
die ganze Last von ihrem Rücken zu werfen. Es ist
die drohendste Gefahr vorhanden, dass sie es vorziehen,
die Cultur der Gesellschaft zu zerstören, um nur nicht
die Leiden dieser Cultur länger zu tragen. Es ist die
drohendste Gefahr vorhanden, dass wiederum ein neuer
Barbarensturm, diesmal aus dem Innern der Gesellschaft
selbst, die Sitze der Civilisation und des Reichthums
verwüstet. Es ist Wahnsinn, gegen die Gefahr dieser
zweiten Völkerwanderung sich auf die Armeen verlassen

zu wollen. Die Barbaren, die in Roms Heeren
gedient hatten, eroberten Rom.

Der Widerspruch, in welchem die Handelsstockungen
zu den Forderungen der Gesellschaft stehen, ist kaum
weniger unerträglich. — Die alte Ansicht, welche die
freiwillige Entbehrung zur Tugend und zur gesellschaftlichen Grundlage machen wollte, ist als falsch erkannt
und verlassen. Der Genuss birgt weder einen Keim
von Lastern, noch eine Gefahr für die Gesellschaft in
sich, so wie er nur in ein besseres Verhältniss zur Arbeit
gesetzt ist, als die Sclaverei zu ihrer Zeit es zuliess,
und obgleich dies Verhältniss heute noch weit entfernt
ist, ein völlig richtiges zu sein, so ist es doch schon ein
so weit richtiges, um die Gesellschaft nicht an Reichthum
und Genuss zu Grunde gehen zu lassen. Die Neuzeit
hat im Gegentheil erkannt, dass der Fortschritt der
ganzen Gesellschaft an den Fortschritt des Reichthums
geknüpft ist, dass dieser nichts ist, als eine Seite von
jenem, in höchster Auffassung nichts ist, als die Unterwerfung der Natur unter die Menschen. Wer daher den
Reichthum der Gesellschaft verwirft, verwirft mit ihrer
Macht ihren Fortschritt, mit diesem ihre Tugend; wer
seiner Zunahme Hindernisse in den Weg wirft, wirft sie
ihrem Fortschritte überhaupt in den Weg. Jede Zunahme
des Wissens, Wollens und Könnens in der Gesellschaft
ist an die Zunahme des Reichthums gebunden. Mit wie
wenigen Opfern für die besitzenden Klassen könnte die
Zunahme des gesellschaftlichen Reichthums die Ver-

besserung der Lage der arbeitenden Klassen bestreiten!
In welchem Verhältnisse könnte die Zahl der Theilnehmer
des Wissens steigen, wenn die Zunahme des Reichthums
sie bei dessen unmittelbarer Schöpfung entbehrlich machte!
In welchem Maasse würde das Gebiet der Entdeckungen
und Erfindungen wachsen, wenn die Zunahme des Reichthums eine grössere Verwendung der dazu erforderlichen
Mittel gestattete! — Aber heute ist die Gesellschaft
gezwungen, ihr dann und wann mit Gewalt Einhalt
zu thun.

Welche Widersprüche also auf dem wirthschaftlichen[1])
Gebiete insbesondere! Und welche Widersprüche auf
dem gesellschaftlichen Gebiete überhaupt! Der gesellschaftliche Reichthum nimmt zu, und die Begleiterin
dieser Zunahme ist die Zunahme der Armuth. — Die
Schöpfungskraft der Productivmittel wird gesteigert, und
deren Einstellung ist davon die Folge. — Der gesellschaftliche Zustand verlangt die Erhebung der materiellen
Lage der arbeitenden Klassen zu gleicherer Höhe mit
ihrer politischen, und der wirthschaftliche[2]) Zustand ant-
wortet mit deren tieferer Erniedrigung. — Die Gesellschaft bedarf des ungehinderten Aufschwungs ihres
Reichthums, und die heutigen Leiter der Production
müssen denselben hemmen, um nicht der Armuth Vorschub zu leisten. — Nur Eines ist in Harmonie! Der
Verkehrtheit der Zustände entspricht die Verkehrtheit

---

[1]) In 1. Ausg. „staatswirthschaftlichen", Abänd. v. R.
[2]) Desgleichen wie vorige Note.

des herrschenden Theils der Gesellschaft, die Verkehrtheit,
den Grund dieser Uebel da zu suchen, wo er nicht liegt.

Jener Egoismus, der sich nur zu oft in das Gewand
der Moral hüllt, klagt als die Ursache des Pauperismus
die Untugenden der Arbeiter an. Ihrer angeblichen Un-
genügsamkeit und Unwirthschaftlichkeit bürdet er auf,
was übermächtige Thatsachen an ihnen verbrechen, und
wo selbst er seine Augen nicht vor ihrer Schuldlosigkeit
verschliessen kann, erhebt er die „Nothwendigkeit der
Armuth" zur Theorie. Ohne Unterlass ruft er den Arbeitern nur ora et labora zu, macht ihnen Enthaltsam-
keit und Sparsamkeit zur Pflicht, und fügt höchstens die
Rechtsverletzung von Zwangssparanstalten der Noth der
Arbeiter hinzu. Er sieht nicht, dass eine blinde Verkehrsgewalt das Gebet zur Arbeit in einen Fluch über
erzwungene Arbeitslosigkeit verwandelt, dass, wie Sie,
verehrter Freund, sagen, Sparsamkeit eine Unmöglichkeit
oder eine Grausamkeit ist, und dass endlich die Moral
stets wirkungslos in dem Munde derer blieb, von denen
der Dichter weiss, „Sie trinken heimlich Wein und pre-
digen öffentlich Wasser".

Die Ansicht von der Ursache der Handelskrisen ist
nicht weniger verkehrt. Es wird die Schuld auf die Unbedachtsamkeit der Unternehmer geschoben, aber unver-
merkt damit der heutigen Volkswirthschaft[1]) das Ver-
dammungsurtheil gesprochen. Denn wie dürfte es die

---

[1]) In 1. Ausg. „Staatswirthschaft", Abänd. v. R.

Gesellschaft dulden, dass die Mittel des allgemeinen
Segens durch den Leichtsinn weniger Einzelner zu Mitteln
des Schreckens und der Vernichtung der Gesammtheit
werden? Aber kein Einzelner ist anzuklagen! Wenn der
übergrosse Theil der Gesellschaft noch in Armuth
schmachtet, scheinen die Unternehmer nur eine natürliche Pflicht gegen dieselbe zu erfüllen, wenn sie die
Productivmittel, die das positive Recht zu ihrer Disposition gestellt, ihrer Wirkungskraft überlassen. Wenn die
Leichtigkeit des Credits und die bisherigen lohnenden
Gewinne auch Vermögenslosen Unternehmungen gestatten,
so tragen die neuen Unternehmer, weil sie ihr Gewerbe
beginnen, keine grössere Schuld an dem kommenden
Ueberfluss, als die alten Unternehmer, weil sie die ihrigen
fortsetzen. Wenn gar die Unternehmer, alte wie neue,
sich im Besitz von Productivkräften befinden, die nur
Wochen lang sich angestrengt zu regen brauchen, um
ungeheure Massen von Erzeugnissen zu Tage zu fördern,
wenn die Zeichen des Marktes, die solche Anstrengung
empfehlen, so allgemeiner und dunkler Natur sind, dass
die Unternehmer kaum den Ort des Bedürfnisses zu entdecken, viel weniger den Umfang desselben zu ermitteln
im Stande sind, dann ist wahrlich nicht der Vorwurf
der Unbedachtsamkeit am Platz, wenn die Thätigkeit
dieser Productivkräfte sich plötzlich jenseits des vom
Markte begehrten Maasses fortgerissen sieht. Die ungeheure, sich auf Eine Million Tons belaufende Eisenproduction Englands ist zu Einem Viertel in den Händen

dreier Unternehmer. Ist es wunderbar, dass, wenn diese
bei gehobener Nachfrage ihren mit Zauberkräften ausgerüsteten Dienern einen Wink geben, sich plötzlich die
Nachfrage in deren Werken erstickt sieht? In Liverpool
lagern Jahr aus Jahr ein unmässige Vorräthe von Baumwolle. Ein Paar Stunden genügen heute und sie werden
schon von den Maschinen in Manchester und Stockport
verschlungen. Diese Maschinen repräsentiren Millionen
von Arbeitern. Ist es wunderbar, dass ein neuer über
den Markt ziehender Hauch des Begehrs, auf den Alle
achten, für den Alle arbeiten, schon die Gewalt hat, das
Schiff auf den Strand zu treiben? Wer will den Einzelnen
die Schuld davon beimessen? Nichts desto weniger wird
einer so ungereimten Beschuldigung praktische Folge
gegeben. Man sucht die Creditmittel zu schwächen, um
die Ausdehnung der Production zu verhindern, und
schliesst, wenn es hoch kommt, Handelsverträge ab, um
dem Ueberfluss Abzug zu verschaffen. Aber die Schwächung
des Credits zerstört nur das einzige Ersatzmittel für die
Kapitalansammlung und hindert die Vermögenslosen, Vermögen zu erwerben. Und der auswärtige Absatz verhält
sich zu den Handelsstockungen nur wie die Wohlthätig-
keit zum Pauperismus, — sie steigern sich zuletzt nur
an demselben.

Man darf sich vor dem Geständniss nicht länger
sperren: Es ist ein Fehler in der staatswirthschaftlichen Organisation verborgen. Die rechtliche Entwickelung der Gesellschaft ist bis zu einem

Punkte gediehen, wo die Wirkungen dieses Fehlers un-
gehindert zu spielen begonnen haben. Es ist an der
Staatswirthschaft, ihn zu ergründen: sie ist berufen, ihm
abzuhelfen. Die Staatswirthschaft hat jetzt in der Umgestaltung der Gesellschaft da fortzufahren, wo das Recht
diese gelassen hat. Vom Recht ist zur Lösung dieser
Fragen nichts mehr zu erwarten. Ihm würde in Fortsetzung seines bisherigen Weges nur noch die Aufhebung
des Grund- und Kapitaleigenthums übrig bleiben. Aber
angenommen selbst, diese letzte Sühnung eines uralten
Unrechts läge in der künftigen Rechtsentwickelung, so
würde dieselbe doch niemals früher erfolgen können, als
bis die Staatswirthschaft dessen Ersetzbarkeit dargethan
hätte, als bis die Staatswirthschaft eine Organisation aufgefunden hätte, durch welche die dem Grund- und Kapitaleigenthum heute obliegenden nothwendigen Functionen
— der Erspähung des gesellschaftlichen Bedarfs, der Anwendung des Productivfonds nach Maassgabe dieses Bedarfs, der Ersetzung wieder Vermehrung des Gesellschafts-
kapitals, der Vertheilung des Nationalproducts an die Berechtigten — ihm abgenommen und in anderer Weise
besorgt werden könnten. Bisher konnte das Recht unbe-
kümmert um die Lehren der Staatswirthschafts eine Strasse
des Umsturzes wandeln. Wenn es die persönlichen Ab-
hängigkeits-Verhältnisse, die verschiedenartigen Beschränkungen des Grundeigenthums, die Zwangs- und
Bannrechte, die Hindernisse der freien Kapitalanlage be-
seitigte, weil es die Rechtspflicht ihrer Beseitigung dar-

that, so verstand es sich doch von selbst, dass das respectirte Grund- und Kapitaleigenthum, in der blossen Hand des individuellen Interesses, im Stande sei, die wirthschaftlichen Geschäfte der Gesellschaft fortzuführen. Bis hierher brauchte also die Staatswirthschaft dem Rechte nur in zweiter Linie behülflich zu sein, — und sie war es ihm auch wirklich, denn sie bewies immer auch die Unwirthschaftlichkeit derjenigen Institutionen, deren Unrecht zuvor das Recht bewiesen hatte. Auf diesem Punkte angelangt, kehrt sich das Verhältniss um, und dem rechtlichen Beweise des Unrechts des Grund- und Kapitaleigenthums müsste erst der staatswirthschaftliche seiner Ersetzbarkeit vorangehen.

Welche Rolle man also auch für die Zukunft noch dem Rechte zugestehen mag, es ist zunächst immer an der Staatswirthschaft, die gesellschaftliche Entwickelung fortzuführen. Sie allein trägt die Schuld, wenn ein Stillstand darin eintreten sollte; sie allein trägt die Verantwortlichkeit, wenn die Gesellschaft länger von den Leiden gequält wird, die ich oben geschildert habe. Ihr allein liegt die Antwort auf die Fragen ob, die aus jenen Leiden heute in die Ohren der Gesellschaft gellen,[1]) Fragen, deren Bedeutung und Dringlichkeit man nicht besser zu ehren vermochte, als dass man sie vorzugsweise gesellschaftliche nannte, während sie nur wirthschaftliche sind.

---

[1]) In 1. Ausg. „brausen". Abänd. v. R.

Wie fällt aber die Antwort der Staatswirthschaft
aus? Das Bekenntniss ist niederschlagend: Die Praxis
sieht sich rathlos nach der Theorie um, und diese ist
fast rathloser als jene.

In der That, jenen dringendsten unabweisbaren Anforderungen gegenüber gewährt die herrschende Theorie
ein klägliches Bild. Sie sieht mit untergeschlagenen
Armen den Leiden zu und giebt vor, darin bestände
ihre Wissenschaft. Sie ignorirt diese Leiden nicht. Sie
erkennt die Störung des staatswirthschaftlichen Gleichgewichts an, sowohl in dem Hunger der arbeitenden als
den Verlusten der besitzenden Klassen, aber sie behauptet, Hunger und Vermögensverlust stellten immer
von selbst das Gleichgewicht wieder her. Sie ist herzlos
und blind genug, die Leiden, vor denen sie gerade behüten soll, als Regulatoren und Corrective des Verkehrs
in ihren eigenen Dienst zu nehmen. — Sie, mein verehrter Freund, kennen meine Ansichten über das System
der Handelsfreiheit. Sie wissen, dass ich, so weit es die
Völker verbinden und die freie Wahl der Arbeit[1]) wahren
will, sein unbedingter Anhänger bin, aber es hiesse die
Wirklichkeit einer Theorie zu Liebe opfern, wenn man
ihm auch in seinem Mangel an Vorkehrungen für eine
richtige Vertheilung des Nationalproducts beipflichten
wollte.

---

[1]) Hier folgen in 1. Ausg. die jetzt von R. gestrichenen
Worte: „und der Kapitalanlage."

Dennoch darf die Ohnmacht der herrschenden Theorie
noch nicht beunruhigen. Die Staatswirthschaft ist noch
jung. Es ist nicht wunderbar, dass sie nicht sofort die
schwierigste Aufgabe zu lösen vermochte, die je die Geschichte gestellt hat. Wenn auch auf den ersten Eindruck
der Vergleich zwischen der Rathlosigkeit der Wissenschaft
und der Grösse der Anforderung an sie niederschlagend
ist, — dieser Eindruck wird sich mildern, wenn man
den gegenwärtigen Stand ihrer Entwickelung mit ihrer
Entwickelungsfähigkeit vergleicht, wenn man in den
Schwächen ihrer heutigen Theorie die Keime ihrer
künftigen Kraft beobachtet. Nur der Hochmuth einer
Schule sieht die Vollendung einer Wissenschaft da, wo
nur deren Elemente zusammengetragen sind. Ihre
Jünger haben noch dazu eine Wissenschaft, die auf den
Märkten gelehrt werden sollte. durch die Unverständlich-
keit ihrer Behandlung zu einer Art Geheimlehre gemacht,
unzugänglich selbst für den gebildeten Theil der Gesellschaft. Ehe sich daher nicht statt einzelner Geister,
der Geist der Nation mit ihr befasst hat, darf Niemand
an der Lösung jener Probleme zweifeln. Ihre vortrefflichen
Aufsätze, mein verehrter Freund, haben den Weg zu
deren allgemeineren Besprechung schon gebahnt. Die
lichtvolle Behandlung, die Sie diesen Fragen angedeihen
lassen, wird sicherlich zu deren erneutem Studium anregen und vielseitige und erspriessliche Resultate zur
Folge haben.

Auch Sie scheinen die sociale Frage in den beiden

Erscheinungen zu erblicken, die ich in diesem Briefe
charakterisirt habe. In Ihrem ersteren Aufsatze, „über
die Grundrente in socialer Beziehung", ist es ausge-
sprochener Maassen die zunehmende Verarmung, deren
Grund Sie aufzudecken streben. In dem zweiten, „die
Tauschgesellschaft", sind es vorzugsweise die Absatz-
wege, die Sie behandeln, — was auf eine ähnliche Auffassung schliessen lässt, als ich in den Handelskrisen
aufgestellt habe. Auch wird wohl Niemand die sociale
Frage in etwas Anderem, als dem Pauperismus und den
Handelskrisen, erblicken wollen. Darin stimmen wir
also überein. Allein, indem Sie, mein verehrter Freund,
zugleich auf den Sitz und das Heilmittel des Uebels
deutend, die Frage nicht mehr formuliren wollen: Wie
sind die Producte besser zu vertheilen? sondern: Wie
sind die Productivfonds besser zu vertheilen? scheinen
Sie mir auf einen Abweg zu gerathen, der um so ge-
fährlicher werden kann, als Sie ihn mit der gerechten
Autorität ihres Namens decken. Ich meinerseits finde
wenigstens, dass die gewöhnlichen Mittel der Gesetzgebung zur Beförderung einer besseren Vertheilung der
Productivfonds unwirksam sind, dass, um sie wirksam
zu machen, man das Grund- und Kapitaleigenthum prin-
cipiell verletzen müsste, und dass dennoch eine blos
andere Vertheilung der Productivfonds nur das alte Uebel
immer wieder neu gebähren würde. Ich finde meiner
Seits, dass die bessere Vertheilung des Nationalproducts
nicht blos in grösserem Einklange mit den Ansichten

unserer Zeit steht, sondern auch ein radikaleres Mittel
für Pauperismus und Handelskrisen abgiebt.[1])

---

[1]) Die 1. Ausg. schliesst hier mit folgendem, jetzt von Rodbertus gestrichenen Absatz: Die Controverse ist gross, und die
deutsche Demokratie, die sich wohlweislich noch von dem officiellen
politischen Schauplatze fern hält, hat Zeit, sie zu erörtern. Ich
für meinen Theil finde mich noch um so mehr dazu veranlasst,
als Sie sich freundlichst auf eine frühere Schrift von mir beziehen,
die schon damals, denselben socialen Gedanken zu begründen beabsichtigte, dem ich noch heute anhänge. Ich werde daher in dem
nächsten Briefe Ihre und meine sociale Theorie neben einander
stellen, um daran den Versuch einer Widerlegung der Ihrigen und
einer Begründung der meinigen zu knüpfen.

Rodbertus' staatswirthschaftliche Ideen vor fünfzig Jahren.

Der folgende werthvolle Aufsatz enthält einen Abriss des nationalökonomischen Gedankensystems von Rodbertus aus der Zeit von Ende der dreissiger Jahre (1837). Es ergiebt sich daraus, dass die kritischen wie positiven Hauptgedanken des Autors bereits damals von ihm klar gefasst und scharf geformt waren, noch einige Jahre früher als Rodbertus' Schrift „Zur Erkenntniss unserer staatswirthschaftlichen Zustände" (1842) erschienen ist. Damit wird die Priorität wichtigster Gedanken in Bezug auf Rodbertus nur von Neuem bestätigt. Andererseits zeigt sich freilich, dass Rodbertus in seinem ganzen späteren Leben über das damals von ihm Geleistete nur in Einzelheiten hinausgelangt ist. Namentlich der positive Aufbau und Ausbau des Systems, soweit er in den von Rodbertus selbst bei seinen Lebzeiten veröffentlichten Arbeiten, aber auch nach meiner und meiner Mitarbeiter Einsichtnahme in die uns zugänglichen hinterlassenen Manuscripte, soweit er in letzteren versucht ist, fehlt eben in der Hauptsache. Es sind immer nur dieselben grossen und gewaltigen, wahrhaft packenden, kritischen Gedanken, in oft unnachahmlich schöner Sprache, aber auch immer nur wieder die nicht ausreichenden, eigentlich doch bloss orientirenden positiven Gedanken und Vorschläge schon des damaligen Aufsatzes — Normalwerk-Arbeitstag und -Lohn, Arbeitsgeld —, welche Rodbertus wiederholt. Neue

13

Anläufe auf der von ihm zuerst gebrochenen Bahn, aber immer bald wieder Erlahmung, zahlreiche neue Anfänge in formeller Hinsicht, aber keine hinlängliche Fort- und Durchführung, geschweige Vollendung des positiven Systems. Aeussere Gründe, Rodbertus' Lebens- und Berufsverhältnisse, später sein Gesundheitszustand mögen daran mit Schuld sein. Die Haupterklärung liegt doch wohl in dem innern Mangel der positiven Punkte des Systems, sowie in den Mängeln der Rodbertus'schen Methode. So gross Rodbertus als Historiker dasteht, der tiefste aller historischen Nationalökonomen, so verfällt er doch hier bei dem Versuch des positiven Aufbaus wohl in den Fehler, künftige geschichtliche staatswirthschaftliche und Rechtsbildungen nach einem viel zu einfachen, zu abstrakten, zu mechanischen Princip, ja nach einer blossen Formel construiren und diese gewagten theoretischen Constructionen als ein von der Praxis der Gesetzgebung zu verwirklichendes Ideal hinstellen zu wollen. Das ist noch keinem Sterblichen geglückt. Die Geschichte arbeitet nicht nach so einfachen Formeln.

Leider ist nicht das ganze Originalmanuscript aufzufinden gewesen. Nur etwa drei Viertel desselben sind in meinen Händen, das letzte Viertel, muthmasslich ein Bogen des Manuscripts, fehlte. Dafür musste hier der Meyer'sche Abdruck aushelfen. In letzterem finden sich aus den ersten Blättern manche nicht unwesentliche Weglassungen, welche im jetzigen Abdruck alle aufgenommen sind. In Rud. Meyer's „Briefen u. s. w. v. Rodbertus" findet sich der Aufsatz in B. II, S. 575—586, hier selbst wieder abgedruckt nach dem ersten Abdruck in der Berl. Revue. S. auch in Meyer's Werk I, 168 den Brief von Rodbertus v. 8. Febr. 1872. Das „vergilbte Manuscript", das damals von Meyer, jetzt von uns benutzt wurde, umfasst, soweit es uns vorlag, 12 Seiten Quart-Briefformat. Es ist offenbar das Original, welches seiner Zeit Rodbertus an die Augsburger Allgemeine Zeitung vergeblich eingesandt hat. Die in dem Briefe bei Meyer erwähnten kleinen und unerheblichen Bleistiftcorrecturen sind im jetzigen Abdruck befolgt worden. (A. W.)

Die Foderungen der arbeitenden Klassen.

Was wollen die arbeitenden Klassen? Werden die
andern ihnen dies vorenthalten können? — Wird das,
was sie wollen, das Grab der modernen Cultur sein? —
Dass einst mit grosser Zudringlichkeit die Geschichte
diese Fragen thun würde, wusste der Denkende längst.
durch die Chartistenversammlungen und die Birmingham-
scenen hat es auch die Alltagswelt erfahren. Indessen
können wir die ersten beiden Fragen nur berühren. Sie
sind empfindlich für die Machthaber und noch empfind-
licher für die Besitzenden. Die dritte geht die Wissenschaft an. Jedoch kann auch ein Artikel, wie der vorliegende, keinen Anspruch darauf machen, sie vollständig
zu lösen. Er kann nur zu ihrer Orientirung beitragen.
vielleicht Andere zur Beantwortung anregen und auf-
fodern. Nur soviel soll er.

Das Begehren der arbeitenden Klassen tritt in
ziemlich verhüllter Gestalt auf. Sie scheinen politische
Anerkennung und Bedeutung anzusprechen.

Ein solches Verlangen wäre in der That beunruhigend.
Da seine Gewährung unumgänglich zur Republik führen
müsste, so würde es der Grund jenes unzähligen Miss-
geschicks von Privaten und Völkern sein, das eine so
grosse Veränderung der Regierungsform über Europa
nothwendig verhängen müsste. Die Kräfte, welche ruhig
und rasch der welthistorischen Entwicklung dienen

13*

könnten, würden abermals eine unnütze Digression machen, und die Geschichte hätte einen peinlichen Umweg mehr zu beschreiben. Denn es findet in dieser Beziehung ein charakteristischer Unterschied zwischen dem Alterthum und der Neuzeit statt. Wenn die politische Freiheit jenem wesentlich nothwendig war, so ist sie es dieser zu Zeiten nur formell gewesen. Wenn sie dort das unumgängliche Element war, in dem der Geist allein sich entwickeln konnte, so ist sie hier nur sein Diener gewesen, um die Hemmnisse, die in dem Willen oder der Einsicht der Regierenden lagen, zu beseitigen. An sich ist die politische Freiheit kein Gut mehr. Die Errungenschaft des menschlichen Geistes in Moral, Wissenschaft und Mechanik — wir nennen nur die moderne Rechtsidee und die Presse — ist durchweg schon zu gross, als dass es noch ihrer, der politischen Freiheit, Gewitter bedürfte, ihn zu befruchten. Aber das mag denn die Frage sein, wenn sich hinter dem Begehren nach politischer Macht noch ein anderes bergen sollte, was die Geschichte gewähren will, ob die Könige ihm früher genügen werden, als die Republik es ihnen vorgemacht hat.

In der That hat es der verrätherischen Rufe unter den arbeitenden Klassen genug gegeben, um zu wissen, dass die Erlangung politischer Macht nur Mittel zum Zweck für sie sein soll. Der Zweck selbst ist: mehr Besitz! — Für manchen wird dies ein neuer Beweis jenes crassen Materialismus sein, unter dessen Herrschaft

die Welt steht. Indessen haben die Zeiten von jeher
unter vorherrschenden Richtungen gestanden. Auch
wollen wir an dem Materialismus so wenig die Bestech-
lichkeit und die Genusssucht rühmen, als an der christ-
lich-religiösen Richtung des Mittelalters die Greuel des
Fanatismus. Aber wir sind so kühn, den reinen Gewinn, den die Menschheit aus den grossartigen Welt-
verbindungen durch Eisenbahnen und Dampfschifffahrt
zieht. mit dem zu vergleichen, was ihr die Kreuzzüge
einbrachten. Zudem kann man sich über den Materialismus insofern beruhigen, als er uns gefahrloser ist, wie
er dem Alterthum war. Das macht, weil Reichthum und
Besitz heute durchweg mehr auf die Arbeit gestellt
sind: Arbeit aber ein so kräftigendes Element ist, dass
es auch einer gesunkenen und erschlafften Seele ihre
Elasticität wieder zu geben vermag. — Jedoch hat auch
jener Ruf einen andern Grund. Er wird gleich unten
genannt werden. Hier wollen wir vorläufig so un-
parteiisch sein, das „mehr Besitz“ zu übersetzen. Es
heisst dann — und weniger abschreckend — mehr Theilnahme an der Bildungsstufe der Zeit, mehr Theilnahme
an den Wohlthaten der heutigen Cultur! —

Die zweite Frage ist identisch mit der: Werden
die arbeitenden Klassen das, was sie wollen, mit Ernst
wollen? — Zweifle Keiner, sie werden es mit dem Ernst.
den die Weltgeschichte braucht, wenn sie ihre grossen
Pläne ausführt! Erwägen wir genau jedes Moment, was
denselben anregt, jedes Mittel, das wir ihm entgegen zu

stellen haben! — Die arbeitenden Klassen haben von
den Wohlthaten der heutigen Gesellschaft die persönliche
Freiheit und eine gleiche formelle Gerechtigkeit, wie alle
übrigen; weiter nichts! Wenn das aber viel ist, so ist
es nicht bloss der ewige psychische Anreiz zu mehr,
sondern auch der natürliche logische Entwickelungsgrund
davon. Die persönliche Freiheit ist allerdings ein Gut,
aber zunächst nur ein negatives, nur das Glück, nicht
von der Willkür eines Individuums abzuhängen. Sie ist
der unumgängliche Anfang, die Basis von allem, was
eines Menschen würdig ist, aber an sich nur eine leere
Sphäre, die sich nach ihrem Inhalt sehnt, die diesen erst
wo andersher empfängt. Ein Freier ohne Unterhalt, hat
man gesagt, und man kann es nicht besser sagen, ist „eine
Forderung ohne Schuldner“. In der That, die persönliche
Freiheit ist die Anweisung auf alle Tugenden, welche
die Moral schmücken und alle Schätze, welche die Natur
und der Geist birgt. Aber sie ist damit auch eine Berechtigung dazu. Sie ist endlich eine Verheissung
dazu geworden, insofern die arbeitenden Klassen in der
Dienstbarkeit der andern waren, und von diesen daraus
entlassen wurden. Will man ihnen nun zum Vorwurf
machen, dass sie die Natur der persönlichen Freiheit
empfinden? Dass sie die Anweisung zu realisiren trachten?
Dass die Berechtigung in ihrer Seele brennt? Dass sie
vor die andern Klassen treten und sprechen: Haltet jetzt,
worauf ihr uns hingewiesen habt! Ihr habt uns bisher mit
der persönlichen Freiheit nur die Sorgen derselben ge-

schenkt, lasst uns jetzt auch an ihren Freuden theilnehmen!
— Und in diesen Gefühlen ist insoweit kein Verbrechen,
sondern Würde. Und die Würde eben des Freien. —

Aber noch nie hat es die Geschichte verschmäht,
auch die Leidenschaften in ihren Dienst zu nehmen.
Und welche Leidenschaften kommen hier jenem Verlangen
zur Hülfe! Sind es ausser allen denen, welche stets in
Revolutionen ihre Rechnung finden, nicht noch alle die,
welche durch den eigenthümlichen Character der in
Frage stehenden entfesselt werden? — Und wie gross
ist der Heerd, an dem sich diese Leidenschaften stets neu
entzünden! Das ganze gesellschaftliche Leben, dies Leben
wie nie zuvor: ohne Schranken zwischen den an Bedeutung verschiedensten Klassen: in dem alle gleich berechtigt und doch so wenig gleich betheiligt sind; in
dem die Hütte unmittelbar neben dem Palast steht, und
das seidene Kleid, ohne es vermeiden zu können, von
den Lumpen gestreift wird! — Von der Zahl der arbeitenden Klassen schweigen wir, denn wir mögen keine In-
schriften für ihre Fahnen liefern. Nur zwei weltberühmte
Andeutungen! Der eine Lameth that einst die kecke
Frage, was der Adel machen würde, wenn das Volk die
Geduld verlöre. Sie war eine Version des römischen
Ausrufs: Quantum periculum immineret, si servi nostri
numerare nos coepissent! — Das Volk verlor die Geduld, und die Proletarier beginnen zu zählen!

Solchem Andrange, dem Gutes und Böses dient, haben
die Andern nichts entgegen zu setzen, als Polizei und

Kanonen, und, wenn man will, die Erzählungen der Miss Martineau. Wenn aber die materialistische Ansicht irgendwo im Unrecht ist, ist sie es da, wo sie meint, den Staatsverband mit so schwachen und negativen Mitteln, als Bajonette sind, erhalten zu können. Das Einschreiten der Staatsgewalt ist Ausnahme, ist Nothstand. Kein exceptioneller Zustand lässt sich aber zur Grundlage nehmen. — Auch die Erzählungen der Miss Martineau sind nicht im Scherz genannt. Diejenigen, welche auf die Worte des herrschenden Systems schwören, leben in der That der Ueberzeugung, dass einst die Wahrheit ihrer Lehren durchdringen, dass man sich einst in Hunger und Vermögensverlust, wie in eine Naturnothwendigkeit finden werde.[1]) Sie suchen dem Arbeiter zu beweisen, dass es der Wille des gesellschaftlichen Schicksals sei, dass er auf das Maass nur des nothwendigen Unterhalts beschränkt werde, dass er zu Zeiten hungern müsse, und dass, wenn er allerdings heute zu Zeiten hungere, der Arbeiter doch früher zuweilen vor Hunger gestorben sei. Wir wollen die Stellung dieses Systems gegenüber den Foderungen der arbeitenden Klassen weiter unten erörtern, aber wir dürfen hier wohl fragen, ob der, welcher nach Brod verlangt und es vor Augen hat, sich mit dem Beweise begnügen wird, dass

[1]) Das Bastiat'sche System existirte noch nicht, als dieser Aufsatz geschrieben ward. — Die damaligen Nichtsalsfreihändler erkannten das „eherne Lohngesetz" an und appellirten an die Selbstlosigkeit und die christliche Demuth der arbeitenden Klassen. Bastiat und seine Anhänger versuchten es später mit der Täuschung. (R.)

keins für ihn da sei, ob der, welcher heute Lumpen
trägt, derselbe ist, der früher nackt ging. Wir dürfen
wohl im Allgemeinen jenen Bemühungen den Zweifel ent-
gegensetzen, ob durch einen nothdürftigen Schulunterricht
der Scharfsinn der arbeitenden Klasse hinreichend geübt
sein wird, die abstracten Beweisführungen und Spitz-
findigkeiten des Systems zu fassen, — vor Allem, wenn
kein Besitz von Eigenthum die Geister einem solchen
Verständniss zuneigt. —

Das, was die Gesellschaft zusammenhält, ist sittlicher Natur und wird durch sittliche Institutionen erhalten und vermehrt. Von jeher und für alle Zeit giebt
es indessen nur zwei Systeme, die sich hier darbieten.
Das eine nennen wir das der Zucht, das andere das der
Bildung. Jenes gründet sich auf Unterordnung, dieses
auf Erziehung und Unterricht. Beide verfolgen dasselbe
Ziel, die Gemüther der Individuen der Gesellschaft zu
accomodiren. Beide wollen und können dies nur durch
die Gesinnung, die sie pflanzen und pflegen, so verschieden diese auch unter beiden Systemen ist. — Das Mittelalter befolgte durchweg das erstere, wenn auch nicht in
seiner äussersten Consequenz. In seinen strengen häuslichen Kreisen, in dem straffen Verhältniss zwischen
Eltern und Kindern, Herrschaft und Gesinde, Meistern
und Gesellen und Lehrlingen, in den ländlichen Verbän-
den der Grundherrlichkeit, den städtischen der Zünfte
und Corporationen, — Kreise und Verhältnisse, die den
Menschen sein Leben hindurch umfassten, — ward noth-

wendig jene Zucht der Gesinnung geschaffen, die die
Bildung (lediglich von dem Standpunkte des Bestehens
der Staaten aus) entbehrlich macht, die dennoch Zu-
friedenheit mit dem bescheidensten und schlechtesten
Loose giebt, weil sie nicht aus der Gewohnheit kommt,
dies Loos als eine gesellschaftliche Nothwendigkeit oder
göttliche Schickung zu betrachten. Das Alterthum, das
über seine arbeitenden Klassen dies System in seiner
strengsten Consequenz, in der Sklaverei, übte, befolgte
das andre hinsichtlich seiner Freien. In diesem andern
System wird Unterwerfung unter die Idee, was dort
Unterwerfung unter die Person ist. Durch frühe und
stete Hinweisung auf die Principien, welche dem Menschen
zur Ehre gereichen, durch Erhebung des Geistes in
Wissenschaft und Kunst, werden die Gemüther von dem
erfüllt, was Aufgabe des Staates und des Menschen ist.
Es verwirklicht sich dasselbe allgemeine Resultat, wie
in dem System der Unterwerfung und Zucht, nämlich
das sittliche Moment, was die Gesellschaft verbindet, nur
in würdigerer Gestalt und auf würdigere Weise. —

Was hat nun die Gegenwart von diesen Systemen?
Nur noch die letzten sinkenden Trümmer des ersten,
und nur erst die rohen elementarischen Anfänge des
zweiten.

Die humanen Ideen des vorigen Jahrhunderts haben
ihren Sieg gefeiert und die arbeitenden Klassen von der
persönlichen Unterordnung und der ihr entsprechenden
Gewalt emancipirt. Die Zünfte und Corporationen folgten

aus staatswirthschaftlichen Gründen nach. Das Princip
der Gleichheit warf einen Funken seines Zaubers selbst
bis in die häuslichen Kreise. So ist nur die christliche
Familie übrig, wenn auch in ganz anderer und loserer
Auffassung wie früher. In der That, wenn die Staaten
des Alterthums von der Familie aus zu Grunde gingen,
so mag ihnen diese in der Neuzeit ebenso oft neue
Lebenskraft verliehen haben. Allein für die arbeitenden
Klassen springt auch dieser Quell trüber und unreiner.
Für sie giebt es hier lediglich einen Gesichtspunkt, vor
welchem die sittigende Macht der Familie nur zu sehr
untergeht, den, ihre Glieder als Instrumente des
Erwerbs zu betrachten. — Die bestverwalteten Staaten
haben daher beginnen müssen, den andern Weg zu betreten.
Wo das christliche Princip entgegenkommt, bedarf es in
dieser Hinsicht allerdings nicht einer Nationalerziehung im
Sinne mancher Staaten des Alterthums, einer Erziehung,
die nach unsern Begriffen in die Rechte der Familien eingreifen oder sie gar zerstören würde. Obligatorischer Schulbesuch für die Jugend und bereite Anstalten und Mittel der
Fortbildung für das übrige Leben genügen. — Aber genügen
die Schulen, in welchen heute die Kinder der arbeitenden
Klassen unterwiesen werden? — Genügt das Wissen,
was sie aus ihnen holen, um durch Bildung die Zucht
zu ersetzen? — Giebt es Anstalten und Mittel der Fortbildung für sie, nachdem der Schulbesuch vorüber? —
Und gäbe es solche, würden sie nur Zeit haben, sie zu
benutzen? —

Wenn aber nun der eine Weg fast verlassen, der
andere kaum betreten ist, was thun? Kann man auf den
ersten zurückkehren, oder muss man auf dem zweiten
vorschreiten? — Das erste werden die wenigsten versuchen wollen. Man kann die Dienstbarkeit nicht über
die arbeitenden Klassen wieder zurückführen. Man kann
kein Jahrhundert der Geschichte ungeschehen machen.
Der Versuch, durch neue Zünfte oder ähnliche Verbände
den aufgeregten Geist zur Ruhe zu legen, wäre harm-
loser; indessen liegt hier eine Täuschung zu Grunde.
Den Proletariern von heute entsprechen in dem Systeme
der Zucht lediglich die dienstbaren Klassen. Die Zunft-
genossen waren Kunstgenossen. Die Ehre, die sich auf
die Kunstfertigkeit der zu demselben Gewerk Gehörenden gründete, war das belebende Princip der Zünfte.
Heute jedoch liegt die Kunstfertigkeit des Gewerks in
dem Genie des Mechanikers. Die Zunft- und Kunstgenossen sind zu Fabrikarbeitern geworden, und das, was
heute eine Zunft zu bilden im Stande wäre, ist kein
Gegenstand der Besorgniss. — Dem zweiten steht aber
gerade das Hinderniss entgegen, auf dessen nothwendige
Beseitigung wir eben in diesem Artikel hinweisen. Jeder
Versuch, auf diesem Wege vorzuschreiten, scheitert an
der unumstösslichen Wahrheit der heutigen Volkswirthschaft, dass der freie Verkehr den Arbeitern im Durch-
schnitt nicht mehr als den nothwendigen Unterhalt zu-
wirft. Wenn aber auch auf dem Satz, dass Bildung und
körperliche Arbeit vereinbar sind, die Hoffnung der Zu-

kunft beruht, so werden es doch Erlangung der Bildung
und Sorge und Anstrengung für das Maass nur des
nothwendigen Unterhalts nie werden. Der Schmutz und
die Noth des Hauses werden ewig zu nichte machen,
was der Unterricht der Schulen bewirken will.

Nein, täuschen wir uns nicht! Inmitten der heutigen
Gesellschaft giebt es ein zahlreiches Volk von Barbaren,
Barbaren au Geist und Sitte: mit der Armuth, dem
Trotz und der Wildheit der Barbaren, lüstern nach den
Schätzen, den Genüssen und der Cultur der Andern;
von dem Rechte an einem Antheil daran überzeugt und
der Kriegsführung dieser Andern kundig, — ein neuer
drohender Völkersturm aus dem Schoosse der Civilisation
selbst. Statt der alten Gewalt über sie haben die Andern
nur noch Waffen gegen sie. Zwar, gegen die Rotüre der
Mittelklassen sind Polizei und Kanonen oft mit Glück
gebraucht, aber dann waren es jene Barbaren, die gegen
die aufstrebenden Plebejer die Geschütze bedienten. In
dem heutigen Kampf sollen die Barbaren gegen sich
selbst fechten. Aber man vergesse nicht: die Barbaren,
die in Roms Heeren gedient hatten, eroberten Rom. —
Alles in Allem: Die Zurückführung der Arbeiter in die
alte Dienstbarkeit ist unmöglich, die heutige Stellung
ihnen gegenüber unhaltbar, der Fortschritt versperrt.
Was bleibt übrig? Nichts als die Ueberwindung des
Hindernisses, als die sociale Parole: Weiter! — Denn
die Gesellschaft hat ihre Schiffe verbrannt.

Wird die Ueberwindung gelingen? Dies ist die dritte

Frage, und auf ihre Beantwortung kommt es uns besonders an.

In der That, wenn auf dem betretenen Wege nicht weiter vorzudringen ist, so ist die Richtung, welche die Geschichte seit der Reformation und der Erweiterung der Königlichen Macht eingeschlagen hat, völlig verkehrt, und da es unmöglich ist, auf diesem dreihundertjährigen Wege bis zu dem Scheidepunkt des Irrgangs zurückzukehren, so ständen endlich auch die Völker germanischer und romanischer Art auf der Stelle, wo die Stagnation und der innere Verfall beginnt, und der Weltgeist hätte sich fortan an andere Nationen zu wenden. Allein, stellen wir dieser allgemeinen Betrachtung vorerst nur das allgemeine Gefühl unserer inneren Ueberzeugung entgegen! Die Entwicklung des menschlichen Geistes ist schon so weit gediehen, dass jenes tödtliche Gesetz des Alterthums gebrochen ist. Der nationale Geist ist nicht mehr der Träger der Weltgeschichte, der Geist an sich ist es schon geworden. Sein Besitzstand, der nämliche, der uns der politischen Freiheit überheben kann, ist gross genug, um die Nationen wieder aus allen Irrfahrten und Drangsalen herauszuführen. Zudem wird keiner glauben, dass diejenigen Gefühle, welche seit der Reformation die Zierde der Zeit gewesen sind, die das angewandte Christenthum selbst zu nennen wären, von Uebel, dass das ganze Wort Humanität eine Lüge sei.

Kommen wir indessen der Sache näher! — Es giebt allerdings einen Zustand, in welchem der Unterhalt der

arbeitenden Klassen durchaus auf das nothwendige Maass
beschränkt sein muss. Er hat dann statt, wenn die Productivität noch nicht hinreichend gross ist, allen Klassen
mehr zu gewähren. Denn da Bildung einen entsprechenden Besitz verlangt, es aber besser ist, dass der Geist
irgendwo in der Nation zur Blüthe kommt, als gar nicht,
so ist es das Interesse der Geschichte selbst, dass dann
einigen Klassen nicht, andern aber mehr als der nothwendige Unterhalt zufliesst, damit diese wenigstens die
Thaten der Geschichte vollführen. Einem solchen wirthschaftlichen Zustande der Nation entspricht zugleich entschieden nur das eine sociale System, nämlich das der
Zucht. Auf einer Stufe, auf der man nur Handmühlen
kennt, muss Sklaverei existiren. Ohne diese hätte das
Alterthum nicht seine Mission vollbracht. — Es kann
aber auch einen wirthschaftlichen Zustand geben, in dem
die Productivität so weit vorgeschritten ist, dass, soweit
es auf sie ankommt, nicht bloss die einen Klassen mit
demjenigen Reichthum versorgt werden können, welcher
der Boden der Künste und Wissenschaften ist, sondern
auch den arbeitenden Klassen mehr gewährt werden
kann, als der nothwendige Unterhalt beträgt. Dieser
Zustand ist gegeben, wenn der Sieg, den der Mensch
durch gewerbliche Kenntnisse über die Natur erfochten
hat, hinlänglich gross dazu ist. Erhalten in diesem Fall
dennoch nicht die arbeitenden Klassen mehr als den
nothwendigen Unterhalt, so liegt dies an den rechtlichen
oder staatswirthschaftlichen Institutionen, und die gesell-

schaftliche Organisation muss eine andere werden. Wir
stehen nicht an, zu behaupten, dass dieser Fall
der heutige ist. Im Alterthum entsprach die Production
immer den vorhandenen Mitteln, denn diese bestanden
in Menschenarbeit, und die Zahl der arbeitenden Menschen
war bestimmt und beschränkt. Heute entspricht dieselbe
lange nicht den vorhandenen Mitteln, denn diese bestehen
in Maschinenarbeit, und Holz und Eisen zu Maschinen
sind vorläufig so gut wie unbeschränkt. Im Alterthum
stand desshalb der Nationalreichthum auf dem Niveau
des gewerblichen Könnens. Heute bildet der folgende
Fall die Regel: Ein Land hat unbenutztes Holz und
Eisen, sein Boden wird in einem System bewirthschaftet,
das nur die Hälfte seiner Tragfähigkeit in Anspruch
nimmt, es besitzt geschickte Mechaniker und endlich un-
beschäftigte Arbeiter: — alle Elemente sind also vorhanden, um Eisenbahnen und Maschinen zu bauen[1]) und
den Stoff zu Gütern aus dem Schoosse der Natur hervor-
zuholen; dennoch geschieht nichts davon. Holz und Eisen,
Boden und Genie bleiben unbenutzt, und die Arbeiter
verfallen dem Hunger. Das vermeintlich allmächtige
Privatinteresse ist in so vielfacher Verwicklung durcheinander geschlungen, dass die daraus entstehende Verkehrsgewalt ihm selbst nur noch ein ungenügendes Feld
der Wirksamkeit lässt. — Die Frage ist also nur noch
die: Ist eine Organisation möglich, in welcher die Pro-

---

[1]) In den dreissiger Jahren geschrieben. (R.)

duction stets auf solcher Höhe der Productivität erhalten
wird, dass diese auch den Arbeitern zu gute kommt? —
Wenn dieselbe möglich ist, so ist es allein die
Staatswirthschaft, die sie einzuführen vermag. Das
Recht und die Politik haben gar keine oder nur unter-
geordnete Rollen dabei zu spielen. Denn es bedarf
keines Beweises, dass eine Theilung des jetzigen rechtlichen Besitzstandes keine Abhülfe des Rufs der arbeitenden Klassen nach mehr Besitz sein würde. Im Schoosse
der auf denselben rechtlichen und staatswirthschaftlichen
Grundlagen fortbestehenden Gesellschaft würde sich bald
ein neuer Proletarierhaufen bilden und jenes Verfahren
müsste periodisch werden, wie es dieser Ruf werden
würde. — Weit eher würde die Modification des Eigen-
thumsinstituts selbst solche Abhülfe gewähren. In der
That lässt sich eine Organisation auffinden, die dem Er-
werbe desshalb günstiger als jede andere sein würde,
weil sie dessen Princip — die Garantie, dass jedem nur
die Frucht eigener Arbeit zukommt — mit grösserer
Gewissenhaftigkeit befolgte, als jede andere. Dennoch
würde das heutige Eigenthumsrecht eine sehr grosse
Beschränkung dadurch erleiden. Es würde nämlich das
rentirende Eigenthum (das was dem Besitzer, ohne zu
arbeiten, Rente gewährt) aufzuheben, das Eigenthum am
Product dagegen nur desto fester zu gründen sein.
Boden und Kapital würden Gemeingut der Gesellschaft,
aber das was mit diesen Arbeitsinstrumenten, nach Reproduction des Kapitals, hervorgebracht wäre, würde

14

Eigenthum der Arbeiter nach dem Maass der geleisteten
Arbeit. Ein solcher Zustand würde den rechtlichen
Grundsatz angenommen haben, dass Arbeit nicht bloss
das constitutive, sondern auch das distributive Princip
des Eigenthums wäre. Er würde mit einer St. Simo-
nistischen Ordnung das gemein haben, dass eben kein
rentirendes Eigenthum bestände, aber darin bedeutend
von ihr abweichen, dass er das auf jenes natürliche
Maass zurückgeführte Eigenthum als einen integrirenden
Theil eines Rechtszustandes ansähe, dass das, was dort
arbitrium der Obern bliebe, hier im eignen Recht des
Individuums seine Begründung und sein Maass erhielte.
Wenn man das wirthschaftliche Princip, die Arbeit, in
den Fortschritten der Ricardo'schen Schule verfolgt,
wenn man der Ricardo'schen Berechnung des Realwerths
nachgeht, wonach derselbe — selbst der Theil, der vom
stehenden Kapital in das Product übergeht — sich in
Arbeitszeit auflöst, wenn man dann ferner erwägt, dass
das, worauf sich in solchem Zustande der Eigenthums-
anspruch des Arbeiters gründen würde, eben auch nur
verwendete Arbeitszeit ist; dass damit also ein Maass
gegeben ist, was ebensowohl die Berechtigung als auch
die gegenüberstehende Güterquantität misst; wenn
man endlich noch einen Schritt weiter thut, und auf dies
gemeinschaftliche Maass der Berechtigung und des Güter-
werths ein neues Geld gründete, welches von der Art
wäre und sich auf die Weise in den Verkehr einführte,
dass es in der indiffenten Form ebenfalls der Arbeitszeit

eine Bescheinigung für den Arbeiter, auf das von ihm
in der bestimmten Zeit in den Verkehr gelieferte Gut.
und damit also auch eine Anweisung auf ebenso viel
von den übrigen Gütern beliebiger Art wäre; wenn man
bedenkt, dass kein Geld grössere Garantieen böte, als
dieses, dass sicher ist, stets zu gleichem Werth seine
Realisirung zu finden, — wenn man alle diese Andeutungen gründlich verfolgt, so wird man gestehen
müssen, dass ein solcher Zustand nichts Unmögliches
oder nur der Production Nachtheiliges enthalten würde.
Dass die Gegenwart indessen von seiner Verwirklichung
zu fern ist, um sich noch länger bei ihm aufzuhalten,
ist ebenso gewiss. — Kommen wir daher auf den Boden
der Wirklichkeit herab und beantworten wir vor Allem
die Frage, wie sich nun das herrschende System der
Staatswirthschaft zu jenen Foderungen der arbeitenden
Klassen verhält, ob in ihm die Möglichkeit einer solchen
Organisation, als oben angedeutet, gegeben ist.

Wir gehören nicht zu denen, die bei Industrie-
ausstellungen merkantilistische Schwanengesänge an-
stimmen. Diese, wenn sie nicht politische Plane verfolgen, sind Fabrikanten oder setzen ihre Füsse unter
die Tische der Fabrikanten. Was das Smith'sche System
verbricht, verbricht es an Individuen, nicht an Nationen.
Seine völkerverbindende Tendenz ist grade seine Ehre
und sein Ruhm. — Jedoch haben auch die Arbeiter dem
System der Erwerbsfreiheit manches zu danken. Die
Beweise der Oekonomisten und Smith's, dass die

14*

persönliche Freiheit von wirthschaftlichem Nutzen
sei, hat vielleicht mehr zu deren Ertheilung beigetragen,
als die der Naturrechtslehrer desselben Jahrhunderts, dass
sie recht sei. Die freie Wahl seiner Arbeit ist ferner
ein Gut, dass der Arbeiter nicht hoch genug anschlagen
kann, und endlich muss die ungehinderte Bewegung,
welche jenes System durch Aufhebung des Gewerbe-
zwanges dem Kapital gestattete, wenigstens zu Zeiten
den Arbeiter begehrt, d. h. gut bezahlt machen. Aber
weiter ist auch nichts an ihm zu loben. Kein anderer
Theil der gesammten Staatswissenschaft trägt so sehr
den bloss negirenden Character des vorigen Jahrhunderts
an sich, als grade dies staatswirthschaftliche System.
Wenn das sogenannte natürliche Staatsrecht nicht umhin
kann, auf dem Grunde der umgestürzten Zustände neue
ordnende Gewalten zu schaffen, so begnügt sich das
System des freien Verkehrs lediglich damit, die alten
abzuschaffen. Es macht nur tabula rasa; es führt nur
einen gewerblichen Naturzustand ein. Damit aber legt
es auch die ganze Leitung des Verkehrs in die
Hände des rentirenden Eigenthums; damit aber,
da im Naturzustande der Stärkere Recht hat,
gründet es auch einen Despotismus dieses rentirenden Eigenthums.

Es gehört nicht hierher, diesen Satz weiter durchzuführen. Wir würden sehen, dass dies System nur eine
unerhört kostbare Einrichtung ist, — um wohlfeile Preise zu erzielen. In Bezug auf die Arbeiter

stellt sich jener Satz so dar, dass sie, der Stand der
Productivität mag sein wie er wolle, nur immer auf das
Maass des nothwendigen Unterhalts beschränkt bleiben.
Indem die Besitzer des rentirenden Eigenthums eines
Theils die Quelle aller Güter, die Erde, andern Theils
alle Vorräthe inne haben, erlangen sie dadurch die volle
Macht, den habelosen Arbeitern, obgleich diese allein
das Element geben, aus jener Quelle zu schöpfen, die
Bedingungen vorzuschreiben. Diese Bedingungen werden
sie in ihrem eigenen Interesse vorschreiben. Sie werden
dem Arbeiter nicht mehr zugestehen, als nöthig ist, um
seine Arbeitskraft zu erhalten und sich in seinen Kindern
zu verjüngen. Wenigstens ist dieser Betrag der Gravi-
tationspunkt alles Arbeitslohns, wenn ihn auch zuweilen
nationale Sitten oder der particulare Kampf, den in
diesem allgemeinen gewerblichen bellum omnium contra
omnes die Kapitalisten wieder unter sich zu bestehen
haben, unbedeutend höher stellen. Da es ferner im
Begriff des Eigenthums liegt, seine Sache zu gebrauchen,
wie man will, oder sogar, ob man will, so kann eine
Wendung der Conjunctur die Besitzenden bestimmen, den
Arbeitern selbst jenen Antheil zu entziehen und die
Erde, auf die alle angewiesen sind, und die Vorräthe,
zu denen alle mitgewirkt haben, verschliessen sich gerade
denen — die nichts haben. Hier führt die Discretion,
auf welche die Arbeiter den Kapitalisten ergeben sein
müssen, unmittelbar zum Tode. — Das System verhehlt
solche Consequenzen auch nicht. Aber, weil es vorweg

von sich, wie von einer Naturnothwendigkeit überzeugt
ist, so fügt es sich in dieselben mit der Ruhe, die ein
unabänderliches feststehendes Geschick zu verleihen
pflegt. Quel que soit le nombre des ouvriers proportionellement au capital, qui doit les nourir, ils ne pourront
se contenter longtemps d'un salaire moindre que celui,
qui leur est absolument nécessaire pour vivre; la
misère serait bientôt suivie de la mortalité, et l'équilibre
serait rétabli par ce contrepoids aussi redoutable qu'efficace — schrieb ein früherer Anhänger des Systems,
dessen Name nicht bloss einen berühmten, sondern auch
einen humanen Klang hat. Aber in der That, welch
ein System, das zu seinem Schlussstein Leiden nimmt,
vor denen grade jede Staatswirthschaft behüten soll.

Und solchem Zustand der arbeitenden Klassen vermag nach diesem System keine Fruchtbarkeit der Jahre,
vermögen nicht die grössten dem menschlichen Genie zur
Ehre gereichenden Erfindungen abzuhelfen. Vorausgesetzt
z. B., dass der bevorzugte Geist eines Nichtbesitzenden
das Princip einer neuen Arbeit ersparenden Maschine
entdeckte, dass die Aufmerksamkeit und die Hand eines
gewöhnlichen Arbeiters dasselbe ausführte und vervoll-
kommnete, so dürfte es in der Billigkeit liegen, dass sich
im Verlauf des Verkehrs auch den Arbeitern ein Theil
des Nutzens zuwendete; dass diese entweder weniger zu
arbeiten brauchten, um denselben Lohn zu gewinnen;
oder bei gleicher Arbeit mehr Lohn gewännen; oder
wenigstens, dass die Zahl der Arbeiter sich verminderte.

Jene Voraussetzung ist die Entdeckungsgeschichte aller
jener grossen Maschinen, welche der Neuzeit ihre productive Kraft verleihen; dieser präsumirte Verlauf das
Gegentheil des wirklichen. Der Arbeitslohn an sich hat
sich um wenig oder nichts gehoben, relativ, im Verhältniss zu den übrigen Einkommenstheilen, ist er entschieden gesunken; über die Arbeitszeit hat die Factoreibill
belehrt; wie die Zahl der Arbeiter bei den Maschinen
zunimmt, kann jede Statistik sagen. So entschieden
anders wendet sich unter der Herrschaft dieses Systems
der Verkehr, dass man genöthigt ist, von einer Zuviel-
production zu sprechen, während ein Drittel der Gesellschaft in Lumpen geht. — Es giebt nichts, was seiner
Natur[1] nach die Welt mehr und segensreicher umzuge-
stalten vermöchte, als die Erfindung der Maschinen.
Maschinen könnten einst die Stelle der Sklaven des
Alterthums einnehmen; die ganze menschliche Gesellschaft die der Freien desselben. Unter der Gewalt der
heutigen Verkehrsverhältnisse ist an diesen Erfolg nicht
zu denken. Die Erfindung der denkbar vollkommensten
Maschine, des perpetuum mobile, würde, auf die Production angewendet, den Hungertod oder eine neue
Sklaverei der Arbeiter zur Folge haben. — In der That,

---

[1] Bis hierher lag nur das Original-Manuskript vor. Für den Rest
konnte nur der Abdruck in R. Meyer's „Briefen von Rodbertus",
II, 582—586 benutzt werden. Es scheint nicht — aus äusseren
und inneren Gründen —, dass in diesem Schlussabschnitt Weglassungen wie in dem Vorausgehenden stattgefunden haben, sondern
ein wörtlicher (aber nicht fehlerfreier) Abdruck erfolgt ist. (A. W.)

der Widerspruch zwischen dem, was das System leistet,
und dem, was die Zeit will, zu welchem letztern auch
Keime und Mittel genug vorhanden sind, ist grell
genug. —

Aus dieser culturfeindlichen Tendenz kommt das
System nicht heraus, wenn es nicht — ein anderes
wird, wenn nicht das System der Erwerbsfreiheit zu
seinen Vorgängern in der Geschichte der Staatswirthschaft versammelt wird, und ein neues, ein System der
Staatsleitung die Gewalt übernimmt. Dem steht freilich
die innige Ueberzeugung seiner Anhänger entgegen, die
in ihm das erste Ziel staatswirthschaftlicher Entwicklung
erblicken. Indessen können uns darüber schon ganz
äusserliche Gründe trösten. Eine Wissenschaft noch ohne
Princip, deren Grundbegriffe schwankend, deren Grenzen
unbestimmt sind, deren Theile willkürlich verbunden
scheinen, deren Name nicht einmal gewiss ist, kann jenes
letzte Ziel noch nicht erreicht haben. Wir thun besser
zu glauben, dass, wie die staatswirthschaftlichen Verhältnisse sich überhaupt noch nicht lange aus den rechtlichen emancipirt haben, so auch noch die Staatswirth-
schafts-Wissenschaft in ihren Elementen liegt. Die Zukunft gehört erst der Staatswirthschaft an.

Wenn es sonach eines neuen Systems bedarf, so
sind doch hier nur die Anfoderungen im Allgemeinen
zu bezeichnen, die die Arbeiter an dasselbe zu machen
haben, und ist nur der Ausgangspunkt anzudeuten, der
aus dem gegenwärtigen in jenes hinüberführt. Im Allge-

meinen wird das staatswirthschaftliche System seinen
Character dabin zu ändern haben, dass es seinem Namen
trauen wird, dass es aus einer blossen Betrachtung des
sich selbst überlassenen Verkehrs, aus einer Naturlehre
desselben ein, der gesellschaftlichen Vorsicht, der Regierung vindicirtes System von Thätigkeiten wird. Dass die
Staatswirthschaft dies schon in der ganzen und vollen
Bedeutung ihres natürlichen Begriffs würdige, dem steht
allerdings die Existenz des verlierenden (rentirenden?)
Eigenthums entgegen, durch welches der grösste Theil der
ihr an sich gebührenden Thätigkeiten sich doch in den
Händen der Privaten zersplittert befindet. Indessen ist
die Machtstellung der Regierung so, dass sie, ohne jenes
Institut rechtlich zu verletzen, doch dessen Despotismus
Einhalt thun kann. Namentlich hat es hinsichtlich der
arbeitenden Klassen den allgemeinen Gesichtspunkt einer
dauernden Verbesserung ihres materiellen Zustandes festzuhalten. Ihr Schicksal soll der blinden Verkehrsgewalt
entzogen und auf einer Grundlage sicher gestellt werden,
die auch bei ihnen die Consequenzen der Freiheit zur
Reife bringen kann.

Die erste Anfoderung an ein solches neues System
ist also jenem Ruf „mehr Besitz" lediglich zu ent-
sprechen. Aber, wie man allgemein will, weder auf
Kosten des Grundeigenthums noch des Kapitalbesitzes.
Und in der That zeigt sich dazu ein Ausweg. Das
Eigenthumsrecht besteht nur in dem Recht an der
Substanz und der unmittelbaren Frucht derselben, dem

Product; die wirthschaftliche Bedeutung dieses Products, das, wofür es im Verkehr verwerthet wird, liegt schon ausserhalb der Rechtssphäre; mit andern Worten, das Eigenthumsrecht hat nicht zu bestimmen, wie hoch die Rente des Grundstücks oder die Zinsen des Kapitals sich belaufen sollen. Und hier ist der Spielraum, um jener Anfoderung, unbeschadet des Eigenthumsrechts, genügen zu können: der Theil des Nationalproducts, der den Arbeitern zufällt, muss vermehrt werden. Allerdings würde dies zunächst, einen gegebenen Stand der Production angenommen, nur auf Kosten des Zinses und der Rente geschehen können; indessen ist es Aufgabe der neuen Organisation, die Güter-Quellen, die in der Natur und dem Geiste liegen, ungehinderter und reichlicher springen zu lassen.

An diese erste Anfoderung schliesst sich die zweite. — Der Arbeitslohn nämlich kann derselbe bleiben oder gar höher gehen, und doch relativ, d. h. im Verhältniss zu den Güterquantitäten, die die übrigen Klassen vom Nationalproduct ziehen, sich vermindern. Dies geschieht, wenn die zunehmende Productivität den arbeitenden Klassen nicht eben so sehr zu gute kommt, als den besitzenden. Dabei kann die Lage der ersteren zwar gut bleiben, aber sich nicht verbessern. Der Fortschritt, der in einer auf vermehrten Besitz sich gründenden vermehrten Bildung liegt, ist ihnen abgeschnitten. Dies ist zu vermeiden. Der Arbeitslohn darf sich weder absolut noch relativ vermindern. — Diese Foderung, sieht man,

beeinträchtigt die übrigen Klassen schon nicht mehr.
Die Arbeiter nehmen nur gleichermassen wie die übrigen
an den neuen Eroberungen des Geistes Theil.

Die dritte Anfoderung ist die, die arbeitenden
Klassen den Chancen der Conjunctur zu entziehen. So
lange die Sklaverei und die Dienstbarkeit bestand, haben
jene nie von denselben zu leiden gehabt. Da sie damals
zum Kapital des Besitzers gehörten, ward ihnen unter
allen Umständen die Fürsorge zu Theil, die man immer
der Erhaltung des Kapitals widmen wird. Seit ihrer
Emancipation haben sie auf eigene Rechnung zu leben,
damit aber, bei ungünstiger Conjunctur, nicht zu leben.

Der Fingerzeig nun, den die Wissenschaft zur
Lösung dieser Fragen giebt, scheint in dem Folgenden
zu liegen. Man weiss, wie Smith's Theorie, namentlich
auch in Deutschland begrüsst wurde; wie es hauptsächlich das Princip der Arbeit war, das als die Wurzel und
das Maass alles Werthes den ungetheiltesten Beifall gewann. Kraus stand nicht an, dies neugefundene Princip
mit der wichtigsten Entdeckung Galiläi's zu vergleichen.
Man weiss aber auch, wie sehr die in dieser Beziehung
dunklen Andeutungen jenes grossen Schotten missver-
standen oder verschieden verstanden wurden, bis endlich
in Frankreich und Deutschland, hauptsächlich durch
Say, jene Theorie des Werths völlig verworfen und dagegen eine andere, von dem empirischen Standpunkt des
heutigen Unternehmens aus, geschaffen ward. Ihr zur
Seite bildete sich, ebenfalls durch Say, ergänzend und

beschönigend auch eine andere Theorie über den Grund
und die Natur des Rentenbezugs, indem der überflüssige
Begriff eines Productivdienstes beitrug, die Rückkehr auf
den richtigen Weg zu versperren. Die englische Schule
indessen verfolgte unter Ricardo und Macculloch die von
Smith hinterlassene Spur, blieb dem Princip der Arbeit
treu, und stellte auf diesem Grunde eine Theorie des
Werthes auf, die zu dem Scharfsinnigsten gehört, was
der menschliche Geist aufgefunden hat, die aber selbst
von denen nicht verstanden ist, die sie zu widerlegen
geglaubt haben. Nur darin irrt sie, dass sie das, was
erst in der Idee gilt, wonach die Wirklichkeit einstweilen
nur gravitirt, was erst die Zukunft festzuhalten hat, als
in der Gegenwart bestehend ansieht. Und diese Ricardo-
sche Theorie, die allerdings, soweit sie an die Lehre von
der Grund- und Kapitalrente stösst, der Berichtigung
und Ergänzung bedarf, ist es, die als der von der heutigen Wissenschaft selbst gegebene Fingerzeig zu betrachten ist.

Die Genügung der zweiten Anfoderung an das
System schliesst nämlich implicite auch schon die Befriedigung der ersten und dritten in sich. Wenn Mittel
gefunden werden, dass den arbeitenden Klassen der
Fortschritt der Productivität zu gut kommt, so ist ihr
materieller Zustand dauernd verbessert. — Der Begriff
aller Productivität beruht auf dem Verhältniss der Masse
des Products zu der ihr zum Grunde liegenden Quantität
Arbeit. Zunahme der Productivität heisst Zunahme der

Masse des Products bei gleicher ihr zum Grunde liegenden Quantität Arbeit. Konnte man also den, den Arbeitern zufliessenden Theil der Nationalproductenmasse
in der ideellen Form einer bestimmten Quantität Arbeit
auffassen, und dieselbe unter allen Umständen in derselben Grösse gegen die Verkehrsgewalt festhalten und
behaupten, so würde sich damit bei fortschreitender Productivität auch ihr Antheil an der Nationalproductenmasse von selbst vermehren, und die Verbesserung ihres
Zustandes wäre vorgegangen. — Aber warum sollte
solche Auffassung und Festhaltung nicht möglich sein,
da sich ja der Werth jenes Guts in Arbeitszeit auflösen
und ausdrücken läst? Da sich desshalb auch die verschiedenen Antheile der dazu Berechtigten in Quantität
Arbeit bestimmen lassen müssen? Zum Beispiel: Auf
dem Product, dass ein Arbeiter mit Hülfe seiner Werkzeuge in einem Tage herstellt, haftet die Quantität einer
Tagesarbeit nebst der Quantität Arbeit, die von der auf
dem Werkzeug haftenden Quantität durch Abnutzung desselben in das neue Product übergegangen ist.[1] An diesem
Product haben nun Grundbesitzer, Kapitalist und Arbeiter
ihre Antheile; die ersteren beiden sowohl als diejenigen,
welche für die Reproduction des Kapitals zu sorgen
haben, wie auch als Rentenbezieher, die Arbeiter als
Lohnempfänger. Dass die Liquidation dieser verschiedenen Antheilsberechtigungen, auf die heutige Weise, durch

---

[1] Der Theil des Products, der durch diese letztere Quantität
Arbeit repräsentirt wird, dient zur Reproduction des Kapitals.

den Unternehmer geschieht, ist hierbei gleichgültig. Es
muss sich also der Antheil eines jeden am Product Berechtigten nach Quantität Arbeit bestimmen lassen. Erhält z. B. der Arbeiter ein Drittel des Products als
Lohn, so ist dieser ein Drittel einer Tagesarbeit werth.
Geschieht es nun, dass der Arbeitslohn unter allen Umständen für die Zukunft in dem Werth von ein Drittel
Tagesarbeit festgehalten wird, so muss auch derselbe
realiter ebenso zunehmen als die Productivität. Ohne
Zweifel sind zu solcher Festhaltung Maassregeln der
Regierung nöthig, die sich jedoch aus der weiteren Ent-
faltung des Arbeitsprincips auch ergeben. Wir können
uns nicht versagen, diese hier wenigstens zu nennen,
wenn auch ihre weitere Erörterung durchaus über die
Grenzen dieses Artikels hinausgeht. Die erste wäre eine
gesetzliche Werthbestimmung aller Güter nach Arbeit,
die sich von Zeit zu Zeit mit der Veränderung der Productivität auch verändern müsste, jedoch würde dieselbe
lediglich in Bezug auf die Arbeiter vorgenommen; die
zweite wäre die Creirung eines an diese Werthbestimmung
sich eng anschliessenden Papiergeldes, eines eigentlichen
Arbeitsgeldes, dass alle Bedingungen eines Geldes erfüllen
würde, da es nie in sich eine Veränderung seines Werthes
erfahren könnte, bestimmt, zur Löhnung der Arbeiter;
die dritte wäre ein Magazinirungsystem, zu dem die
Unternehmer gegen Aushändigung jenes Arbeitsgeldes
gern die Vorräthe liefern würden, bestimmt, zur Realisirung jenes Geldes.

Mögen nun diese Andeutungen chimärisch scheinen
oder nicht, so bleibt es immer die wichtigste Aufgabe
der Neuzeit, die Lebensfrage der modernen Civilisation,
den oben genannten drei Anfoderungen zu genügen.
Das Studium der besten Köpfe sollte ihr gewidmet sein:
jede Akademie sollte an ihrer Beantwortung arbeiten
und auf ihre Bearbeitung hinwirken. In der That,
keine Wissenschaft bietet heute grössere Lorbeeren als
die Staatswirthschaft. Ihr ist für die nächste Zukunft
ungefähr die tiefeingreifende Rolle vorbehalten, die das
Naturrecht und natürliche Staatsrecht im vorigen Jahrhundert gespielt haben, — nur mit dem schönern Beruf,
zu organisiren.

Sendschreiben

an den

Arbeitercongress während der Londoner Industrieausstellung (1862).*)

—

Arbeiter!

Der Weltausstellung Eurer Erzeugnisse steht würdig der Congress Eurer Abgeordneten aus allen Theilen der Welt zur Seite.

Die grössesten Ideen, die beachtungswerthesten Gefühle liegen Eurer Zusammenkunft zum Grunde.

In diesem Entschluss hat die Idee der Gesellschaft, die Idee der Solidarität aller Nationen und Classen, zum ersten Male wirkliches Leben gewonnen.

---

*) Vollständig von Rodbertus eigenhändig geschriebenes Manuscript, mit verschiedenen Correcturen, besonders im Anfang, von ihm selbst. Es bedurfte hier nur kleiner stylistischer Ausbesserungen und Ergänzungen rein formeller Natur, um Rodbertus' Correcturen des zuerst Geschriebenen mit der klar beabsichtigten Fassung des Textes genau in Einklang zu bringen. Das Sendschreiben wiederholt bekannte Grundgedanken von Rodbertus, enthält aber zugleich eine eigenthümliche practische Zuspitzung derselben in der Idee der billigen Lohntaxe für den unmittelbaren Zweck. (A. W.)

15

In diesem Entschluss hat sich Euer Selbstgefühl, die Hauptträger der Gesellschaft zu sein, zum ersten Male schön und stolz ausgesprochen.

Lasst jene lebendig gewordene Idee nur wachsen und es werden die letzten Schranken sinken, welche noch immer die natürliche Theilung der Arbeit unter den Nationen verhindern.

Lasst Euch dies Selbstgefühl nur begeistern und es werden die letzten Vorurtheile schwinden, welche noch immer den gebührenden Antheil an den Früchten der Theilung der Arbeit Euch vorenthalten.

Pflegt deshalb Eure Berathungen der Grösse dieser Ideen und Gefühle entsprechend!

Ihr könnt dieselben in einem doppelten Sinne aufnehmen.

Ihr könnt erstens, genügsam mit dem Euch vom Verkehr gewährten Loose, berathen, wie dasselbe durch die vielgestaltende Macht der Association Euch so nutzenbringend und hülfreich werde, wie möglich.

Aber in diesem Sinne berathen schon die Unternehmer für Euch, die sich „für das Wohl der arbeitenden Classen" vereinen.

Ihr könnt zweitens in voller Empfindung des Missverhältnisses zwischen jenem Loose und dem, was Euch in Wahrheit gebührt, berathen, wie Euch dies letztere wirklich zugewendet werden kann.

In diesem Sinne, Arbeiter, werdet Ihr selbst die Berathungen aufnehmen müssen. Nur diese Berathung ist eines Arbeitercongresses, wie der Eurige, würdig.

Nur zu dieser Berathung brauchten sich Eure Abgeordneten aus allen Theilen der ganzen menschlichen Gesellschaft zu versammeln.

Lasst alle das kleine Ziel seitwärts liegen und fasst nur das grössere ins Auge. Ihr werdet, wenn Ihr es erreicht, nicht blos Eure eigenen. Ihr werdet die Wohlthäter der ganzen Gesellschaft und der anderen Classen zumal sein.

Aber Ihr werdet Eines begreifen:

Ihr seid, wenn auch die Hauptclasse, doch nur Eine Classe der Gesellschaft.

Euer Loos, wie die Loose aller Classen werden gegenseitig von einander bestimmt.

Alle Classen, auch die Eure, sind nicht selbständig, sondern abhängig von einander.

Ihr könnt daher nicht dekretiren, sondern nur unterhandeln.

Ihr könnt, wenn Ihr in den grossen Unterhandlungen, die sich überall vorbereiten, in der Wissenschaft wie im Leben, gegenwärtig die Initiative ergreifen wollt, der Gesellschaft nur Vorschläge machen.

Ihr könnt unter Euch nur festsetzen, was Ihr der Gesellschaft vorschlagen wollt.

Nur die Gesellschaft oder Euer Vertrag mit den andern Classen setzt fest, was davon gültig werden soll.

15*

Aber Eure Vorschläge werden nicht von geringerer Wirkung sein, weil Ihr auf eine Unmöglichkeit, auf die Unmöglichkeit zu dekretiren verzichtet.

Eure Vorschläge werden von um so grösserer Wirkung sein, je mehr Ihr darin die Mässigung und Gerechtigkeit gegen die andern Classen vorwalten lasst.

Männer der Arbeit und deshalb Gerechtigkeit und Mässigung! Bleibt in Euren Berathungen und Vorschlägen Euch selber treu!

Welche Vorschläge habt Ihr zur Erreichung enes grösseren Zieles der Gesellschaft zu machen? Worauf habt Ihr zur Feststellung dieser Vorschläge bei Euren Berathungen zu achten?

I. Setzt unter Euch die Zahl der Arbeitstage für den Kreislauf eines Jahres fest!

II. Prüft gewissenhaft und sorgfältig, wie viel Mussestunden Ihr von den vier und zwanzig Zeitstunden eines jeden Arbeitstages bedürft, um Euch ruhen und freuen und für Eure geistige und sittliche Bildung sorgen zu können.

III. Prüft gewissenhaft und sorgfältig, wie viel Jahreseinkommen Ihr nach den Climaten Eurer Heimathländer, nach der Lebensweise Eurer Nationen, nach den Durchschnitts-

**preisen Eurer vaterländischen Märkte, für
eine Familie bedürft, um die Mittel zur entsprechenden Ausfüllung jener Mussestunden
zu erhalten, das heisst, freien Arbeitern ge-
ziemend zu leben!**

Ihr wisst, welchen entwürdigenden Begriff sich die
Nationalökonomen in dem „nothwendigen Unterhalt"
der Arbeiter gebildet haben.

Als ob Ihr Maschinen wäret, bei denen der Unternehmer nur die Reparaturkosten veranschlagt.

Als ob bei Euch und Euren Kindern das Einkommen
nur die Arbeitskraft zum Besten der andern Classen zu
erhalten und fortzupflanzen brauchte.

Als ob Ihr noch Sklaven wäret, die ausserhalb des
Staates stehen!

Als ob Ihr nicht durch Eure persönliche Freiheit
in den Staat mit eingetreten wäret!

Als ob Ihr nicht in dem Verbande eines gleichen
Rechts mit den übrigen Classen stündet!

Als ob Euch der Staat nicht Steuerlast und Kriegs-
pflicht wie Staatsbürgern aufgelegt hätte!

Als ob Ihr mit den übrigen Classen nicht schon
alle politischen Pflichten und viele politische Rechte
theiltet! — —

Aber die Rechte legen Euch Pflichten auf und die
Pflichten geben Euch Rechte.

Eure Rechte legen Euch Pflichten auf, die Ihr nur
bei geistiger und sittlicher Bildung erfüllen könnt.

Ihr könnt die geistige und sittliche Bildung nur bei genügender Musse und bei genügenden Mitteln erwerben.

Eure Pflichten geben Euch Rechte, Rechte auf eine angemessene Theilnahme an den materiellen, geistigen und sittlichen Vortheilen der Gesellschaft.

So fordern Eure Rechte wie Eure Pflichten gleicher Maassen zu dieser Theilnahme auf, so verwerfen Eure Rechte wie Eure Pflichten gleicher Maassen den blossen nothwendigen Unterhalt.

Ihr müsst Euch menschlich ruhen und freuen, Ihr müsst Zeit und Mittel für Eure geistige und sittliche Bildung finden können.

Aber indem Ihr das Maass dieser Zeit und Mittel prüft, widerlegt den Argwohn der übrigen Classen, als ob Ihr nicht wüsstet, dass Eure Arbeit die unerlässliche Bedingung jedes gesellschaftlichen Reichthums, jeder gesellschaftlichen Cultur ist.

Euch Männern der Arbeit, den Schöpfern des gesellschaftlichen Reichthums liegt die Wahrheit am nächsten, dass dieser nur aus Früchten der Arbeit, nicht aus Grundstücken, nicht aus Kapitalien, nicht aus Gold und Silber besteht.

Gerade Euch Männern der Arbeit wird deshalb der Gedanke am fernsten liegen, nicht oder zu wenig zu arbeiten, um dennoch mehr an den Früchten der Arbeit Theil zu nehmen.

„Der Mensch" — sagt ein berühmter Deutscher —
„soll arbeiten, aber nicht wie ein Lastthier, das unter
seiner Bürde in den Schlaf sinkt und nach nothdürftiger
Wiederherstellung seiner Kräfte zur Tragung seiner
Bürde wieder aufgestört wird. Er soll angstlos, mit
Lust und Freudigkeit arbeiten und Zeit übrig behalten,
sein Auge und seinen Geist zum Himmel zu erheben,
zu dessen Anblick er gebildet ist. Seine Nahrung und
seine Pflege soll nicht die seines Lastthieres sein, sondern
seine Speise soll sich von dem Futter, seine Wohnung
von dem Stalle, wie sein Körperbau von dem seines
Lastthieres unterscheiden. Das ist sein Recht; darum,
weil er nun einmal ein Mensch ist."

Wenn Ihr demnach prüft, wie viel Mussezeit Euch
bleiben, wie viel Einkommen Euch zufallen muss, so
prüft dies in der doppelten Erwägung sowohl dessen,
was Euch als freien Arbeitern, als Staatsbürgern gebührt, als auch dessen, was die Cultur der Gesellschaft
von Euch zu fordern berechtigt ist.

Gedenkt, dass die Grösse Eures Antheils von dem
abhängt, was die Gesellschaft zu bieten hat, und dass die
Grösse dessen, was die Gesellschaft zu bieten hat, von
Eurer Arbeit abhängt.

In dieser doppelten Erwägung, mit Berücksichtigung
Eurer verschiedenen Landesgewohnheiten, mit Berücksichtigung der Natur der Arbeiten, prüft und bestimmt
die Zahl der Feiertage, prüft und bestimmt die Zahl
der Feierstunden.

In dieser doppelten Erwägung prüft vor Allem das
Euch gebührende Jahreseinkommen, ein Jahreseinkommen, hinreichend, um für Euch und Eure Familien
Eure gerechten Anforderungen in materieller, geistiger
und sittlicher Beziehung zu erfüllen.

Berücksichtigt dabei die übliche Lebensweise Eurer
Nationen! Ihr werdet darin viele Momente mit berück-
sichtigen, die Berücksichtigung verdienen.

Berücksichtigt die Verschiedenheit der Bedürfnisse nach
der Verschiedenheit der Climaten und der Jahreszeiten.

Berücksichtigt in vorläufiger Ermangelung eines
andern Werthmaasses die durchschnittlichen Geldpreise
Eurer Heimathländer für alle diese verschiedenen Bedürfnisse!

Setzt danach für die verschiedenen Länder und
Gegenden das Jahreseinkommen des freien Arbeiters fest!

IV. Lasst dann aus so viel Stunden, als die festge-
setzten Feierstunden übrig lassen, den Arbeitstag für diejenigen Gattungen von Arbeit bestehen,
die nicht einen ungewöhnlichen Grad von Mühe
und Kraft erfordern.

V. Prüft gewissenhaft und sorgfältig, wie sich in
andern Beschäftigungen, die einen grössern Grad
von Mühe und Kraft erfordern, die Arbeit zu jener
gewöhnlichen Tagesarbeit verhält.

VI. Setzt danach fest, wie viel Zeitstunden in diesen
andern Arbeiten auf einen Arbeitstag gerechnet
werden sollen.

VII. Nehmt diesen für alle Arten von Arbeiten festge-
setzten Arbeitstag als eine ideelle sich selbst
gleiche Einheit, als das allgemeine Arbeitsmaass
an und theilt den Arbeitstag bei allen verschiedenen
Arbeiten in so viel Arbeitsstunden, als der Arbeitstag der gewöhnlichen Arbeit Zeitstunden hat.

VIII. Prüft dann gewissenhaft und sorgfältig, wie viel
Stückarbeit ein an Geschicklichkeit und Fleiss
mittlerer Arbeiter in jeder der verschiedenen Beschäftigungen in Einem „Arbeitstage“ oder Einer
„Arbeitsstunde“ zu leisten im Stande ist.

IX. Setzt endlich dieses „Tagewerk“ oder „Stundenwerk“ als die Einheit, die Norm fest, welche die
wirkliche Leistung und danach auch den wirklichen
Verdienst jedes verschiedenen Arbeiters in jeder
verschiedenen Beschäftigung zu messen bestimmt ist.

Diese Ermittelungen und Festsetzungen werden
allein das Thor bilden, durch das Ihr dereinst Euren
Einzug zu Eurem vollen Recht werdet halten können!

Diese Ermittelungen und Festsetzungen bilden den
Anfangsbuchstaben Eurer Emancipation vom Grund- und
Kapitaleigenthum!

Diese Ermittelungen und Festsetzungen können
heute schon die Grundlagen der Gerechtigkeit Eurer
Lohnverhältnisse werden, einer doppelten Gerechtigkeit,
der Gerechtigkeit gegen Euch den andern Classen gegenüber, der Gerechtigkeit gegen die andern Classen Euch
gegenüber!

Ihr, als Männer der Arbeit, werdet wissen, was ich will.

Ich will, dass Eure Arbeit nach Verdienst, aber auch nur nach Verdienst geschätzt und gelohnt werde.

Dies erfordert die Gerechtigkeit gegen Euch und gegen die Gesellschaft.

Dazu ist zuvörderst ein Maass solcher Schätzung unumgänglich nothwendig.

In diesem Maasse muss erstens die Verschiedenheit der Arbeiten nach der Verschiedenheit von Mühe und Kraft, die sie kosten, berücksichtigt werden.

In diesem Maasse muss zweitens die Verschiedenheit der Arbeiter, nach der Verschiedenheit von Fleiss und Geschicklichkeit, die sie äussern, berücksichtigt werden.

Die erstere Rücksicht wird genommen, indem in den verschiedenen Arbeiten Ein Arbeitstag oder Eine Arbeitsstunde nach der Verschiedenheit von Mühe und Kraft verschiedene Zeitlängen hat, aber als Arbeitstag oder Arbeitsstunde gleich gesetzt ist.

Die zweite Rücksicht wird genommen, indem die mittlere Leistung Eines Arbeitstages oder Einer Arbeitsstunde als das normale Tagewerk oder Stundenwerk angenommen wird, um die wirkliche Leistung jedes Arbeiters zu messen.

Wenn diese Festsetzungen geschehen sind, ist auch in der ideellen Arbeit ein Maass gegeben, um jede Leistung, jedes Arbeitsprodukt nach den Grundsätzen der Gerechtigkeit und Gleichmässigkeit zu messen.

Alsdann werden nicht mehr die Leistungen gleicher **Zeit**stundendauer aus Beschäftigungen, die nach Mühe und Kraft verschieden sind, sondern die Leistungen gleicher **Arbeits**stundendauer einander gleichgesetzt, und in der „Arbeitsstunde" ist schon die Verschiedenheit der Mühe und Kraft der verschiedenen Arbeiten ausgeglichen.

Alsdann werden nicht mehr die Leistungen gleicher **Arbeits**stundendauer von Arbeitern, die nach Fleiss und Geschicklichkeit verschieden sind, gleichgesetzt, sondern nur gleiche Arbeitstageswerke oder Arbeitsstundenwerke.

Alsdann wird auch nur die wirkliche Tagesleistung, die dem normalen Arbeitstageswerk gleich ist, Einem Arbeitstage gleich gesetzt.

Alsdann wird die wirkliche Arbeitstagesleistung, die hinter dem normalen Arbeitstageswerk zurückbleibt, einem in demselben Verhältniss geringeren Arbeitsstundenbetrage gleichgesetzt.

Alsdann wird die wirkliche Arbeitstagesleistung, die das normale Arbeitstageswerk übersteigt, einem in demselben Verhältniss grösseren Arbeitsstundenbetrage gleichgestellt.

Alsdann ist in diesem Arbeitsmaass die Verschiedenheit sowohl der Arbeiten wie der Arbeiter ausgeglichen und wird deshalb auch bei der mit diesem Maasse gemessenen wirklichen Arbeitsleistung die Verschiedenheit der Mühe und Kraft der Arbeit wie des

Fleisses und der Geschicklichkeit des Arbeiters nach
den Grundsätzen der Gerechtigkeit berücksichtigt.

Die Nationaloekonomen freilich bestreiten die Möglichkeit eines solchen allgemeinen Maasses der Arbeit
und damit im Grunde die Möglichkeit der Gerechtigkeit
gegen Euch und gegen die Gesellschaft.

Aber im Einzelnen werden schon zu allen Tagen
und in allen Beschäftigungen diese Ermittelungen und
Festsetzungen in dem Lohnvertrage zwischen Unternehmern und Arbeitern vorgenommen, und es kommt nur
noch auf die Allgemeinheit und Gleichmässigkeit dieser
vereinzelten Ermittelungen und Festsetzungen an.

X. Repartirt das ermittelte Jahreseinkommen auf die
Zahl der Tagewerke eines Jahres und setzt den
Quotienten als den Lohn eines normalen Tage-
werks fest.

XI. Lasst Euch Eure wirklichen Leistungen nur nach
Maassgabe dieses Lohnsatzes lohnen, dergestalt, dass
Eure wirklichen Tagesleistungen, wenn sie hinter
dem normalen Tagewerk zurückbleiben, auch einen
geringern, wenn sie dasselbe übersteigen, auch
einen grössern Lohn erhalten.

Dieser Lohn ist derjenige, der Euch gebührt, derjenige, der Euren wirklichen Verdienst ausdrückt.

Nicht mehr, und nicht minder!

Er gebührt Euch nach Eurer socialen Stellung
und den gegenwärtigen Vortheilen der Gesellschaft, und dieser Gebühr ist Rechnung getragen durch

die Ermittelung des Jahreseinkommens nach den bezeichneten Rücksichten.

Er gebührt Euch nach der Verschiedenheit
Eurer Beschäftigungen und dieser Gebühr ist
Rechnung getragen durch die Festsetzung des Arbeitstages für die verschiedenen Beschäftigungen nach verschiedenen Zeitlängen.

Er gebührt Euch nach der Verschiedenheit
Eurer Arbeitstüchtigkeit und dieser Gebühr ist
Rechnung getragen durch die Festsetzung des normalen
Tagewerks.

Mit diesem Lohnsatz wird der Gerechtigkeit zwischen
Euch und der Gesellschaft, wie der Gerechtigkeit
zwischen Euch untereinander genügt.

XII. **Setzt fest, dass eine Revision solcher Lohntaxe von zehn zu zehn Jahren erfolgen soll.**

Zweierlei Gründe, die Veränderung der Productivität der gesellschaftlichen Arbeit und die
Veränderung des Gold- und Silberwerths, können
und werden bewirken, dass der ermittelte Geldlohnsatz
nach einigen Jahren nicht mehr den Euch gebührenden
Antheil an den Früchten der Theilung der Arbeit ausdrückt.

Und zwar wird in der Regel diese Abweichung zunächst zu Eurem Nachtheil und erst in Folge davon
auch zum Nachtheil der Gesellschaft statthaben.

Die Productivität der gesellschaftlichen Arbeit
und also auch das gesellschaftliche Product wird

von zehn zu zehn Jahren bedeutend steigen und das
Euch gebührende materielle Jahreseinkommen müsste
also in demselben Verhältniss mitsteigen.

Auch der Geldwerth kann (in Folge verschiedner
Ursachen) im Verlauf von zehn Jahren fallen und der
Geldbetrag für das Jahreseinkommen müsste also gleich-
falls in demselben Verhältniss mitsteigen.

Allein Ihr habt in dem ermittelten Lohnsatz für das
normale Tagewerk Euer materielles Jahreseinkommen
nach dem vorhandenen Stande der Productivität, den
Geldbetrag desselben nach dem bestehenden Geldwerth
festgesetzt.

Ihr müsst also, (wenn der Lohnsatz noch der gebührende bleiben soll), nach Maassgabe der Veränderung der Productivität und des Geldwerths von Zeit
zu Zeit auch diese Festsetzungen verändern.

XIII. **Schlagt den Unternehmern Eurer Heimathländer vor, zwischen Euch und ihnen unwandelbar diese Lohntaxe gelten zu lassen!**

XIV. Ruft die Macht der öffentlichen Meinung, die
Macht der **Gesellschaft** zu Hülfe, um die Un-
ternehmer zur unwandelbaren Annahme
solcher Lohntaxe zu bestimmen, indem Ihr
Euch aber selbst jedes directen oder indirecten
Zwanges zur Einführung dieser Lohntaxe für
Euer Theil enthaltet.

Ihr wisst, die grössten Vorurtheile stehen einem
solchen Vorschlage im Wege.

Aber weit mehr Vorurtheile als Interessen! Mehr Vorurtheile der Nationalökonomen, als der Unternehmer.

Die Nationalökonomen werden Euch sagen, der Lohn hänge vom Kapital ab. Zeigt ihnen, wie heute die Kapitalien nicht wissen Wohin, und der Lohn nicht weiss Woher?

Die Unternehmer werden Euch sagen, sie könnten bei diesem Lohnsystem nicht concurriren.

Zeigt Ihnen, wie die Verhältnisse der Concurrenz unverändert bleiben, wenn Euer Vorschlag allgemein angenommen wird.

Fast Jahrhunderte hindurch haben Lohnfestsetzungen gegen Euch stattgefunden und die Wirkung ist keine Erniedrigung der Waarenpreise, sondern eine Erhöhung der Grundrente und des Zinsfusses gewesen.

Fordert gegenwärtig Lohnfestsetzung für Euch und die Wirkung wird keine Erhöhung der Waarenpreise, sondern eine Erniedrigung der Grundrente und des Zinsfusses sein.

Aber nur eine kurze, einstweilige Erniedrigung!

Der wirksame Begehr, den Ihr in Folge Eurer Lohnerhöhung auf den Markt ausüben werdet, wird eine vermehrte Production aus dem Schoosse der Erde hervorlocken, und die Grundbesitzer werden durch die Vermehrung Ihrer Antheilsrente am Product doppelt wieder gewinnen, was sie an deren einstweiliger Erniedrigung verloren.

Die Vermehrung der nationalen Production wird eine Vermehrung der Kapitalien zur Folge haben und auch die Kapitalisten werden an dem Zinsenbezug von vermehrten Kapitalien wiedergewinnen, was sie an dem gesunkenen Zinsfuss verloren.

Die gesellschaftliche Production wird nur blühend werden, weil das gesellschaftliche Product gerechter vertheilt ist.

Es liegen in Eurem Vorschlage noch Aufforderungen andrer Art zu seiner Annahme Seitens der Unternehmer.

Im Allgemeinen besteht noch das Tagelohnsystem für Euch, das den Faulen und Ungeschickten mit dem Fleissigen und Geschickten gleich lohnt und deshalb eine Prämie auf die Faulheit und Ungeschicklichkeit setzt.

Wo im Einzelnen das Stücklohnsystem Platz gegriffen hat, hat eine Euch nachtheilige Concurrenz, die Ihr nicht den Personen, sondern den Dingen Schuld zu geben habt, es in die scheusslichste Ausbeutung Eurer Kräfte umgewandelt.

Das erste System verletzt die Gerechtigkeit, die Ihr Euch untereinander schuldig seid und betrügt die Gesellschaft um die Früchte der Arbeit.

Das zweite System, in seiner gegenwärtigen Umwandlung durch die Gewalt des Verkehrs, verletzt die Gerechtigkeit, die die andern Classen Euch schuldig sind und betrügt Euch um die Früchte der Arbeit.

Schlagt also der Gesellschaft vor, auf das erste System verzichten zu wollen, wenn die Gesellschaft auf die Concurrenz bei dem zweiten verzichten will.

Erklärt Euch bereit, der Gesellschaft die durch das erste System verkürzten Früchte zu gewähren, wenn die Gesellschaft sich bereit erklärt, Euch die durch das zweite System verkürzten Früchte zu gewähren.

Darin besteht der wesentliche Inhalt des Vorschlages einer allgemeinen Lohntaxe nach den obenfestgesetzten Rücksichten.

Die Gerechtigkeit und der Vortheil der Gesellschaft sprechen also gleicher Maassen für die Annahme Eures Vorschlages.

Die Gerechtigkeit und der Vortheil der Gesellschaft, diese beiden wirksamsten Mächte der ganzen moralischen Welt!

Lasst sie wirken in Rede und Schrift, und nur in Rede und Schrift, und diese Mächte werden über ein Kurzes die Annahme Eures Vorschlags bewirken.

Aber so folgenreich, so die Gesellschaft zum Bessern gestaltend, wie seine Annahme sein wird, so gross und schwierig sind die Ermittelungen und Festsetzungen, auf denen er selbst sich gründet.

Die Vorarbeiten, denen Ihr Euch zu unterziehen habt, werden die Dauer dieses Sommers übersteigen.

Lasst Euch nicht durch die Grösse und Schwierigkeit des Werkes, lasst Euch nicht durch dessen nothwendige Unvollständigkeit beirren.

16

Lasst Ein Comité Eures Congresses in London fortbestehen, bis es vollendet ist.

Ihr allein nur werdet und könnt es vollenden,
kein Andrer übernimmt es für Euch.

Aber Ihr, getragen von den Ideen, die sich an der
Weltausstellung Eurer Erzeugnisse entzünden werden,
werdet und könnt es.

Bruchstücke aus Entwürfen

zur Fortsetzung des zweiten Theils der Schrift „zur Beleuchtung der socialen Frage.“

Nach dem in meiner Einleitung erwähnten, aus den eigenen Angaben von Rodbertus auf dem Titelblatt zu entnehmenden Plane sollte die Schrift „zur Beleuchtung der socialen Frage Theil II“ drei Abschnitte oder „Hefte“ enthalten.

Der erste Abschnitt, über die sich selbst überlassene „Entwicklung der gegenwärtigen Volkswirthschaft“ ist auf S. 1—192 (einschliesslich des hier am Schluss aufgenommenen „Ersten socialen Briefes“) soweit vollständig gegeben, als er sich in Rodbertus' Papieren vorfand.

Der zweite Abschnitt, über „die geschichtliche und sociale Nothwendigkeit, dieser Entwicklung durch Fortbildung der Volkswirthschaft zu einer Staatswirthschaft eine veränderte Richtung zu geben“, ist nach den vorgefundenen Materialien noch ganz unausgeführt gewesen. Auch ein Entwurf für den Plan zur Ausführung dieses Abschnittes ist nicht vorhanden. Ob ein paar formell und materiell völlig unfertige, auf einigen Blättern hingeworfene und die begonnene Erörterung nicht weiterführende, sondern gleich wieder abbrechende Sätze als eine Vorarbeit zu diesem Abschnitte gehören, ist mir zweifelhaft geblieben. Jedenfalls eigneten sie sich in dem Zustande, in welchem sie vorliegen, nicht zum Abdruck an dieser Stelle, und enthielten auch nichts weiter Bemerkenswerthes.

Der dritte oder Schlussabschnitt sollte „die Mittel und Wege“ angeben, um jener bedenklichen Entwicklung „im sich selbst überlassenen Verkehr“ eine andere Richtung zu geben und zu dem Zweck die Volkswirthschaft zu einer Staatswirthschaft fortzubilden also, nach der theoretischen Erörterung, ein wesentlich praktischer Abschluss der Schrift. Zu diesem Abschnitte liegen nun einige Materialien vor, die wenigstens für einen Theil desselben als Entwürfe zum Plan und zur Ausführung bezeichnet werden dürfen. Freilich bleiben erhebliche Lücken und selbst die von Rodbertus geplante Reihenfolge der zu behandelnden Gegenstände lässt sich

nicht überall völlig sicher bestimmen. Die folgende „Zusammenstellung" rührt von H Dr. Kozak her und scheint mir wohl im
Ganzen das Richtige zu treffen, doch bleiben auch mir Zweifel in
Betreff der Einreihung einiger Partieen der Entwürfe. Alles, was
in Rodbertus' Manuskripten zu diesen Entwürfen sich fand, wird
hier in derjenigen Reihenfolge der Gegenstände mitgetheilt, welche
in dieser „Zusammenstellung" innegehalten worden ist. Streif-
lichter, freilich nicht immer ganz deutliche, fallen auf einige Punkte
des Folgenden, namentlich auch auf die S. 247 ff. mitgetheilte
„Vorlage" (vielleicht das Programm des Geh. R. Wagener) aus
Rodbertus' Briefen an Rud. Meyer. S. u. A. daselbst I, S. 133,
135, 143, 178, 181, 183, 187, 211. (A. W.)

—   —

Versuch einer Zusammenstellung des Planes

für den Schlussabschnitt der Schrift

„zur Beleuchtung der socialen Frage Theil II,"

betreffend die

„Mittel und Wege"

der Reform, nach den vorgefundenen handschriftlichen
Materialien.

   I. Vorgehen der Regierung zur Lösung der socialen Frage.

     A. Form des Vorgehens.

     B. Inhalt des Vorgehens.

       1) Erste Classe der Reformen: vorbereitende,
         auf dem Boden der heutigen Verhältnisse sich
         bewegende Massregeln:

         a) mit indirecter Wirkung:

           α) Enquêten.

           β) Reform der Steuergesetzgebung.

b) mit directer Wirkung:

α) Einführung des Normalarbeitstages.

β) Einsetzung von Fabrikinspectoren.

2) Zweite Classe der Reformen: Massregeln. welche den Keim der künftigen Organisation der Production in sich tragen. Unter Umständen: Staatsbetrieb. — Drei Möglichkeiten, die staatliche Organisation an einem Punkte beginnen zu lassen, wo der Einwand ausgeschlossen bleibt, der Staat verwende seine Mittel zur Förderung von Privatinteressen.

II. Leitende Gesichtspunkte für die Behandlung der socialen Frage.[1]

A. Beschränkung der Bestrebungen auf die Eine Aufgabe, für das Mitsteigen des den Arbeitern zufallenden (Lohn-)Antheils am Nationaleinkommen mit dem Steigen des letzteren selbst zu sorgen.

B. Lösung dieser Aufgabe nur durch die nationalökonomische Intervention des Staats.

C. Die vorzuschlagenden Gesetze, Massregeln und Einrichtungen dürfen die Freiheit der Person und des Eigenthums nicht beeinträchtigen.

D. Auch ist durchaus Aufrechthaltung oder Vervollkommnung des reinen Lohnsystems geboten.

---

[1] Ich folge hier in der Reihe der Materien dem auch von Andern gebilligten Kozak'schen Entwurf, lasse jedoch dahingestellt, ob Abtheilung II nicht richtiger vor Abth. I zu stellen wäre. (A. W.)

E. Mittel und Wege zur Verwirklichung dieses reinen
Lohnsystems sind nur in nationalökonomischen
Verhältnissen und Hilfsquellen allgemeinster Natur
zu finden. Die Ausführung der v. Thünen'schen
Formel ist nur an der Nationalwirthschaft im
Ganzen statthaft. — Die entscheidenden hierher
gehörigen Massregeln sind die von Rodbertus in
seinem „Normal-(Werk-)Arbeitstag" angegebenen.

Ausser den Materialien zu Abtheilung I und II liegen noch
einige weitere Ausführungen bez. Entwürfe dafür vor, welche den
Charakter der socialen Frage (sie sei keine blosse Magen-
frage, auch keine Frage des Seelenheils, sie sei die „sociale" in
hervorragendster Bedeutung, übrigens keine „sociale Erbsünde",
sondern eine specifisch moderne Frage) betreffen und im Uebrigen
eine weitere Behandlung der in Abth I und II aufgestellten Gesichtspunkte und Forderungen bringen. Die sociale Frage gliedert
sich in vier Sonderfragen. Bei der vierten: wiederum besondere
Betonung des rein wirthschaftlichen Charakters der socialen Frage.
Das Mittel zur Lösung dieser vierten Sonderfrage ist Lohnregulirung. Hier zu unterscheiden:

1. Allgemeine Normen solcher Lohnregulirung, wodurch man
die sociale Frage zu lösen im Stande wäre.
2. Wie sind diese Normen auszuführen?

Wie diese Partieen eingereiht werden, ob sie eventuell an den
Beginn des dritten Abschnitts (Heftes) kommen oder schon an
früheren Stellen eingereiht werden sollten, wage ich nicht bestimmt
zu entscheiden. Einige weitere Notizen, Bemerkungen, Erörterungen sind ebenfalls schwer zu rubriciren, überhaupt aber wieder
so abgerissen, dass sie in keiner Weise, auch zusammengefasst,
etwas Ganzes darstellen. Doch ist alles überhaupt Hierhergehörige
soweit als möglich unten (S. 264 ff.) mit abgedruckt worden.

Hiernach folgen nun die Rodbertus'schen Entwürfe selbst. (A. W.)

Rodbertus' Entwurf des Planes für den dritten Abschnitt der Schrift „zur Beleuchtung der socialen Frage Theil II."

1. Vorgehen der Regierung.[2]

Was hierbei die Form des Vorgehens betrifft, so müsste dasselbe in einer Weise beginnen, welche, indem sie den Eindruck eines ernsten und wohlüberlegten Entschlusses der Regierung macht, zugleich das Vertrauen der arbeitenden Classen erweckte. Die beabsichtigten Reformen und deren Grundtendenz müssen daher in einem Staatsacte ausdrücklich verkündigt werden: zum Beispiel in einer Thronrede oder durch eine gelegentliche

[2] Diese Ueberschrift fehlt in Rodbertus' Manuscript, entspricht aber dem Inhalt des Folgenden und ist daher wohl, wie schon oben S. 244 in der „Zusammenstellung" richtig gewählt Das Folgende ist wörtlich aus einem mit Dinte geschriebenen Actenstück entnommen, das Rodbertus hier eingereiht haben zu wollen scheint, obgleich es, wenn auch (mit Ausnahme des Punkts vom Zeit-: Normalarbeitstage s. u. S. 281) ganz im Geist und Gedankengang von Rodbertus, in der Form nicht von ihm unmittelbar herrührt, sondern von ihm nur gebilligt und mit Zusätzen versehen wird. Es ist eine Rodbertus zur Begutachtung mitgetheilte „Vorlage" anderen, älteren Ursprungs, (v. G. R. Wagener?) die anderen Zwecken gedient hat oder dienen sollte. Aber es passt nach Form und Inhalt gut hierher. Der Text dieses Actenstückes ist gross gedruckt, die in Bleistift geschriebenen Zusätze von Rodbertus in kleineren Lettern. Einige Worte und kleine Sätze in diesen Bleistiftnoten haben sich nicht sicher entziffern lassen, da sie zu sehr verwischt oder durcheinander geschrieben waren. Es ist das an betreffender Stelle immer angegeben worden, eventuell bei einzelnen fraglichen Worten durch ein „?". (A. W.)

Ansprache Sr. Majestät des Kaisers oder in einer Rede
des Ministerpräsidenten vor den Kammern.[*])

Es ist dies deshalb von Bedeutung, weil, sobald ein
ernstes Vorgehen beabsichtigt wird, es nur von Vortheil
sein kann, wenn das Königthum als Schöpfer und
Führer der Reform erscheint.

Was den Inhalt des Vorgehens betrifft, so stehen
sich bei der gegenwärtigen Agitation zwei Principien
mit einer gewissen Ausschliesslichkeit gegenüber. Das
Princip des laissez faire, laissez aller, im Extrem vertreten von der sogenannten Manchesterschule und das
Princip der Organisation der Production, im Extrem von
den Socialisten verfochten. Da der Staat, seiner conser-
vativen Natur gemäss, bestrebt sein muss, als mangelhaft
anerkannte Zustände ohne Wirren und Störungen in
andersartige überzuführen, so kann nur allmälig und
mit Vorsicht vorgegangen werden. Die desfalsigen Reformen hätten zunächst in Folgendem zu bestehen:

I. Classe.

Vorbereitende Massregeln, welche sich vollständig auf dem Boden der heutigen Verhältnisse bewegen:

---

[*]) Es ergiebt sich auch hieraus der ursprüngliche Charakter
gerade dieses Theils des Entwurfs, als eines politischen Zwecken
dienenden Actenstücks. Der hier gemachte Vorschlag hat wörtlich
in der Kaiserlichen Botschaft vom 17. Nov. 1881 seine Verwirklichung gefunden, jedenfalls mit Rodbertus' Zustimmung, wenn
nicht auch auf seine Anregung. S. auch Rodbertus' Briefe an
R. Meyer I, 201. (A. W.)

1. **Mit indirecter Wirkung** auf das Verhältniss zwischen Capital und Arbeitskraft.

a) **Umfassende** und **genaue Enquéte** über den Zustand der Arbeiterbevölkerung.

Hierzu folgender Zusatz von Rodbertus: bezüglich der Zeit, des Werks (Leistung) und des Einkommens der Arbeit. Und zwar in doppelter Beziehung: sowohl erstens wie diese drei heute wirklich sind, als auch zweitens, wie Zeit, Werk, Einkommen normalmässig sein sollten. Wie es später gemacht werden muss, dass die Wirklichkeit in allen drei Beziehungen das Normalmaass erreicht, ist bei dieser Enquéte noch nicht die Frage. Aber erst, wenn dieselbe diesen Umfang annimmt, wird sie selbst vollständig. Fraglich ist es, ob diese proponirte Enquéte nicht am Besten von den „Arbeits-inspectoren" oder, wie ich sie unten nenne, „Lohninspectoren", [s. auch in den Briefen an R. Meyer I, 232] natürlich nach einer detaillirten Instruction, vorgenommen wird.

b) Reform der Steuergesetzgebung. Abschaffung der indirecten Steuern auf volksthümliche unentbehrliche Lebensmittel. Starke Besteuerung des Geldcapitals in seiner Börsenbewegung. (Falsch ist der Einwand, dass dadurch das „Geschäft" sich aus dem Lande ziehen werde. Die Gründe, welche das „Geschäft" nach den grossen politischen und socialen Centralpunkten lenken, sind viel zu mächtig, als dass ihre Wirkung durch angemessene Besteuerung nennenswerth alterirt werden könnte).

Zusatz dazu, zu b: ganz einverstanden eben der „socialen Frage" wegen. Aber mir fällt der Einwand ein, den Lassalle und ich Schulze'n machten, dass, wenn das eherne Gesetz „vorher nicht gebrochen" werde, dieses immer wieder nachdrücken und also auch den durch solche Massregeln zuerst erreichten

Gewinn für die arbeitenden Classen sehr bald wieder annuliren werde. Dann beziehen die besitzenden Classen wieder den Vortheil.

Einführung einer starken Erbschaftssteuer, ähnlich wie in England, in der Art, dass jede Erbschaft von einigem Betrage um so stärker besteuert wird, je entfernter die Verwandtschaft der Erben mit dem Erblasser ist, und also die stärkste Besteuerung eintritt, wo überhaupt keine Verwandtschaft stattfindet.

Im Ganzen genommen Direction der Steuergesetzgebung dahin: in erster Linie das grosse Geldcapital, in zweiter das sonstige bewegliche Capital, in dritter den Grund und Boden, in vierter die Arbeitskraft zu belasten.

2. Massregeln mit directer Wirkung auf das Verhältniss zwischen Capital und Arbeitskraft.

a) Einführung des Normalarbeitstages, nach unseren Verhältnissen vorerst wohl auf zehn Stunden effectiver Arbeitszeit täglich, mit Inaussichtnahme der Schichtarbeit, wie sie anderswo bereits besteht. Derselbe hätte zu gelten für jeden grösseren Gewerbebetrieb mit Sonderbestimmungen für einzelne Gewerbszweige und mit dem Vorbehalt der demnächstigen Feststellung auch einer Normalarbeitstagsleistung.

Zusatz. Und endlicher Inaussichtnahme eines normalen Einkommens für eine normale Leistung.

Strenges Verbot der Sonntagsarbeit und Regulirung der Nachtarbeit mit den durch zwingende Verhältnisse gebotenen Ausnahmen.

Zusatz. Ich will auch bekennen, dass ich gar kein unbe-

dingter Gegner der Sonntagsarbeit bin, d. h. diese vom Standpunkt
der socialen Frage, die ich von ihrer reinwirthschaftlichen Natur
auffasse, aber nicht der kirchlichen [aus betrachtet], die hier mit-
spielt, aber vorläufig nicht hergehört.

> b) Einsetzung von Fabrikinspectoren (denomi-
> natio a potiori), unter Garantieen dafür, dass die-
> selben ihre Aufgabe — Schutz der Arbeitskraft
> gegen das Capital in Gemässheit der Gesetze —
> ernst nehmen müssen. Solche Garantieen sind
> (ausser der sachgemässen Auswahl der betreffen-
> den Beamten) etwa folgende: ausschliessliche
> Beschäftigung mit der bezeichneten Aufgabe
> — entsprechende Beeidigung — hohes Gehalt
> — strenge Ueberwachung durch eine besondere
> Abtheilung des Ministeriums — regelmässige
> genau zu veröffentlichende Berichte über ihre
> Amtsthätigkeit.

Da die beiden (sub a und b) bezeichneten Einrichtungen (Normalarbeitstag und Fabrikinspectoren) sich in
England bewährt haben, so sind die Einwände dagegen
leicht ex praxi zu widerlegen.

II. Classe:

Massregeln, welche den Keim künftiger Organisation der Production in sich tragen.

„Der Staat darf keine Industrie treiben", sagt Manchester. Der Staat und nur der Staat muss die Industrie treiben und leiten, sagen die Socialisten. Der

Staat kann und muss unter Umständen Industrie
treiben, sagen wir![)

Aber man behauptet, der Staat sei dazu gar nicht
fähig. Dem gegenüber sagen wir: der Staat hat die
Rieseninstitute der Post und Telegraphie, der Eisenbahnen
und der stehenden Heere organisirt, warum sollte er nicht
auch andere industrielle Organisationen zu Wege bringen?
Glücklicher Weise ist sogar ein schlagender Beweis aus
der Praxis da. Das in verschiedenen Ländern bestehende
Tabaksmonopol beweist, dass der Staat sehr gut als
Grossfabrikant, Grosshandelsherr und Detailverkäufer auf-
zutreten versteht.

Nicht minder gewinnt die Auffassung je länger
desto mehr Raum, das gesammte Eisenbahnwesen in die
Hände des Staates übergehen zu lassen, weil nur auf
diesem Wege der von anderer Seite drohenden Monopolisirung mit Erfolg begegnet werden kann.

Soll aber von staatlicher Organisation die Rede sein,
so ist an einem Punkte zu beginnen, wo der Einwand

[)] In Uebereinstimmung mit dieser These steht meine Auffassung und Behandlung der Frage, wie ich sie, unter zahlreichen
und heftigen Anfechtungen, insbesondere seit dem Eisenacher
Congress von 1873 (Actiengesellschafts-frage) und seitdem in meinen
theoretischen Schriften und im practisch-politischen Leben vertreten
habe. In das Programm der christlich-socialen Partei in Berlin
ist der Satz in dieser Fassung unter den „einzelnen Forderungen
an die Staatshilfe" sub C. übergegangen: „arbeiterfreundlicher Be-
trieb des vorhandenen Staats- und Communaleigenthums und Ausdehnung desselben, soweit es ökonomisch und technisch zulässig ist" Wörtlich nach meiner Formulirung. (A. W.)

ausgeschlossen bleibt, der Staat verwende seine Mittel
„zur Förderung der Privatinteressen einer einzelnen
Classe", der Arbeiterclasse.

Die Möglichkeit ist hier eine dreifache: Einmal,
wo — wie in den bereits citirten Fällen — die Organisation der gesammten Bevölkerung gleichmässig zu Gute
kommt. Sodann — was damit in genauer Verbindung
steht — wo die Staatsindustrie allein die Möglichkeit
gewährt, die Monopolisirung und die Ausdehnung des
Monopols in Privathänden auszuschliessen. Wir erinnern
hierbei an das jetzige Actienunternehmungsfieber, dessen
Schluss-Perspective voraussichtlich auf nicht wenigen Gebieten das Monopol sein wird.

Die dritte Möglichkeit liegt da, wo der Staat selbst
als Consument auftritt. Und er ist ein sehr grosser
Consument. Niemand kann etwas dagegen sagen, wenn
der Staat selbst sich seine Bedürfnissgegenstände producirt
und den „Capitalgewinn", den bisher Grosslieferanten,
resp. Grossunternehmer bezogen, selbst lucrirt und die
so entstandene neue Einnahme zu civilisatorischem Vorgehen verwendet.

Zu dieser „Classe II" einige längere Zusätze über „Staatsindustrie" und Staatsthätigkeit überhaupt:

„Also mehr Regie"?! — werden die Gegner rufen. Indessen
würde das Odium, das noch immer in diesem Begriffe liegt,
schwinden, wenn sich der Staat bei der Uebernahme, wie Verwaltung [? undeutlich geschriebenes Wort] weniger als Privat-
unternehmer, der nur seinem Privatvortheil nachgeht, geriete,
vielmehr ähnlich wie im Postwesen die Verwaltung gleich aus dem
Gesichtspunkte des allgemeinen [hier fehlt ein unleserliches Wort]

Interesses auffasste Denn zum Zwecke der Besteuerung wie beim Tabacksmonopol brauchte diese Uebernahme ja bei den wenigsten Zweigen zu geschehen. Da der Staat gezwungen sein wird, das Eisenbahnwesen ausschliesslich au sich zu nehmen, weil darin res publica und Regalien stecken, die er nicht aufgeben darf, so wird er z. B. auch schon deshalb gezwungen sein, der grösste Frachtfuhrmann in der Nation zu werden. Denn die Eisenbahnunternehmung bringt es mit sich, dass das Frachtwesen absolut nicht von der res publica und dem Regal, die im Eisenbahnwesen stecken — nämlich dem Land- und Heerstrassensystem, das das Eisenbahnnetz bildet, und dem Postwesen, das den Eisenbahnbetrieb in sich schliesst — zu trennen ist. Aber um den Frachtverkehr zu vertheuern, wird er nicht Frachtfuhrmann werden wollen. Im Gegentheil, er würde die bezüglichen Mängel, die das Privateisenbahnwesen mit sich führt, zu beseitigen haben.

Ausserdem kann man dem Vorwurf der Staatsregie heute schon entgegenhalten, dass jeder auf Actien betriebene Productionszweig eigentlich Privatregie ist, denn die Production liegt auch hier nur in den Händen von Beamten der Actiengesellschaften. In dem kurzen Zeitraum ihres Bestehens dürfte aber diese Privatregie schon mehr Odium auf sich geladen haben, als je die Staatsregie selbst in der Zeit, wo der Staat weniger aufgeklärt als heute noch das fiscalische Interesse mit dem öffentlichen Interesse verwechselte. Von dieser Seite betrachtet,[5] scheint mir das ganze Industrie-Actienwesen nur eine Uebergangsperiode zu dem hier vertretenen Principe zu sein.

Ich bin deshalb der Meinung, dass die Entwicklung nicht dahin tendirt, immer mehr jede Leitung der Nationalökonomie dem Staate zu entziehen, sondern immer mehr sie ihm in die Hände zu spielen. Es werden immer mehr Gründe dazu zwingen. Dabei kann jene Leitung directer oder indirecter Natur sein. Von selbst wird die Uebernahme directer Leitung Seitens des Staats nur da vorkommen, wo so vehement zwingende Gründe obwalten wie beim

---

[5] Von diesem Satze an bis zum Schluss des nächsten Absatz ist das Bleistiftmanuscript mehrfach verwischt und die Sätze sind durcheinander geworfen, ohne Bezeichnung, wie sie aneinander zu reihen. Doch ist der Sinn unzweifelhaft und alles Wesentliche und noch Lesbare oben aufgenommen. (A. W.)

Eisenbahnwesen. Eine directe Leitung der Production kann immer
nur in der Selbstverwaltung eines Nationalproductionszweiges
bestehen.

Mit diesen Ansichten braucht man im Princip gar nicht
zurückzuhalten, es kommt nur auf die Anwendung an.

Jedenfalls halte ich alles für richtig, was für die Fähigkeit
des Staates, selbst Industrie zu treiben, in der „Vorlage" gesagt
ist. Ich möchte aber noch eine Motivirung dieser ganzen Ansicht
aus dem Gesichtspunkte nationalen, öffentlichen Interesses und
nach der Natur des Staats vorschlagen. Der Staat darf eigentlich
gar nicht unter Vergleichungspunkte, die bei Privatinteressen statthaft sind, herabgedrückt werden. Ihm „gebührt" das Eigenthum
gewisser Theile des Nationalvermögens und die Leitung gewisser
Zweige der nationalen wirthschaftlichen Thätigkeit qua Staat,
wie sich auch in der Staatsentwicklung herausstellt [Der folgende
Satz war bei Unlesbarkeit mehrerer Stellen nur seinem ungefähren Sinne nach zu entziffern]. Wo der Kampf der gewerblichen
Interessen im egoistischen Interesse der Privaten zum Nachtheil
des nationalen Interesses ausartet und sich kein anderes Inhibitions-
mittel finden lässt, hat der Staat qua Staat den ausschreitenden
Theil sich zu unterwerfen, mag er selbst auch mit einem Privat-
profit (?) den Zweig betreiben. Der Staat steht eben nicht unter,
sondern über Calculationsbegriffen.

Umfang und Inhalt dieser „Gebühr" [Eigenthum und Leitung
von Wirthschaftszweigen betreffend] sind aber nichts Absolutes,
für alle Zeiten Gleiches. Sie sind relative Grössen, die sich mit
den socialen Entwicklungsstufen, deren Repräsentanten die auf-
einanderfolgenden Staatenarten sind, verändern. Mit dem gegenwärtigen (?) Repräsentativstaat wird die geschichtliche Staatsentwicklung auch noch nicht aus sein.

Was schafft den Begriff der res publica und der Regalien?
Die öffentliche Nothwendigkeit, die sich in der Genügung eines
nicht anders zu erhaltenden (?) gemeinsamen nationalen oder
socialen Interesses ausspricht. Aber diese Gemeinsamkeit, der
nicht anders zu genügen ist, nimmt sichtlich in der Staatsentwicklung zu, denn die socialen Beziehungen verändern sich
nicht nur, sie vermehren sich auch.[6] Postwesen, Bankwesen,

---

[6] Diese bedeutsamen Erscheinungen habe ich seit lange ge-

Eisenbahnwesen. — selbst diese Begriffe existirten nicht einmal
in den antiken Staaten, der moderne Staat ist gezwungen, diese
neu entstandenen mächtigsten Vehikel des nationalen Verkehrs in
seiner Hand zu vereinigen. Seine Selbstständigkeit würde geradezu
überwuchert und bis zur Ohnmacht geschwächt (?) werden, wenn
er sie in Privathänden lassen wollte. Also: fiat applicatio!

Der „Staat" in diesem engeren Sinne ist im Grunde nur
die Centralorganisation des socialen Körpers, den man auch
„Staat" im weiteren Sinne nennt. Die Centralorgane eines organischen Körpers, wie doch auch der Staat im weiteren Sinne
ist, können aber nicht unter den Gesichtspunkt von Concurrenten
mit dem mehr particularen Organ gebracht werden. [Folgen noch
wenige nicht entzifferbare Worte]

Dagewesen ist dies [das System der Staatsindustrie] schon in
der Geschichte. Je länger, desto mehr befolgte der römische
Cäsarismus dies Princip. Er hatte Corps von Staatsmüllern, Staats-
bäckern, von Staatskalkbrennern, von Staatsfabricensen u. s. w.,
(so sind nämlich die späteren „corpora" und „collegia" nur zu
verstehen, wenn die Gelehrten es auch nicht geglaubt haben;
nicht Zünfte im germanischen Sinne, die sind in unserem Sinne
für das Publicum) — mittelst deren er einen grossen Theil seiner
Staatsbedürfnisse selbst und in natura herstellte. Dass dieselben
zuletzt kastenmässig rangirt und erblich waren, macht keinen
wesentlichen Unterschied.[7]) Aber der Staat galt in der damaligen Auffassung überhaupt mehr als Privatmann. Jene ge-
werkliche Thätigkeit widerstand daher der Volksmeinung (?) nicht.
In der modernen Staatsidee springt die privatmännische Auffassung
weniger (?) vor. Der Staat soll m. E. die Nationalwirthschaft nicht
in der Weise Stück für Stück an sich ziehen, dass er, privat-

glaubt, unter ein „Gesetz der wachsenden öffentlichen, insbesondere
Staatsthätigkeit", subsumiren zu können, woraus sich dann wieder
hochwichtige finanzielle Konsequenzen ergeben. S. meine „Grundlegung" 1. Aufl. (1875) § 171 ff. 2. Aufl. (1879) eb. Fin. 1. 3. Aufl.
§ 36. (A. W.)

[7]) Das Manuscript war in den voraufgehenden Sätzen sehr
undeutlich und die einzelnen Sätze durcheinander geschrieben;
der Sinn ist nicht völlig klar, aber doch wohl im Obigen richtig
und die Sätze sind sonst wörtlich wiedergegeben. (A. W.)

männisch, der übrigen Privatindustrie Concurrenz macht und überhaupt nach Capitalgewinnen jagt, — sei es auch nur, um diese nachträglich zu allgemeinem Besten zu verwenden, — sondern in der Weise, dass er die an sich gezogenen Zweige von vornherein im allgemeinen Interesse verwaltet. Zu seinen Kosten muss er natürlich kommen. Z. B. beim Eisenbahnwesen: die Privatbahnverwaltungen jagen, wie sich von selbst versteht, alle nach höchster Dividende. Bestehen daneben einzelne Staatsbahnen, so werden diese meistens sich bewogen finden, ja mitunter gezwungen sein, nach demselben Princip zu verwalten. Ist das ganze Eisenbahnwesen in der Hand des Staats vereinigt, so hört nach der Natur des modernen Staats dies Privatvortheilsprincip auf, massgebend zu sein und er wird das Eisenbahnwesen verwalten müssen, wie das Postwesen. Mit dem Bankwesen ist es dasselbe. Die Staatsbank neben Privatbanken wird entschieden hohen Bankgewinn erzielen wollen. Die gesammte nationale Bankthätigkeit (soweit sie Notenemission ist) als Staatsthätigkeit aufgefasst, würde auch anders operiren. [Folgt ein nicht genügend zu entziffernder Satz von zwei bis drei Zeilen.] Sie könnte nämlich auch den Weg betreten wollen, dass sie keinen Bankgewinn erzielen wollte, sondern den Unternehmern — natürlich nach dem Princip: modus in rebus, welches Maass sich nach dem Umfange der in der Unternehmung beschäftigten Arbeit bemessen würde — insoweit Gratiscredit gewährte. Hier bricht das Manuscript ab, der betreffende Bogen ist zu Ende. Ob noch weitere Ausführungen kamen, muss ich dahin gestellt sein lassen. A. W.]

II. Leitende Gesichtspunkte.[5]

A. Die Bestrebungen zur Linderung oder Lösung der socialen Frage haben sich auf die Aufgabe zu beschränken:

[5] Hierzu lag eine gute Reinschrift in Bleistift aus Rodbertus' Hand vor, für die auch noch ein Bleistiftentwurf und ein Entwurf einiger Sätze in Dintenschrift vorhanden ist. Die Idee zu einer bezüglichen Schrift wird von Rodbertus in einem Briefe an R. Meyer v. 8. Febr. 1871 (I, 169) erwähnt. (A. W.)

Wie ist auf den heutigen socialen Grundlagen
— der freien Arbeit und dem Grund- und
Capitaleigenthum — [der Arbeit] ein mit dem
steigenden Nationaleinkommen mitsteigendes
Einkommen zu sichern?

Durch die Beschränkung, die in der so formulirten Aufgabe liegt, werden einerseits alle socialistischen oder com-
munistischen Abwege verlegt. — Durch die positive Forderung, die in ihr enthalten ist, wird andrerseits dem Gebot der
Gerechtigkeit gegen die arbeitenden Classen, dem Suum cuique,
genügt, dessen Erfüllung wieder nicht verfehlen kann, durch die
gleichmässigere Vertheilung des Nationalreichthums, zu der sie
führt, auf eine noch raschere Steigerung desselben zu wirken.

B. Die Bemühungen der Kirche und Schule, die Anstrengungen der Privathilfe namentlich der Arbeitgeber, die Selbsthilfe der arbeitenden Classen vermögen
diese Aufgabe auch nicht annähernd zu lösen, und
die sich unbeschränkt überlassene Entwickelung
des Freihandels führt sogar — je länger desto
mehr — immer weiter von ihrer Lösung ab. Diese
kann lediglich durch eine nationalökonomische Intervention des Staats, mittels besonderer Gesetze und
Institute, erfolgen; — oder m. a. W.: Derjenige
ganze Theil der sogenannten Volkswirthschaft, der
die nationalen Lohnverhältnisse begreift, muss der
Staatsleitung überwiesen werden.

Die Kirche hat schon auf ihrem eigenen Gebiet an Autorität
eingebüsst, sie wird nicht die Kraft haben, sie plötzlich auch noch
über die Nationalökonomie auszudehnen. — Die Schule, die
niedere wie die hohe, arbeitet an Befestigung und Beförderung
der geistigen Gemeinschaft der Nation; sie hat auch zu lehren,

wie deren wirthschaftliche Gemeinschaft zu allseitigem Segen zu ordnen sei, allein die Maassregeln zur Aufrechthaltung dieser Ordnung liegen nicht mehr auf dem blossen Lehrgebiet — Die Privathilfe des Arbeitgebers ist die Discretion des Marx-schen Capitalisten[9]), der „schmunzelnd an die Gerberei" geht; — oder wird doch von dem Misstrauen der Arbeiter so aufgenommen werden. — Die Selbsthilfe der Arbeiter war nur ein kurzer, längst verflogener Traum der Bourgeoisie.

Ernstlicher in Betracht kommen könnte somit nur die theo-retische Ansicht einer praestabilirten Harmonie aller Productionsbetheiligungen, die unter der unumschränkten Herrschaft des Freihandels sich mit der Zeit einstellen soll. In-dessen die Praxis will nicht stimmen. Einerseits haben wir eine mehr als halbhundertjährige Freihandelsperiode[10]) hinter uns, in welcher nicht blos die Landwirthschaft einen ausserordentlichen Aufschwung genommen, sondern auch auf dem gesammten in-dustriellen Gebiet die productivsten Entdeckungen und Erfindungen — man darf sagen — sich gejagt haben. Andererseits sehen wir wieder, dass, während derselben Zeit, die Armenbudgets aller Staaten und Communen in höherem Maasse als die Bevölkerungen, und die Geldlöhne der Arbeit wieder nicht in dem Maasse wie die Geldpreise der meisten und wichtigsten Lohngüter gestiegen sind. Angesichts dieser beiden so wenig harmonirenden Reihen von Thatsachen, darf man wohl ein längeres Hoffen und Harren, dass der Arbeitslohn doch noch zuletzt von selbst mit dem Steigen des Nationaleinkommens mitsteigen werde, als eine theo-retische Schrulle bezeichnen, die Denjenigen lieb geworden, die am Abend ihrer nationalökonomischen Studien, noch gern bis an ihr Ende in den ausgetretenen Schuhen ihres Schulsystems fort-schlürfen möchten. Die sogenannten „Naturgesetze", die, wenn keine Menschengesetze dagegen gegeben werden, sich allerdings in solchem losgelassenen Verkehr entwickeln und die Lohnver-hältnisse beherrschen, wirken gerade entgegengesetzt, als diese Bastiat'sche Ausgeburt der Freihandelstheorie sich einbildet.[11])

---

[9]) „Das Capital", von Karl Marx. Bd. 1. p. 140. (Rodbertus.)

[10]) Eine hier von Rodbertus beabsichtigte Note fehlt. (A. W.)

[11]) Der ältere und verständigere Zweig der Freihandelstheorie hat auch niemals an solche Chimäre geglaubt. (R.)

17*

Sie dienen nur zu immer zunehmender Erweiterung der Kluft des Privatreichthums in der Gesellschaft, indem sie, ebenso gefährlich wie ungerecht, die numerisch stärkste Classe, die arbeitende Classe, gerade **bei steigender Productivität der nationalen Arbeit,** auf einen **immer kleineren Antheil am nationalen Arbeitsproduct** herabsetzen. Und in der socialen Frage ist das Wort „wir können warten" nicht mehr angebracht Die Flammen von Paris haben zu grell den Abgrund beleuchtet, an dessen hartem Rande unsere wie trunkene Civilisation forttaumelt. Wo ist also bei der Ohnmacht der vorgeführten practischen oder gar nur beschaulichen Tendenzen, bei der Dringlichkeit des Schutzes vor den angedeuteten Gefahren, dieser Schutz noch anders zu finden, als beim **Staat?** Bei ihm allein steht noch die Rettung. Der Staat hat zuzuspringen, hat schleunigst zuzuspringen und mit starker, geschickter Hand die Zügel wieder zu ergreifen, die er sich niemals in der Nationalwirthschaft hätte abschwatzen lassen sollen. Denn das System der Nationalwirthschaft ist kein Aggregat, sondern ein Organismus von Einzelwirthschaften, der im Staat seinen noend vital, den nothwendigen centralen Knotenpunkt seiner Einsicht, seines Willens und seiner Kraft hat. Die Staatlosigkeit in der Nationalwirthschaft wird mit der Zeit die Paralysis des socialen Körpers.

C. Diese Gesetze und Institute dürfen nicht auf Maassregeln hinauslaufen, welche die aus der „Freiheit der Person und des Eigenthums" hervorgehenden individualen Rechte, namentlich:

1. die Freiheit des Grundeigenthums im Erbrecht, in der Veräusserlichkeit und der Verschuldbarkeit,

2. die Freiheit des Capitals in seiner gewerblichen Anlage,

3. die freie Wahl der Arbeit und damit auch die Freizügigkeit,

beeinträchtigen würden.

D. Sie dürfen ferner auch nicht auf Maassregeln hinauslaufen, welche die productions-wirthschaftliche Allein-
herrschaft des Einzelunternehmers über sein Capital
oder seinen Grundbesitz, direct oder indirect, be-
beschränken oder zu einer solchen Beschränkung mit
der Zeit führen würden. Sie haben vielmehr das
reine Lohnsystem aufrecht zu erhalten und zu
vervollkommnen, so dass die Aufgabe, auf die sich
die Bestrebungen zur Linderung oder Lösung der
socialen Frage zu beschränken haben, näher so zu
präcisiren ist: Wie ist den Arbeitern ein mit dem
steigenden Nationaleinkommen mitsteigender **Lohn**
zu sichern?

E. Die Mittel und Wege zur Verwirklichung eines reinen
Lohnsystems dieser Art findet der Staat auch nicht
in dem besondern Arbeiter- und Unternehmer-
verhältniss, resp. dem **Specialertrage** jedes **Einzel-**
betriebes, sondern in nationalökonomischen Verhältnissen und Ressourcen allgemeiner Natur, über
die er jedoch, als oberster, berechtigter wie ver-
pflichteter Vertreter und Förderer einer gedeihlichen
Führung und Entwickelung der Nationalwirthschaft
zu verfügen hat. Kürzer: Die von Thünen'sche
Formel a p vermag die sociale Frage nur zu lösen,
wenn sie an der Nationalwirthschaft im Ganzen,
aber nicht, wenn sie an jeder besondern Einzel-
wirthschaft executirt werden soll.

F. Um die Ausführbarkeit der Formel a p[12]) an der
Nationalwirthschaft im Ganzen zu ermöglichen,
müssen vom Staat folgende Maassregeln ergriffen
werden:

1. Das Lohnsystem muss durchweg auf „Werkzeit" gegründet werden.[13])

2. Es muss ein auf Werkzeitswerth lautendes Creditgeld creirt werden, dessen alleinige Emission
   sich der Staat vorbehält.[14])

3. In diesem Creditgelde hat der Staat allen Arbeit-
   gebern dem Umfange der Arbeitnahme in je
   ihren Betrieben entsprechende unverzinsliche
   Darlehne zu gewähren, die zur Löhnung der
   Arbeiter dienen.[15])

4. Die Zurückzahlung dieser Darlehne geschieht,
   nach Wahl des Staats, entweder

   a. in Productquantitäten des betreffenden Be-
      triebes, deren Werth, nach Werkzeit gemessen,
      der erhaltenen Creditgeldsumme gleich ist;
      oder

---

[12]) Rodbertus hat hier wie im vorigen Satze die Formel a p.
Die von Thünen'sche Formel des Lohnideals ist 1 a p.

[13]) In dem, im Verlag von G. Hickethier, Berlin 1871 er-
schienenen Separatabdruck aus der Berliner Revue „Der Normalarbeitstag von Dr. Rodbertus-Jagetzow" ist der Begriff der „Werkzeit" genau definirt. (R.)

[14]) Vergl. „Normalarbeitstag" und „Zur Erkenntniss unserer
staatswirthschaftlichen Zustände" von Rodbertus-Jagetzow, Theo-
rem V. (R.)

[15]) Eine hier von Rodbertus beabsichtigte Note fehlt.

b. in Metallgeld, dessen Summe nach dem Preise
zu berechnen ist, den dermalen eine Product-
quantität des Betriebes auf dem Markte hat,
die nach Werkzeit gemessen, ebenfalls der
erhaltenen Creditgeldsumme gleich ist.

5. In diesen Productquantitäten resp. Metallgeld-
summen besitzt der Staat die Mittel:

a. Miethswohnungen herzustellen,

b. öffentliche Kaufhallen mit Lohngütern zu füllen;
an welchen Miethswohnungen und Lohngütern
das in die Hände der Arbeiter übergegangene
Creditgeld zu realisiren und wieder einzuziehen
sein würde, um dann abermals seinen Kreislauf
in Darlehnen an die Arbeitgeber von vorne au-
zufangen.[16])

---

[16]) Hier findet sich in der Reinschrift nur noch eine neue
Rubrik „VII" (ich habe die Zahlen durch grosse Buchstaben ersetzt, weil die Hauptrubriken oben die lateinischen Nummern schon
führen). Es war also eine Weiterführung dieser Punkte beabsichtigt. Aber es fehlt jedes Wort dazu, und zwar nicht nur in
der Reinschrift, sondern auch im ersten Entwurf. (A. W.)

Weitere Fragmente

zur Schrift „zur Beleuchtung der socialen Frage."

1. Aus dem Entwurf zu einem Vorwort (wohl für den Thesen-artigen Abschnitt, der im Vorausgehenden als Fragment mitge-theilt worden ist, sowie für die im Folgenden noch angereihten fragmentarischen Partien).

In der socialen Frage kommt das Publicum immer noch nicht über die roheste empirische Auffassung hinaus. Die folgenden Blätter sollen ein Versuch sein, seine Aufmerksamkeit mehr auf die wissenschaftlichen Probleme, die dabei ins Spiel kommen, zu lenken. Dazu schien es mir geboten, den ganzen Bereich der Frage in seinen Haupttheilen auseinanderzusetzen und diese in die Form von Lehrsätzen zu kleiden. Ich glaubte dadurch, den Leser mehr zu eigenem Nachdenken anzuregen. Deshalb — und ausserdem im Interesse der Kürze -- habe ich denn auch an der Beweisführung der Sätze sparen zu können geglaubt. Ich bin darin oft nur andeutungsweise verfahren und habe mir mitunter auch nicht versagen können, statt des Beweises nur den Hinweis auf ihn in früheren Schriften von mir zu bringen, — namentlich wo ich die Priorität in Anspruch nehmen darf.

— 265 —

2. Fragment: „Vier Fragen zur Beleuchtung der socialen Frage."

Die sociale Frage betrifft das nationalökonomische Verhältniss, in welchem die arbeitenden
Classen zur ganzen Gesellschaft stehen.

I. Wie ist dasselbe heute geordnet?

II. Steht es so, wie es heute geordnet ist, mit dem
Recht und den Interessen zugleich der Gesellschaft
und der arbeitenden Classen in Einklang?

III. Wenn nicht, worin nicht?

IV. Wie ist es anders zu ordnen, um es in diesen Einklang zu bringen?

In diese vier Fragen zerfällt die eine sociale Frage.

Zu I. Wie ist das nationalökonomische Verhältniss der arbeitenden Classen heute geordnet?

Die heutige Nationalökonomie im Allgemeinen
ruht auf der Basis des freien Grund- und Capitaleigenthums bei persönlicher Freiheit der arbeitenden Classen und ermangelt auf ihrem ganzen Gebiete, ausser auf dem der Finanzen, der unmittelbaren (?)
Einwirkung einer Intervention und Leitung des Staats.

Jedenfalls ist es so, ganz abgesehen hier noch, ob
es so sein sollte.

Eine auf solchen Rechtsgrundlagen ruhende . . . .
[ein unlesbares Wort] Nationalökonomie führt nothwendig wirthschaftliche Folgen mit sich, deren
ein Theil eben das heutige nationalökonomische Verhältniss der arbeitenden Classen begreift.

Diese nothwendigen Folgen sind ins Auge zu fassen.

Das Grund- und Capitaleigenthum hat sich in der modernen Gesellschaft dahin entwickelt, dass den Grundbesitzern auch das Product, was die rohproducirenden Arbeiter auf und aus dem Boden, den Capitalbesitzern das Product, was die Fabrikarbeiter mittelst des Capitals herstellen, eigenthümlich gehört. Hierbei sind aber ein paar irrige Auffassungen zu vermeiden. Zuerst: Unter Capital ist hier alles bewegliche nationale Product verstanden, das dem Zweck der Weiterproduction unterliegt, also Material und Werkzeuge, aber nicht der Arbeitslohn, denn dieser unterliegt der menschlichen Consumtion, und menschliche Consumtion ist wohl der Zweck der Production, aber nicht Production der Zweck menschlicher Consumtion. Die gegentheilige Ansicht datirt noch aus der Zeit des Menscheneigenthums und ist wirthschaftlich ebenso falsch als sie unsittlich ist. — Ferner die Arbeiter, deren Product den Grund- resp. Capitalbesitzern gehört, sind nicht mit den Unternehmern, denen jene Besitzer häufig ihr Besitzthum vermiethen, zu verwechseln. Diesem Irrthum haben die Bastiat'schen Begründungen des Zinses vielfach Vorschub gethan. Die Unternehmer treten an die Stelle der Grund- resp. Capitalbesitzer, aber nicht der Arbeiter; diese behalten den Unternehmern gegenüber dieselbe Stellung, die sie den Grund- und Capitalbesitzern gegenüber einnehmen.

Dadurch, dass sich Grund- und Capitaleigenthum dahin ausgebildet hat, dass diesen Eigenthümern auch

das Product eigenthümlich zugehört, das freie Arbeiter
auf und aus jenem Eigenthum herstellen, ist offenbar
allein der Lohncontract in der heutigen Gesellschaft
bedingt, — dieser Contract, nach welchem die arbeitenden Classen ihre Arbeitskraft den besitzenden vermiethen müssen und dafür nun, im Dienste der Besitzenden producirend, mit einem Theil ihres eigenen
. . . [einige unlesbare Worte] Products von den Besitzenden gelohnt werden. Dadurch, dass auch das
Producteigenthum immer wieder den Grund- und
Capitaleigenthümern zufällt. bleiben die arbeitenden
Classen unausgesetzt in jenem Abhängigkeitsverhältniss
dienstlicher Natur von den besitzenden Classen. Gesetzt
den arbeitenden Classen selbst könnte das Eigenthum
ihres Products zufallen. so würde natürlich der Lohncontract sofort aufhören. So werden sie gewissermassen
immer von dem Resultat ihrer Arbeit expropriirt.

Indessen muss doch schon hier bemerkt werden.
dass, wenn sich das Grund- und Capitaleigenthum dahin
ausgebildet hat. dass den Eigenthümern des Bodens und
Capitals auch das Eigenthum am Arbeitsproduct gehört und deshalb die Arbeiter in das Abhängigkeitsverhältniss von den besitzenden Classen gerathen sind,
immerfort ihre Arbeitskraft wieder an die besitzenden
Classen zu vermiethen und dafür aus ihrem eigenen
Arbeitsproduct den Lohn von den besitzenden Classen
zu erhalten, während diese den andern Theil als Rente
behalten — dies [sich] zwar . . . . [ein unleserliches Wort]

[als] eine historisch-wirthschaftliche Consequenz
gemacht (?) hat, aber durchaus keine im Begriff des
Grund- und Capitaleigenthums liegende logische und
rechtliche Consequenz ist. Denn — warum hätte es
bei dem Rechtsgrundsatz der Specification — nicht auch
umgekehrt sein können? Das, wenn Privateigenthum
am Boden und Capital existirt, von dem, was die Arbeiter aus diesem Boden und mit diesem Capital pro-
duciren, ein Theil auch den Eigenthümern von Boden
und Capital gehört, ist rechtlich selbstverständlich. Aber
dies konnte demnach ja auch auf dem Wege geschehen,
dass den Arbeitern selbst ihr Arbeitsproduct gehört.
Alsdann gäben allerdings nicht die Grund- und Capital-
eigenthümer den Arbeitern [Lohn] aus dem Product, das
ihnen gehört, indem sie den Rest davon behalten, sondern
die Arbeiter gäben aus dem jetzt ihnen gehörenden Product den Grund- und Capitaleigenthümern Rente, indem
sie den Rest als Lohn behielten.

(Bricht hier ab, ohne Fortsetzung. Zu Frage II. u. III. fehlen
alle Ausführungen hier. A. W.)

3. Fragment: Beschränkung der „socialen Frage" auf
die „arbeitenden Classen".

Einleitung. Die „sociale Frage" bezieht sich
lediglich auf die „**arbeitenden Classen**".

Unter arbeitenden Classen sind hier die arbeitenden
Classen im engern Sinne, sind diejenigen verstanden,
die lediglich die bewegende Kraft im Gesellschaftshaus-
halt repräsentiren, die materiell an Materiellem

arbeiten, die handanlegenden Arbeiter auf wirth
schaftlichem Gebiet: aber diese auf jedem Productions-
gebiet — der Rohproduction, Fabrication und
Transportation — und mit Frauen und Kindern.

Es giebt ausser diesen arbeitenden Classen auch
noch anderartige sociale Classen — die besitzenden,
grund- oder capitalbesitzenden Classen. Und es giebt
ausser den handanlegenden Arbeitern auf wirthschaftlichem
Gebiete auch noch andere arbeitende Classen — arbeitende
Classen erstens auch noch auf anderen Gebieten
als dem wirthschaftlichen, nämlich Arbeiter auf dem Gebiete von Kunst und Wissenschaft, von Sitte und Recht,
endlich amtirende Arbeiter in Kirche und Staat, functio-
nirende Organe des socialen Leben als solchen, die von
dessen Centralsitz die Impulse ihrer Thätigkeit erhalten
— und zweitens, selbst auf wirthschaftlichem Gebiete
noch andere Arbeiter als bloss handanlegende, nämlich
Arbeiter die ohne selbst mit handanzulegen entweder
mit den vielerlei Beziehungen der Beaufsichtigung und
Leitung der cooperativen Betriebe jener handanlegenden
Arbeiter oder, auf noch höherer wirthschaftlicher Stufe
stehend, mit Ermessung der socialen Bedürfnisse, mit der
demgemässen productiven Bestimmung jener Betriebe und
Beschaffung der productiven Mittel dazu, sich beschäftigen
— Arbeiter, von denen die Einen heute meistens privat-
wirthschaftliche Beamte der besitzenden Classen, die
Andern meistens diese besitzenden Classen selbst sind;
Beide der Sache nach staatswirthschaftliche Beamte,

die unter anderen Staats- und Rechtsverhältnissen auch
Staatsbeamte sein würden.

Auch alle diese anderartigen socialen oder arbeitenden Classen bieten dann und wann schwerzulösende
Probleme und manche unter ihnen mögen sie auch heute
bieten, dennoch fallen sie über den Bereich dessen, was
man heute die „sociale Frage" nennt hinaus. Diese
wird hier lediglich auf die bezeichneten arbeitenden
Classen bezogen, die ich in der Folge auch schlechtweg
die arbeitenden Classen nennen werde.

Die sociale Frage beschränkt sich dann auch
noch weiter auf das **nationalökonomische** Verhältniss dieser arbeitenden Classen.

Unter dem nationalökonomischen Verhältniss
der arbeitenden Classen ist diejenige Stellung oder Lage
verstanden, welche diese Classen, zur Zeit, in der wirthschaftlichen Lebensgemeinschaft der Gesellschaft einnehmen. Damit ist aber nicht gesagt, dass diese wirthschaftliche Stellung oder Lage lediglich der arbeitenden
Classen, auch nur lediglich an und für sich, heraus-
gerissen aus ihrem Verhältniss zu den wirthschaftlichen
Stellungen oder Lagen der übrigen socialen oder arbeitenden Classen behandelt werden soll.

4. Fragment: die „sociale Frage" als die sociale Frage
in des Wortes hervorragendster Bedeutung.

Man verleumdet, man entehrt die sociale Frage,
wenn man sie nur als eine Armuths-, Magen- oder
Hungerfrage auffasst, die dann auch in der Behandlung

zu einer Almosenfrage wird. Wenn sie von jener Staffage etwas abbekommen, ist es bereits unsere, der Besitzenden strafbare Schuld. Dieselbe ist ihrem Wesen nicht eigenthümlich. Entkleidet dieses schmutzigen Umhanges, erkennt man sie als das was sie ist — als eine staatswirthschaftliche Frage der eminentesten Art, in der es sich, abgesehen von Sättigung oder Hunger, von Seide oder Lumpen, um einen Streit über Rechte und Interessen handelt, über Rechte und Interessen des einen Theilhabers an der Nationalproduction, der Arbeit, gegen die andern Theilhaber daran, den Grund- und Capitalbesitz. Insofern gleicht auch dieser Streit dem uralt deutschen Streite, dem zwischen diesen beiden letzteren Theilhabern, Grund- und Capitalbesitz, der von jeher geführt wird, und von den Zwangs- und Bannrechten des Mittelalters an bis zu den Kornbills und Schutzzöllen der Neuzeit hin, und noch in den Hypotheken-, Bank- und Eisenbahnfragen der Gegenwart, unter immer neuen Proteusformen sich fortspinnt. Nur, dass der Rechte- und Interessenstreit zwischen Arbeit und Besitz unendlich viel tiefer, unendlich viel schneidiger, der Friedenschluss unendlich viel erschwerender ist, als der Rechte- und Interessenstreit zwischen Grundbesitz und Capitalbesitz. Nur, dass dieser Streit zwischen den beiden Theilen des Besitzes, zwischen Grundbesitz und Capital sich lediglich auf der polizeilichen Oberfläche von Staat und Gesellschaft abspielt, ohne auch nur die Grundlagen der Gesellschaft zu berühren, während der

Streit, den die sociale Frage birgt, der Streit zwischen
Arbeit und Besitz in die tiefsten Tiefen von Staat und
Gesellschaft, bis mitten in die socialen Grundlagen hinab-
reicht und diese unsere Grundvesten wie ein Erdbeben
zu erschüttern droht. — Nur, dass dieser Streit zwischen
Grundbesitz und Capitalbesitz unter zwei Brüdern geführt
wird, die, anerkannt und sich anerkennend, zum Erbe
des Besitzes und seiner Theilung berufen sind, während
der Streit zwischen Arbeit und Besitz plötzlich noch
einen älteren, vor grauen Jahren aus dem Hause ge-
stossenen Bruder in die Schranken ruft, der sich jetzt
gegen die erschrockenen, protestirenden jüngeren Brüder
— und wie bündig! — zur Sache legitimirt, sein Erst-
geburtsrecht behauptet und jedenfalls den Haupttheil
aller Nutzniessung des Erbes in Anspruch nimmt. —
Nur, dass der erstere Streit sich auf dem Boden unseres
positiven Rechtes bewegt und nach den vorhandenen
Normen, in den vorgeschriebenen Formen, vor den bestehenden Instanzen zum Austrag gebracht wird, während
der andere Streit sich weit über die Grenzen unseres
positiven Rechtes fortzieht und entweder das Gesetz-
gebungsgebiet weiter als je zuvor abgesteckt wissen
will, oder auch, ausser dem Gesetz, auf den blutigen
Ausgang eines Gottesgerichtes besteht. — Also noch
einmal, eine Auseinandersetzungsfrage und keine
Hunger-, keine Almosenfrage liegt vor; letzteres ist
der eine Streit so wenig wie der andere.

Sie, die sociale Frage, ist auch keine Frage des

Seelenheils. Man verläumdet und entehrt die Religion, wenn man sie dazu machen will. Die Kirchlichen, die sich an die Fersen der socialen Frage hängen, um Seelenfängerei dabei zu treiben, sind wie Marodeurs, die in der Schlacht die Verwundeten plündern.

Wie hat sich das Christenthum gewandelt! Aus der treibendsten socialen Kraft, die zu ihrer Zeit alle Grundlagen des Staates und der Gesellschaft umschuf, ist es zu einer Conservirungsanstalt geworden.

Das Christenthum hat nicht die Aufgabe, die arbeitende Classe zur Unterwürfigkeit unter die gegenwärtigen socialen Gesetze, sondern die besitzende zur Aenderung derselben zu bestimmen.

Das Manuscript bricht auch hier wieder mit ein paar auf Anderes hinüber leitenden Worten ab, ohne die berührte Frage des Christenthums und der Kirche hier weiter zu verfolgen. A. W.

Auf einem folgenden Bogen (der Fragment No. 5 enthält) findet sich noch die Bemerkung:

Dass die sociale Frage durch solche Vernachlässigung aus einer Auseinandersetzungsfrage höchster Art eine Magen- und Hungerfrage wird, dadurch bekommt sie etwas Gemeines, Verwildertes, das, wird die Frage mit Gewalt gelöst, „mit Entsetzen Scherz treibt".

5. Fragment: Die „sociale Frage" eine moderne Frage.[*]

Sie (die sociale Frage) ist endlich die sociale Frage **unserer** Tage.

---

[*] Dies Fragment besteht grösstentheils aus sehr durcheinander geschriebenen, in Bezug auf einzelne Worte mitunter nicht oder nicht sicher lesbaren Bleistifts-Concepten auf Einem Bogen. Auch

Die sociale Frage ist nicht so alt wie die Welt, wie
Viele meinen, die demnach sie damit als ein integri-
rendes Moment aller politischen Entwicklung, als eine
organische Unvollkommenheit und Behaftung der menschlichen Gesellschaft, fast als eine Art socialer Erbsünde
ansehen, von der selbst nicht Beten und Arbeiten die
lebendige Menschheit, sondern allein der Tod die heim-
gesuchten Generationen zu reinigen im Stande sei. Die
practische Consequenz liegt auf der Hand: gläubige Beschränkung, fatalistische Ergebung, politisches Gehenlassen,
zu Zeiten — „die Knüppel."

Diese Ansicht ist doppelt falsch! Nicht die sociale Frage, sondern die socialen Fragen sind „alt wie
die Welt", oder vielmehr wie „die Gesellschaft." Denn
auch dieser sind erst immer Jahre anorganischer Geschichte vorangegangen, in denen zwar schon Welt und
Menschheit, aber noch keine Gesellschaft und deshalb
auch keine sociale Frage bestand.[2]) Und auch diese so-

---

die Reihenfolge der Sätze war mehrfach zweifelhaft. Wiederholungen
der Gedanken und selbst ganzer Sätze kommen vor, waren aber vom
Verfasser nicht beseitigt, auch Verbindungen der Sätze fehlen. Der
Sinn ist indessen überall klar und die hier gebotene Zusammenstellung wohl im Wesentlichen in Betreff der beabsichtigten Ge-
dankenfolge richtig. (A. W.)

[2]) Note von Rodbertus: Kein Räthsel der Socialgeschichte wird
man lösen können, — nicht die Entstehung der Familie, des
Stammes, gar des Staats: nicht die Unterwerfung des Individuums
unter eine sociale Gewalt, nicht die Entstehung der Lebensge-
meinschaftssphären, in denen das individuelle Leben zu socialem
Leben zusammenschmilzt: der Geistesgemeinschaft in der Sprache
und der Verschiedenheit der Sprachstämme, der Willensgemein-

cialen Fragen begleiten nicht, zumal aber auf einmal(?) unausgesetzt die Gesellschaft, sondern sie kommen ein e nach der andern, so wie sie gelöst sind, so dass es hundertjährige Zeiträume gegeben hat, in denen keine sociale Frage bestand, weil keine empfunden ward.

Und dazu gefährlich, höchst gefährlich ist diese Ansicht. Denn, wenn der socialen Frage eine Kraft — expansive, unter Umständen explosive — in der That innewohnt, was heisst jene practische Consequenz, zu der das „Alt wie die Welt" verleitet, anders, als dass man die Umstände, die sie bis zur Explosion steigern können, Hände im Schooss, rath- und thatlos bis dahin wachsen lässt, dass sich der heutige Staat selbst in die Luft sprengt?

---

schaft in Sitte und Recht, der materiellen Gemeinschaft in der Arbeitstheilung und Wirthschaft, — ich sage keine dieser menschlichen Erscheinungen wird man verstehen, wenn man nicht vor dem Beginn aller Gesellschaft, d. h. vor allen organischen Geschichtsbildungen, einen blossen Aggregatzustand eines schon zahlreichen Menschengeschlechts annimmt, aus dem sich erst mit der Zeit sporadisch, hier früher, dort später, der erste Anfang aller Gesellschaftsbildung in zahllosen Familienansätzen, in der primitiven Form des Mutterrechts entwickelt, wenn man nicht — analog dem Verhältniss der anorganischen Natur zur organischen — der Geschichte dieser steigenden Entwickelungsreihe immer unvollkommenere Socialbildungen oder der organischen eine anorganische Geschichte vorausgehen lässt (?, ohne Sprache, ohne Sitte, ohne Arbeitstheilung. Denn der Menschenkopf aus einem noch sprache-, sitten- und arbeitstheilungslosen Zustande muss anders ausgesehen haben, als der, den schon hunderttausende von Jahren in diesen drei Gemeinschaftssphären sich immer mehr vervollkommenden Gesellschaftslebens in der Mache gehabt und umgearbeitet und umgebildet haben.

18

Man kennt ihre (der socialen Frage) Herkunft und
ihr Geburtsjahr. Alt ist sie noch nicht. Sie ist empfangen aus dem Naturrecht und dem Oekonomismus des
vorigen Jahrhunderts und hat das Licht der Welt erblickt
im Jahre des Heils 1789.

Man weiss also genau Bescheid um das „Alt wie
die Welt." Man kennt ihre (der socialen Frage) eigenthümliche specifische Zeitnatur, ihre Herkunft und selbst
ihr Geburtsjahr. Von „Alt wie die Welt" ist also nicht
die Rede. Für sociale Fragen, sieht man, ist sie sogar
noch im zartesten Kindesalter. Aber sociale Fragen
haben doch Kräfte wie Herkules, schon in der Wiege
vermögen sie Schlangen zu erdrücken.

Sie ist specifischer Natur, sie ist die sociale Frage
unseres Zeitalters allein, die den bestehenden Staat
auseinander zu sprengen vermag.

Sie zieht aus bestimmten, nur unserem Zeitalter
eigenen Zuständen auch ihre bestimmte, nur ihr eigenthümliche Natur, ihren specifischen Character, mit welchem
sie nirgends anders in der Geschichte als gerade in
unserem Zeitalter ihren Platz zu finden haben wird.
Sie ist lediglich eine in unsere Zeit fallende geschichtliche Entwicklungsphase [?, undeutliches Wort].

Als Armuthsfrage darf man sie nicht auffassen.
Der Pauperismus ist nur eines ihrer schmerzlichsten
Symptome. Wenn die arbeitenden Classen auch einmal
mehr als heute Lohn bekämen, wenn sich . . . [unleser-
liches Wort] ihre ökonomischen Gewohnheiten so gehoben

hätten, wenn damit alle dauernden Armenbudgets verschwunden wären — wenn nach dem Stande der nationalen Productivität ihnen vierzigmal statt viermal so
viel gebührte, so wäre die sociale Frage immer noch
nicht gelöst. Der widerwärtige Anblick der Lumpen
wäre von ihr genommen. aber die Energie, mit der sie
ihre Lösung erzwingen würde, hätte sich dann sicherlich
noch gesteigert.

Denn, wie wir gesehen haben, sie (die sociale Frage)
ist die Auseinandersetzungsfrage der frei gewordenen
arbeitenden Classen mit den frei gemachten Grund- und
Capitaleigenthümern über ein dem Stande der dermaligen
Productivität entsprechendes Einkommen. Wo und wann
noch wären, ausser zu unserer Zeit, je die wesentlichen
Momente in der Geschichte zusammengefallen? Wo und
wann in der Geschichte hätte dies überhaupt ausser in
unserer Zeit nur geschehen können? Von allen diesen
Momenten hat bisher mindestens eines immer gefehlt.

Grade diese sociale Frage konnte kein vergangenes
Zeitalter erzeugen, allein das unsrige. Denn in keinem
früheren Zeitalter treffen und konnten die Momente zu-
sammentreffen, die die Kriterien gerade dieser socialen
Frage ausmachen. Wenn wir auch schon vor Jahr-
tausenden das freie Grund- und Capitaleigenthum gehabt
haben, wo wären zugleich die Hauptvertreter dieser Frage,
die freien arbeitenden Classen gewesen?

Sie (die sociale Frage) zielt aber noch höher hinauf
als auf das thatsächlich hervorgebrachte Nationalein-

kommen. Sie setzt diesem factischen Einkommen ein
nach der dermaligen Productivität mögliches entgegen.
Und mit Recht! Das Grund- und Capitaleigenthum legt
die Disposition über sämmtliche nationale Productionsmittel und damit auch die Leitung der ganzen Nationalproduction ausschliesslich in die Hände der besitzenden
Classen. Die arbeitenden Classen, gleichsam draussen-
stehend, haben nur das Zusehen, wie weit die ersteren
dieser Leitung nachkommen, aber keine Mitschuld, wenn
diese Leitung eine schlechte ist. Weshalb sollen also,
wenn die besitzenden Classen die Productionsmittel nicht
dem dermaligen Stande der Productivität entsprechend
verwenden, wenn deshalb das factische Nationaleinkommen
hinter dem möglichen zurückbleibt, — weshalb sollen die
arbeitenden Classen und damit natürlich auch Staat und
Gesellschaft ruhig darunter leiden? Mag dies höhere
Ziel eines möglichen Nationaleinkommens auch nur
einen zweiten späteren Act im Drama der socialen Frage
bilden, auch die Handlung des Stückes hier noch zu ge-
waltiger Umwandlung führen — erlassen wird er (der
zweite Act) weder der Verfasserin Clio, noch ihrem
„Parterre von Königen,“ unseren jetzt noch so absolut
regierenden Grund- und Capitalbesitzern.

Der Begriff „Naturrecht“ hat im vorigen Jahrhundert
alle gebildeten Classen erschüttert. Die neuere Rechts-
philosophie mag ihn verworfen haben, er übt nichts destoweniger seine furchtbare Kraft heute unter den arbeitenden Classen.

6. Fragment: Zur Charakteristik der nothwendigen socialen Politik.

Ihr [der „socialen Frage", ist offenbar einzuschalten ist deshalb auch nicht mit Verfassungsparagraphen, nicht mit den weissen Salben der Philautropie, nicht mit den kalten, kühlen oder auch warmen und heissen Umschlägen der Administration oder der Polizei beizukommen, sondern lediglich mit Mitteln, die ihrem verborgenen Sitz und ihrer ganzen Expansivkraft entsprechen, die ebenso tief einschneiden und ebenso drastisch wirksam sind. Daher heisst auch die „sociale Frage" nicht deshalb social, weil sie sämmtliche sociale Schäden bei allen verschiedenen Gesellschaftsclassen begriffe, nicht einmal deshalb social, weil sie bei der einen Gesellschaftsclasse, die sie umfasst, den „arbeitenden" Classen das ganze „sociale" Lebensgebiet — auch das sittliche und geistige — begriffe — ich wiederhole, auch schon bei dieser letzteren Ausdehnung wird ihre Competenz, die sich lediglich auf das wirthschaftliche Lebensgebiet dieser arbeitenden Classen allein erstreckt, unzweckmässig erweitert — sondern deshalb heisst sie die „sociale" Frage, weil sie, obwohl bloss eine wirthschaftliche Frage und nur der arbeitenden Classen allein dennoch ihre Wurzel schon längst über die polizeiliche, ja politische Lebensschicht unserer Staaten hinaus bis in die Tiefe unserer socialen Grundlagen getrieben hat und nur noch in dieser Tiefe an ihrer Wurzel operirt sein will und geheilt werden kann.

7. Fragment: über das specifische Mittel zur Lösung der socialen Frage (in diesem Sinne).

Allerdings giebt es für die sociale Frage kein „Universalmittel". Universalmittel ist Mittel für Alles. Wie wäre es aber denkbar, dass ein so specifisches Uebel, wie die sociale Frage in ihrer richtigen Begrenzung ist, gleich auf die Erfindung oder Entdeckung eines Heilmittels gelegentlich führen sollte, das zugleich auch noch gegen alle übrigen Schäden probat wäre! Aber es giebt für die auf ihre Grenzen zurückgeführte sociale Frage ein specifisches, radicales Mittel; so specifisch und radical wie Chinin gegen kaltes Fieber, wie das „Rentenprincip" gegen eine aus Zinsfusssteigerung entspringende Realcreditnoth. Aber es schmeckt bitter. Dies Specificum ist eine besondere Art Lohnregulirung.

8. Fragment: Thesen über Lohnregulirung.

A. Allgemeine Normen.

1. In jedem nationalen Arbeitszweige wird die Arbeit nur nach normaler Leistung gelohnt.

2. Bei dem gegenwärtigen Stande der nationalen Productivität kann und muss auch schon gegenwärtig dieser Lohn so normirt werden, dass, mit Berücksichtigung der häuslichen Arbeiten der Ehefrau, die normalmässige Leistung dem Arbeiter noch genügende Musse für geistige, sittliche oder anderweite materielle Zwecke übrig lässt und der Lohn dabei hinreicht, um einer Arbeiterfamilie von durchschnittlich fünf Mitgliedern eine sorgenfreiere

Existenz zu gewähren, als durch den heutigen Durchschnittslohn geschieht.

3. Anderweitige gesetzliche Beschränkungen der Arbeitszeit sind unzulässig.

Zu Punkt 3 einige weitere abgerissene Bemerkungen: Alle obligatorischen gesetzlichen Beschränkungen oder Herabsetzungen der Arbeitszeit — Arbeitsverbote — sind widerrechtlich und unwirthschaftlich. Ohne gleichzeitige Lohnfixirung für die herabgesetzte Arbeitszeit verfehlen sie nicht bloss ihren Zweck, sondern handeln ihm entgegen. Wird der Lohn normal regulirt, so wird ohne Rechtseingriff und wirthschaftliche Störung von selbst erreicht, was man mit Arbeitsverboten vergebens erstrebt, sie werden dann auch noch überflüssig.

Folgen einige Bemerkungen, dass das Arbeitsverbot die „umgekehrte Sclaverei" und unlogischer als das Arbeitsgebot sei, da dies mit der Unfreiheit der Person in Einklang gewesen, das Arbeitsverbot dagegen mit der Freiheit der Person in Widerspruch stehe. Demgemäss wird auch der gewöhnliche sogenannte (Zeit-) Normalarbeitstag hier von Rodbertus abgewiesen. S. jedoch oben S. 250. unter 2. a. Bei den Engländern sei wohl kirchlicher Einfluss im Spiel gewesen.

4. In demselben Verhältniss, wie die nationale Productivität steigt, muss dieser Normallohn mitsteigen.

Wenn der Lohn nach diesen Normen regulirt wird, so wird er normal regulirt. Die Lösung der socialen Frage kann nur durch eine Lohnregulirung geschehen. Mit dieser normalen Lohnregulirung wird dann auch die sociale Frage soweit gelöst, als die Conservirung der heutigen socialen Grundlagen zulässt, die Forderungen der arbeitenden Classen berechtigt sind. Diese Lösungsform präjudicirt auch nicht der Zukunft, sie liegt vielmehr auf dem Wege zu dieser.

Eine nach diesen Normen vorgenommene Lohnregulirung würde
die sociale Frage (auch) lösen, ohne dass dabei unsere heutigen
socialen Grundlagen angetastet würden, ja, ohne dass nur in die
Freiheit der Person und des „Eigenthums" eingegriffen würde.

B. Ausführung dieser Normen.

Dies sind die allgemeinen Normen einer Lohnregulirung, die die sociale Frage zu lösen im Stande wären.

Wie aber sind sie auszuführen?

Man muss der Antwort ins Gesicht sehen, mag sie
Manchem auch medusenartig vorkommen.

Wie diese allgemeinen Normen selbst, liegen auch
ihre Ausführungsmassregeln lediglich auf dem Wege zu
einem Socialzustande mit blossem Einkommenseigenthum.

Was hilft es da hinter dem Berge zu halten? Alle
diese (? welche?) kirchlichen Versuche laufen auf eine
neue Onkel-Tom-Dressur hinaus.[a] Nun lässt sich aber,
wenn sich Macht und Kunst in genügendem Masse dazu
vereinigen, dem menschlichen Gemüthe noch immer eine
solche Dressur beibringen. Auch fände sich sicher noch
die Kunst dazu in gewissen Resten einer früheren Gesellschaft, aber bei Weitem nicht mehr irgendwo die Macht.

Weitere Ausführungen fehlen. Der Widerspruch in einigen
Gedanken zeigt die Unfertigkeit der Entwürfe wohl deutlich. Ein
paar kurze abgebrochene Sätze über das Recht der arbeitenden
Classen finden sich auf demselben Bogen mit hingeworfen   (A. W.)

[a] Vgl. die Briefe an R. Meyer. 1, 193. (A. W.)

Inhalt.

   - .. — .

    *) S. den Hauptinhalt dieser vier Abschnitte in Kozak's Vorwort S. LXIII

---

*) Die Colorirung dieser Tafel, von Rodbertus beabsichtigt, aber selbst n'cht ausgeführt, ist als völlig unnöthig unterblieben.

Druckfehler.

Seite 35 Zeile 4 v. u. lies C statt D.
„ 51 „ 10 „ „ ist „erst" zu streichen.
„ 76 „ 12 „ „ lies Huskisson statt Huskison.
„ 221 „ 2 „ ob. lies Könnte statt Konnte.